Bekämpfung der Umweltkriminalität

Peter H. Kemp

Bekämpfung der Umweltkriminalität

Rechtsethnologische Perspektiven

Bibliografische Information der Deutschen Nationalbibliothek
Die Deutsche Nationalbibliothek verzeichnet diese Publikation in der Deutschen Nationalbibliografie; detaillierte bibliografische Daten sind im Internet über http://dnb.d-nb.de abrufbar.

Umschlagdesign, Herstellung und Verlag:
BoD - Books on Demand
ISBN 978-3-7392-1972-1

Inhaltsverzeichnis

Keine Entschuldigung **7**

Werdegang im Einzelnen *12*
Begegnung mit Willy Brandt *27*
Bedeutung der 70er Jahre für mich *29*
Links oder rechts der Piste *33*
West-Berlin *45*
Chemie an der Freien Universität *53*
Deutscher Herbst für Spätgeborene *64*
Simulation einer Sebkha *69*
Chef des Sandes *73*
Umwelt im Himalaya *74*

Forensic Science **79**

Einstellungsgespräch im LKA *79*
Aufgaben bei der Umweltpolizei *82*
Erste Erfahrungen *91*
Mobile Polizeitechnik („Analytical Task Force“) *98*
Luftunabhängiger Atemschutz *107*
Chemisches Asservatenlager *109*
Verwaltungsakzessorietät *113*
NS-historischer Exkurs *113*

Bemerkenswerte U-Fälle **119**

Norddeutsche Affinerie *124*
BMHW – Berliner Metallhütten- & Halbzeugwerke *126*
Aluminiumsalz-Wäsche *127*
Galvanik-Betriebe und andere *131*
Digitale Funktechnik *136*
Castor-Transporte *137*
Red Mercury *146*
Pyrethroide *148*
SAG Schüttler *149*
Überlingen am Bodensee *154*
Verantwortungsdiffusion *155*
Umwelttech & Umgebung (Milliardenmarkt) *163*
Ungereimtes *170*

Katastrophenschutz (Vorsorge/Nachsorge) **183**

Besondere Aufträge **186**

Was war sonst los? **193**

Rechtsethnologische Perspektiven **202**

Transformative Justice *202*
Soziologischer Blick *221*
Spektrum der Handlungen *230*
Schlampagnerstündchen *232*
Zeit hat viele Fenster *237*
Innenpolitik *244*
Abendland wird mit Deutschland verwechselt *249*
Angst *252*

Literaturverzeichnis **258**

Bücher **260**

Warum und für wen? *270*

Danksagung **273**

Keine Entschuldigung

Die „Forensik“ („Forensic Science“) fasst unterschiedliche wissenschaftliche Arbeitsgebiete zusammen, die sich mit dem Aufarbeiten, chemischen Analysieren in der Rekonstruktion krimineller Handlungen beschäftigen, so in der Umwelt. Zur Forensik zählen dabei die Rechtsmedizin, die forensische Psychologie und Psychiatrie, die IT-Forensik sowie Ballistik.

Zunächst stelle ich die Frage – was Kriminalität bedeutet? Dem Internet entnahm ich, dass sich das Wort von lat. crimen „Beschuldigung, Anklage, Schuld, Verbrechen“ ableitet und sich an der juristischen Definition der Straftat orientiert. Während sich die „Straftat“ oder der materielle Verbrechensbegriff jedoch an dem individuellen Verhalten misst, werden mit „Kriminalität“ Straftaten als Gesamtphänomen bezeichnet. Kriminalität kann zudem als Teil der Rechtsethnologie aufgefasst werden, die auf Erkenntnissen von Richard Thurnwald beruht, der „Funktion der Lebensbedingungen und Kultur eines Volkes“ betrachtete. Darin werden rechtsverletzende Handlungen behandelt, die gegen Normen verstoßen – die dem Schutz der Gesellschaft und der Umwelt dienen. Die Kriminalität richtet sich gegen gesetzlich geschützte Güter (so auch die Umwelt). Gremien wie G8, EU, Interpol & das Umweltprogramm der UN haben „Umweltvergehen als Verbrechen“ anerkannt: Das sind illegaler Handel mit bedrohten „Tier- und Pflanzenarten“, der gegen das Washingtoner Artenschutzübereinkommen von 1973 verstößt; in Verkehr bringen von Substanzen, die die „Ozonschicht“ abbauen, was gegen das Montrealer Protokoll von 1987 verstößt; „Entsorgung von und verbotener Handel mit gefährlichen Abfällen“, was gegen das Basler Übereinkommen von 1989 verstößt; „Illegale Fischerei, die gegen internationale Fischereiabkommen und andere Kontrollen“ verstoßen – gegen regionalen Fischfang; „Illegale Abholzung und der damit verbundene Handel mit gestohlenem Nutzholz“, was gegen nationale Gesetze verstößt.

Die Erscheinungsformen dieser Kriminalität sind die „Verschmutzung von Gewässer, Boden, Luft“, das „Freisetzen von Strahlung – Elektrosmog: Darunter verstehen wir die Belastung der Umwelt durch die Vielzahl an elektromagnetischen Wellen – nuklearer Strahlung und Gifte“, „unsachgemäßer Umgang mit Abfällen und Gefahrenstoffen“ oder die „Gefährdung schutzbedürftiger Gebiete“.

In der Praxis der Forensisch-Chemischen-Analytik werden chemische Substanzen wie z.B. Kunststoffe, Fasern (Asbest), Drogen, Medikamente oder Metalle analytisch nachgewiesen und in Beziehung zur Tat gesetzt. Ebenso werden Biomoleküle, Metabolite – Zwischenprodukte (Intermediate) in einem meist biochemischen Stoffwechsel-Weg (Metabolismus), bestehend aus vielen einzelnen Serien enzymatischer Umsetzungen, die spezifische Produkte liefern können, analysiert und in Beziehung zur Tat gesetzt. Diese Zwischenprodukte (jedem Reaktionsschritt kommen mindestens ein Substrat sowie mindestens ein Produkt zu), werden als Metabolite bezeichnet, die mit „fortschreitender Verdünnung“ oft in der Giftigkeit zunehmen. Es verwundert nicht, wenn viele der in diesem Teilgebiet der chemischen Analytik genutzten technischen Analysenmethoden Verfahren sind, die ebenso in der Biologischen-, der Pharmazeutischen- oder Lebensmittel-Analytik Anwendung finden. Mit der Polymerase-Chain-Reaktion kann nicht nur Desoxyribonukleinsäure (DNS) untersucht werden, die an einem Tatort gefunden wurde. Diese Methode wird überall dort verwendet, wo geringe Mengen DNS vervielfältigt werden müssen. Ein weiteres Beispiel ist die Chromatographie. Diese „historische" Aufreinigungs-Methode der Chemie wird überall dort angewendet, wo aus komplexen Stoffgemischen Einzelsubstanzen isoliert werden sollen. Diese Einzelsubstanzen werden dann über spezielle Geräte – Detektoren – nachgewiesen.

Unter Forensik (in der Umwelt) sind alle Erkenntnisse und Maßnahmen zusammengefasst, die sich mit der Anwendung und Nutzbarmachung und auf Erfahrung basierender Erkenntnisse im Hinblick auf kriminalistische Spuren beschäftigen. Hierzu gehören auch:

Formspuren (wir unterscheiden grundsätzlich zw. Formen, Materialspuren, Situationsspuren, daktyloskopische Spuren und Gegenstandsspuren; weitere Spurenarten sind fingierte Spuren),
Waffen und Munition (Entschärfung von Fliegerbomben),
Urkunden, Pässe, Maschinenschriften und Drucktechnik,
Daktyloskopie,
Handschriftenuntersuchung,
Forensische Information (IT) und Kommunikation (IuK).

Forensische Science-Information (IT) und Kommunikation sind natürliche Bestandteile der Polizeisysteme, sie sind quasi die Informations-Austausch-Plattform. Da gibt es drei Systeme: Interaktionssysteme, Organisationssysteme, Kampagnenfähigkeit.

Der Verfasser hatte eine etwas von der Norm abweichende Berufsentwicklung zur Kriminalitäts-Bekämpfung genommen: Zunächst ließ er den technischen Bereich der Druckerei einer Boulevard-Zeitung hinter sich, es folgten Gehversuche im Chemielabor der BASF, einer Ausbildung zum Chemieingenieur in Jülich-Aachen (in Kernchemie und chem. Verfahrenstechnik), in dieser Zeit arbeitete er als Pressereferent im ASTA der FH Jülich-Aachen. Eine Reise durch die Sahara brachte den Verfasser zu den Dogon in Mali, zu Kindersoldaten des Casamance-Konfliktes im Senegal (der militärischen Auseinandersetzung zwischen senegalesischer Regierung und der Mouvement des forces …) & zu Widerständlern (Kschatriya-Kämpfern) nach Asien im Königreich Mustang. Als Alumni bringt der Verfasser aus einem Ghose-Institut in Kalkutta Erfahrungen der „integralen Theorie“ mit und etwas über Rechte „indigener“ Gesellschaftsgruppen, die in ihrem Leben durch Abbau von Bauxit bedroht sind (Abbaggerung von Dörfern um an das Bauxit heranzukommen, zur Herstellung von Aluminium. Die Baugruben ähneln den Braunkohle-Abbaggerungen, in der Lausitz [Brandenburg] und bedrohen Trinkwasserversorgung und stellen Verlust von Agrarflächen dar).

In West-Berlin hatte er seinen Einstieg als Chemie-Ingenieur in der Bundesanstalt für Materialprüfung/Forschung. Ein Jahr danach wird er Praktikumsleiter in Fort- und Weiterbildung sowie dem Praktikum für Mediziner an der Freien Universität Berlin. Er beginnt als FH-Absolvent ein Aufbaustudium in

Chemie, Rechtsethnologie und Erhaltung der Funktionsfähigkeit der Geo-Ökosysteme.

Verfasser wird nach Beendigung des Hochschulstudiums an der Freien Universität Berlin in Nepal, Libyen, Sudan, Marokko Projektleiter, danach Mitarbeiter in einem Projekt der Technischen Universität Berlin mit Thema: „Schadstoff-Einflüsse aus dem ‚nordindischen Raum' auf Bodenkompartimente im Himalaya. An der Technischen Universität Berlin vertrat er zu guter Letzt im Fachbereich Luftchemie die Vorlesung „Umweltchemie".

Zusammen mit Umweltingenieuren und Technikern baute er den mobilen Forensic Science-Task-Force im „Wissenschaftlich-Technischen Dienst" des Landeskriminalamtes Berlin auf: Einer Truppe, in der Polizisten, Ingenieure/Techniker, Chemiker/eine Biologin & Juristen bei der Tatortarbeit – im ersten Angriff (Spurensicherung) zusammenwirken und die Ergebnisse gerichtsverwertbar als Behördensachverständige für das Kriminalgericht Berlin-Moabit begutachteten und vertraten. In dieser Zeit fand auch die mündliche Verteidigung seiner Doktorarbeit an der Freien Universität Berlin statt und begann in der Lehre mit Umweltrecht und Katastrophenschutz (Theodizee) sowie mehreren Vorträgen an der Polizei-Führungsakademie – Deutsche Hochschule der Polizei Münster und auf internationalen Tagungen.

Vorliegendes Buch ist eine Beobachtung, basierend auf typischen Fehlern (Kognitions-Problemen aus dem Zettelkasten), einem epigonischen Verständnis nach (nachahmerisch durch späte Nachfahren eines anachronistisch gewordenen

Epochenstils). Bitte beachten Sie, dass im Buch die Literatur bzw. Themen verschiedener Autoren eingearbeitet, nicht aber einzeln nachgewiesen wurden. In der Literaturliste wurden alle entsprechenden Titel genannt.

Werdegang im Einzelnen

Als das Meisenheimer Jungvolk (kleine Stadt im Pfälzer Bergland) singend, mit Fanfaren, kleinen Trommeln und großen, schwarzweiß gemusterten Landsknecht-Trommeln, zu deren Schlägen sie gingen, von der Adolf-Hitler-Straße in die Wohnstraße einbogen, herauf marschierten, im Takt zu ihren Knobelbecherschritten – da rannten wir Buben mit Begeisterung hinterher.

Mein Vater war kein Soldat, dafür produzierte er kriegswichtiges Sohlleder in der Meisenheimer Gerberei für die Knobelbecher, das er in der Lothringer Garnison Metz der Deutschen Wehrmacht ablieferte. Zuvor fotografierte Vater Mutter und ihre Schülerinnen nackt in ihrer Steglitzer Wandervogel-Zeit, die Fotos irritierten mich als Junge. Meine Mutter und die Frauen fand ich zwar schön, die Nacktheit der Akteure/-innen war mir peinlich. Heute weiß ich, dass die Wandervogel-Ära als Zentrum aller Visionen vom Vegetarismus und der Naturheilkunde bis zur Siedlungsbewegung reichte und Zeichen waren, die auf den Arier- und Körperkult der Nationalsozialisten hinwiesen. Meine Mutter betrieb vor meiner Geburt Gymnastik mit jungen Frauen des BDM. In einem kleinen Park (dem „Greus"-Garten), der von außen nicht eingesehen werden

konnte, machten sie an der frischen Luft Leibesübungen nach Bode, Duncan, Mensendieck und Rudolf Steiner.
Meiner kindlichen Begeisterung für die Pimpfe der HJ begegneten meine Eltern mit ausführlichem Vorlesen, das wir, meine Schwester und ich, neben unserem Spielen begierig aufnahmen. Singen macht das Herz frei, so sagen wir im Volksmund. Gemeinsames und lustvolles Singen führt darüber hinaus zu sozialen Resonanzphänomenen. Ebenso das Vorlesen bedeutete für Vater und Mutter nicht nur Grimms Märchen und die „Pälzisch Weltg'schicht" vorzutragen (die Weltg'schicht darum: Weil sie „Pfälzer Heimat" von Paul Münch aus der benachbarten Kleinstadt Kusel darstellt), sie wollten uns etwas Weites und Bleibendes vermitteln. Dazu erzählten sie uns aus den Dorfgeschichten des Berthold Auerbach – wie das „Barfüßele". Noch als Erwachsener träumte ich hin und wieder von dem vermittelten Leben auf dem Dorf, denn ich fühle mich von dieser märchenhaften Welt gefangen (diese Geschichten höre ich heute noch bei langen Autofahrten auf CD; vorgelesen und aufgenommen von unserem Freund in der herrlichen, ländlichen Bresse in Frankreich (Bourg-en-Bresse).

Im Spätherbst 1945 wurden zwei Jahrgangsstufen, 80 Kinder, unter den strengen, französischen Blicken in die Volksschule eingeschult (Meisenheim gehörte zur französischen Besatzungszone). Ich ging schon alleine deswegen gerne hin, weil es süßen Haferflockenbrei mit frischer Butter zu essen gab. Samstags hatten wir Schule – da roch es öfters nach verbranntem Kakao, der mir zum süßen Milchweck trotzdem schmeckte. Angebranntes Essen gab's auch im Schwarzwald – ein paar Jahre später besuchte ich die Waldorfschule in Pforzheim - eine Rudolf-Steiner-Schule, und wohnte im „Häldenhaus“ (am Häldenweg), in der anthroposophischen Familie Ullrich, die sechzehn Kinder aufnahmen. Nach meiner Mutter Worte sollte ich – „no ebbes werre“. In der Waldorfschule lernte ich Seile drehen, in Holz, Ton, Stein und mit Eisen in der Schmiede arbeiten; ich hatte Gartenepoche, lernte meinen Namen tanzen (in Eurythmie), lernte Französisch und Rechnen, Stricken und auf der Blockflöte pfeifen. Mein Raumverständnis wurde gefördert und lässt sich mit folgenden Stichworten beschreiben: Übersteigerte Streckung, materielle Reduktion, Raumgreifen – aber auch weglassen, dem menschlichen Körper Gefühle nachempfinden, einem flächigen reliefartigen Wesen ähnlich, und Zeichnen in Ebenen des dreidimensionalen Raumes.

Kurze Zeit danach, Ende der neunten, musste ich die Waldorfschule verlassen. denn der Gerberei, die seit den 20er Jahren im Besitz meines Großvaters, des Kaufmanns Bernhard Andres, war, ging in den 60er Jahren der Atem aus und sie selbst in die Pleite. Mein Opa setzte sich zur Ruhe. Und mein Vater und die Arbeiter der Gerberei wurden arbeitslos. Vater konnte meinen Aufenthalt in Pforzheim nicht mehr finanzieren. Ab da fotografierte er keine Lebensform-Nackten, sondern Einschulungen, Hochzeiten, Dorffeste für die „Rheinpfalz“ in Ludwigshafen.

Zusammen mit meiner Schwester versuchte ich in einer örtlichen Handelsschule Schreibmaschine und Steno zu lernen. Meine Mutter starb in jenen Jahren; da es im Fotogeschäft meines Vaters nicht gut lief, hatte meine Schwester „typisch

fürs Land, auch die Familie mit zu unterstützen“ und für meine kleinen Geschwister zu sorgen.
In einem Büro bekam sie nichts, so begann sie in der Spinnerei als Schichtarbeiterin.

Ich dagegen begann eine Ausbildung mit Lithografie/Chemographie in Bad Sobernheim. Da ich nicht die Probezeit bestand, bewarb ich mich in verschiedenen Städten (Frankfurt/M., Würzburg, Nürnberg): In Nürnberg bestand ich die Eingangsprüfung für den Retuscheurberuf in einer Boulevardzeitung, dem 8-Uhr-Blatt. Mit finanzieller Unterstützung meiner Tanten in Nürnberg/Gladbeck sowie meines Patenonkels in Alzey und dem Lehrlingsgehalt konnte ich Lehre und meinen Aufenthalt finanzieren; ich wohnte im “Weinstadl“: Einem mittelalterlichen, reichsstädtischem Gebäude. Es gehört zu den wichtigsten Baudenkmälern der Nürnberger Altstadt.
In der Retuscheur-Lehre stellte ich mich geschickt an. Ich bekam ein Gespür für fotografische Umsetzung und einen künstlerisch-ästhetischen Blick für Farben, Formen und Konturen. Zunächst zeichnete ich, was ich sah. Glühbirnen, Gläser, WELT-Streichholzschachteln, schräg gestellt – für mich schwer, denn das perspektivische Sehen machte mir Schwierigkeiten (wegen einer Dysfunktion auf meinem linken Auge). Akt- und Portraitzeichnen belegte ich in einem Abendkurs. In späteren Jahren begann ich mit freiem Zeichnen – was ich fühlte und mir ausdachte. Ich war auf den Spuren der Fantasie. In einem Ferien-Aufenthalt zeichnete ich wochenlang Marc Chagalls Feen in den Lüften (in Nizza). Die Geraden und Gegenstände in den unterschiedlichen Ebenen des Raumes hatte ich bereits in der Waldorfschule zeichnen gelernt – jetzt ver-

tiefte ich mein Wissen und Sichtweisen – die mir auch später bei gedanklichen Anordnungen molekularer Bilder in der Chemie zugutekamen. Bildvorlagen überarbeiten konnte ich bereits für den Buchdruck: Für die „Otto“-Group oder in Fotos für das 8-Uhr-Blatt. So perfektionierte ich den jungen Models auf Werbeplakaten eine perfekte Haut oder bog deren Nase gerade, gab den beworbenen technischen Produkten in Prospekten ein schnittiges Aussehen, arrangierte Gemüse makellos zum Anbeißen. Schuhe, Gläser und Porzellan korrigierte ich, denn sie wirkten auf den Fotos meistens leicht verzerrt, trotz Einsatz einer analogen Linhof-Technika.

Retuscheur-Arbeit war in den 50er Jahren Handarbeit mit speziellen Pinseln und der Airbrushpistole, einer luftdruckgesteuerten Spritzpistole mit Double-Action-Technik. Heute werden solche Arbeiten ausschließlich digital am PC erledigt.

In meiner Lehre durchlief ich auch die Druckerei, Setzerei, Typographie, Fotolabor und Redaktion. Das versetzte mich nach ein paar Berufsjahren in die Lage – vor meinem beruflichen „Finale“ in Forensic Science bei der Polizei-Behörde bereits eine „Karriere“ in der Druckerei der Boulevardzeitung zu absolvieren. Mangelnder Interesse der Kollegen, wurde ich als „Mädchen für alles“ (auch „Schweizer Degen“ genannt) im stressigen Nachtbetrieb ausgelaugt. Neben meiner technischen Tätigkeit warteten allerdings auch Aufgaben im journalistischen Bereich auf den gegautschten Gesellen Kemp: Berichterstattung über eine Ausstellung des französischen Malers und Grafikers Bernard Buffet im „Haus der Kunst“ in München, „Catch Me If You Can“-Frauenkämpfe und Konzerte von

Louis Armstrong in der Nürnberger Messehalle, und ein Polit-Highlight in Bad Kreuznach, meiner Heimat: Für mich ein Mordsding! Dort sollten sich im Jahre 1962 der französische Staatspräsident Charles de Gaulle und Konrad Adenauer auf eine Institutionalisierung der besonderen Beziehung beider Länder einigen, was 1963 in den Elysee-Vertrag mündete und heute seinen 52. Jahrestag hat (auch sichtbar an den Hinweisschildern der Partnerorte an den Ortschildern in Frankreich und Deutschland).
Als 23-Jähriger wurde ich zusammen mit dem Fotografen des 8-Uhr-Blattes nach Bad Kreuznach geschickt und sollte von dem Treffen beider Politiker berichten: Toll. Im Nachhinein bin ich stolz, bei der Begegnung beider Staatsmänner im Quellenhof dabei gewesen zu sein. Und ich war von Charles de Gaulle sehr beeindruckt, vor allem erstaunte mich, wie gut er Deutsch sprach und ausführlich auf unsere Fragen einging.

Nach Berufsjahren auf Wanderschaft, so auch kurz in West-Berlin, sowie ein halbes Jahr in London an einer Sprachschule sowie in Vorlesungen des Philosophen Bertrand Russell. In britischen Buchdruckereien wurde ich nicht akzeptiert, da ich keiner englischen Gewerkschaft im Buchdruck angehörte, so arbeitete ich als Tellerwäscher im Imperial Hotel und begleitete hin und wieder deutsche Touristen zum Einkaufen zu Harrods, dem bekannten Warenhaus Londons. Zurück in Nürnberg, arbeitete ich in einer Kunst-Druckerei – aber ohne recht zu wissen, wie es in meinem Beruf für mich weitergehen sollte. Ich hatte keine Vorstellung von meiner Zukunft und verlor mehr und mehr mein anfängliches Interesse. Den

„Meister“ zu machen kam für mich aus finanziellen Gründen nicht in Betracht.
Durch Zufall kamen mir Druckfahnen eines geplanten Buches von dem Chemiker und Nobelpreisträger Linus Pauling in die Hand, die mich außerordentlich fesselten. Als Auftragsarbeit hatten wir für den Chemie-Verlag in Weinheim das Buch „Einführung in die Chemie“ zu drucken. In den Druckfahnen stellte Pauling in wunderbar einfacher Weise mit interessanten Zeichnungen unsere Welt aus Molekülen und Atomen dar. Sein Kommentar: Chemie würde unser Leben in vielfältigster Weise bestimmen.

Angeregt durch diese Druckfahnen schaute ich mich um: Und stellte fest, dass wir es ja überall mit Chemie zu tun hatten. Vom Baustoff bis hin zum Hightech-Produkt in unserer Druckerei. Wir benötigten ständig Stoffe und Materialien mit neuen oder verbesserten Eigenschaften und dafür wurden Leute mit spezieller Ausbildung gebraucht – hier fing ich bereits an, die Welt mit einem Umweltblick zu betrachten.

Pauling meinte in seinen Druckfahnen, um diesen Beruf auszuüben, müssten wir nicht unbedingt Mathe- oder Physikgenies sein. Für viele Fragestellungen bräuchten wir keine großen Formeln, eher solide Grundlagen. Gefragt waren Vorstellungskraft: Wie könnte wohl dieser Stoff mit jenem, dieses Atom mit jenem Molekül reagieren usw. Intuition, Spaß beim Bearbeiten und im Umgang mit verschiedenen Materialien. Eigentlich, so glaube ich, kann das jeder, der an künstlerischen und naturwissenschaftlichen Geschehen interessiert ist, seinen Neigungen nachgehen, vor allem denke ich da an wunderschön aussehende fraktale Bilder der Mandelbrotmengen, die eine bedeutende Rolle in der molekularen Chaosforschung einnehmen – denn oft geht's doch auch in unserem Leben um Pole – Macht und Ohnmacht – Ordnung und Chaos. Auf jeden Fall waren diese gedruckten Seiten von Linus Pauling für mich eine Offenbarung.

Ich beschloss, im darauffolgenden Sommer die Tagungen der Nobelpreisträger – Lindau Nobel Laureaten Meetings – am Bodensee zu besuchen.

Kaum zu glauben! Gleich am ersten Abend lernte ich Linus Pauling persönlich kennen und genoss mit ihm in gemütlicher Abendrunde ein ausführliches Vieraugengespräch, das meine Zukunft wesentlich beeinflussen sollte! Pauling empfahl mir, ich solle bei Prof. Heß in Erlangen die Vorlesung „Organische Chemie" besuchen, er hatte keine Vorstellung von meiner Schuldbildung.

Noch im Herbst des gleichen Jahres belegte ich auf einer Abendschule in Nürnberg die Fächer, die ich für die Mittlere-Reife-Prüfung (Mittlerer Bildungsabschluss) benötigte. Hin und wieder stellten sie mich in der Druckerei frei und ich fuhr zur Vorlesung des Prof. Heß nach Erlangen, ansonsten lernte ich nach seinem Skript.
In der Realschule in Roth bei Nürnberg legte ich den mittleren Bildungsabschluss ab, an der Uni in Erlangen schrieb ich die Klausur über die Grundlagen der Organischen Chemie einfach mal mit: Niemand interessierte sich für (m)eine Legitimation. Erst nachdem das gute (!) Ergebnis keiner Matrikelnummer

zugeordnet werden konnte, lud mich Prof. Heß zum Gespräch über einen Anschlag am Schwarzen Brett ein.

Kurz darauf versuchte ich vermessen, wie ich war, in München ohne Erfolg das sog. Begabtenreife-Abitur. Ich ärgerte mich mächtig über mich selbst, denn die gestellten Aufgaben fand ich, in Ruhe betrachtet, lösbar – aber in der Prüfungssituation baute ich körperlich und geistig ab.

Auf Anraten des Prof. Heß in Erlangen stellte ich mich bei der BASF in Ludwigshafen vor, die mich akzeptierten.

Kurzfristig wechselte ich zur BASF und begann dort als „Fachhochschul"-Anwärter. Und fühlte mich in guten Händen und wurde intensiv betreut beim Metallfeilen, dem Glasblasen (dem Kapillarenziehen), in der Apparatetechnik, dem chemischen Rechnen und der Regeltechnik.
Einem „alten Herren", in Frack mit Eisernem Kreuz an der Brust geheftet, einem Chemiker aus alten Zeiten, wurde ich als Auszubildender zur Seite gestellt, und er kümmerte sich um mein Vorankommen. Alle paar Wochen hatte ich ihm von meinen Fortschritten in den verschiedenen Stationen der „Anilin" zu berichten – es war stets ein gut anderthalbstündiges und intensives Gespräch im Feierabendhaus bei einem opulenten Essen mit gutem Riesling, der Tisch war stets vom Feinsten gedeckt.
Auch die Gefahren der Chemie lernte ich kennen: Im halbtechnischen Maßstab des Technikums hatte ich eine hochgiftige Reaktion in der Phosgen-Chemie zu beaufsichtigen (und Eintragungen ins Laborhandbuch zu tätigen: Temperatur, Druck und sonst eventuelle Unregelmäßigkeiten), bei der es zu

einem folgenschweren Unfall kam. Ein Praktikantenkollege bezahlte ihn mit dem Leben, denn er schaffte es in der Aufregung nicht, die Atemschutzmaske richtig anzulegen. Ich kam mit dem Schrecken davon, obwohl ich vor lauter Faszination über das grün-fluoreszierend tödliche Gemisch die Sicherheitsvorschriften nicht wirklich respektiert hatte, denn ich benutzte eine Nasenklemme, bevor ich auf die Sicherheitsplattform nach draußen rannte.

Im BASF-Technikum und -Labor durchlief ich verschiedene Stationen in den Abteilungen, in denen ich Arbeiten am Kessel und Grundlagen des chemischen-technischen Arbeitens erlernte – allerdings auch Schabernack betrieb. Manchmal schämte ich mich wegen meinem Alter, ich war deutlich älter als die Lehrlinge – ich hatte aber immer viel Spaß daran und lernte besondere Leute im Sicherheitsraum, dem sogenannten Bombenraum, im Keller kennen, in denen wir ohne Aufsicht experimentierten – wir stellten Sprengstoffe und Aphrodisiaken her. Eines der „Stoffe“ wirkte wie ein bekanntes Arzneimittel zur Behandlung von sexueller Dysfunktion.

Die Tätigkeit in der BASF erzeugte bei mir Zufriedenheit als Haben. Enge soziale Kontakte und eine Balance im Leben wurden für mich wichtig, mehr als der gut bezahlte Job im graphischen Gewerbe, der mir zudem keine Freude mehr machte. Eindrucksvoll in Erinnerung an die BASF-Zeit war nicht nur die experimentelle Arbeit im Labor und Technikum, es war auch die ermöglichte Mittagsruhe nach dem Essen mit 0,1 l Riesling auf einer Liege mit Kopfkissen aus Seide und

Schottendecke. Und danach im Labor einen Espresso, vorzüglich…
Das BASF-Agrarzentrum Limburgerhof im vorder-pfälzischen Ort Limburgerhof war damals die Zentrale der BASF-Forschung für Pflanzenschutz sowie Steuerungszentrale für die Aktivitäten in der Pflanzenbiotechnologie - da praktizierte ich „in Sachen Gift" für die Natur; erfreuliches gab's allerdings übers Wochenende: Da ritten wir in Gruppen auf Elwedritsche-Jagd. Vor Lachen oder dem Genuss des Rieslings – hatte ich in der Jagd keinen Erfolg.

Im CAVE 54, in der Heidelberger Altstadt für Jazz, erlebte ich Duke Ellington und andere Geschichten! In dem urigen Kellergewölbe mit der kultigen Wendeltreppe gab es jeden Monat ein tolles Programm, nicht nur im Jazz.

Nach nicht einmal zwei Jahren in der BASF besuchte ich die FH Fachhochschule Jülich-Aachen, mit dem Ausbildungsziel: Chemie-Verfahrens-Ingenieur zu werden.

Gleich zu Beginn trete ich der Korporation „K.D.St.V. Bergland im CV" bei, werde Fuchs in einem Verband von Studenten und Alumni der Fachhochschule und Hochschule (TH) Aachen, der Brauchtum und gewachsene Traditionen pflegte.
Bei meinem „Alten Herren" wurde ich hin und wieder hervorragend bewirtet und kam über ihn an attraktive Gelegenheitsarbeiten in der textilchemischen Industrie, unabdingbar für mich wegen fehlender Finanzen.
Insofern hob sich diese Korporation deutlich von den exklusiven Kappa Beta Phi ab – deren Söhne der unvorstellbar Reichen mit albern wirkenden Ritualen, griechischen Buchstaben

an die von Eliteuniversitäten bekannten Studentenverbindungen sich anlehnten. Sie haben sich Wall-Street-Bruderschaften verpflichtet, „den Geist von 1928/29 wachzuhalten“, also der Zeit vor der Weltwirtschaftskrise, und nennen „Während wir leben, essen und trinken wir“ als ihren Leitspruch und ihr Motto – im Gegensatz zur bekanntesten Bruderschaft Phi Beta Kappa, die in der „Liebe zum Lernen den Schlüssel zum Leben“ sieht, ganz toll für diejenigen, die jedenfalls nicht neben dem Studium zu arbeiten brauchen.

In dieser rheinländischen Korporation werden normalerweise männliche katholische Studenten aufgenommen, wir hatten im Anzug zu erscheinen – nicht aber im Smoking wie in Amerika. Meinem Vater, der auf dem „44. Stiftungsfest 1926“ dabei war, habe ich zu verdanken, dass sie mich als evangelischen Studenten zuließen.

In der Korporation lernte ich das Trinken „aus dem Tierhorn“ – Horn der Wisenten oder Auerochsen –, das eine Kunst war. Anfangs schwappte das Bier über mich heraus. Schwierigkeiten brockte ich mir selbst ein, als ich dem Vorsitzenden in einer Sitzung den Säbel entwendete, er hatte bereits zu viel getrunken – und ich auch. Für mich und ihn wurde das eine teure, bis zum Morgengrauen dauernde Sitzung.

Ähnlich dynamisch wie mein beruflicher Wechsel gestaltete sich meine politische „Laufbahn“. Der Sprung von rechts nach links zum ASTA ging extrem fix: Der Allgemeine Studentenausschuss war in den Fachhochschulen der Bundesländer das „Geschäftsführende Organ“ (Exekutive) und das mit der Außenvertretung betraute Organ der verfassten

Studierendenschaft. Er stellte quasi unsere studentische Regierung dar. Der ASTA wurde vom Studierenden-Parlament gewählt und bestand aus einem oder mehreren Vorsitzenden sowie einer Reihe von Referenten für verschiedene Aufgabengebiete, in den ich als Pressereferent mit meiner Zeitungsvergangenheit gewählt wurde.
Und was machte ich im ASTA? Mit viel Elan nahm ich die Arbeit mancher Professoren erbarmungslos aufs Korn und untergrub ihre Autorität, sehr zum Missfallen „meines alten Herren“. Angesichts der Tatsache, dass die FH-Studenten bezüglich ihrer unterschiedlichen Vorkenntnisse ein sehr heterogenes Völkchen waren – die meisten allerdings im Willen nach Veränderung, hatten die Hochschullehrer keine einfache Aufgabe, aber Nachsicht üben wollten wir natürlich auch nicht! Einer unserer Professoren kam aus den USA – ich erinnere mich heute noch an seine hervorragenden Ausführungen in Makromolekularer Chemie. Dagegen war für mich die Physikalische Chemie reine Informatik und bestand aus unären Operationen. Aber so etwas musste anscheinend halt sein – denn wir wollten schließlich in autopoietische Systeme (Schlüsselbegriff in der soziologischen Systemtheorie von Luhmann, der den Begriff auf die Betrachtung sozialer Systeme übertrug). Unser Ziel an der FH war: Qualifizierung und Anerkennung unserer Abschlüsse in der EU! – Wie vorausschauend wir waren!

Meine Freunde und ich schulten uns an Texten der Frankfurter Schule sowie beim „Sozialistischen Deutschen Studentenbund“ und der Kommunistischen Partei Deutschlands/Marxisten-Leninisten zum Weltverbesserer. Die skandierte Parole „USA-SA-SS“, die den Drang von Nazi-Kindern zur Schuldverschiebung sinnfällig skandierte.

Als Frankfurter Schule wird eine Gruppe von Philosophen bezeichnet, die an die Theorien von Hegel, Marx sowie Freud anknüpften, das in Frankfurt/Main im „Institut für Sozialforschung“ seinen Lauf nahm. Sie werden auch als Vertreter der „Kritischen Theorie“ begriffen. Diese Theorie geht auf eine Theorie von Max Horkheimer aus dem Jahre 1937 zurück. Als Hauptwerk der Frankfurter gilt das von Horkheimer und Theodor W. Adorno 1944 bis 1947 gemeinsam verfasste Buch „Dialektik der Aufklärung“.
Festhalten möchte ich aber, dass meine Beschulung im SDS mir Sicherheit in der Gremienarbeit gab, ich lernte frei sprechen vor Kommilitonen und Professoren für den Allgemeinen Studentenausschuss und in Gremien der Fach- und Technischen Hochschule (Aachen).

Aus heutiger Sicht war ich wohl ein ganz schöner Idiot: Einmal hielt ich inne und begriff, dass die meisten Dozenten/Professoren bedauernswerte Kriegsversehrte waren – die gar nicht anders konnten. Diese Fachhochschul-Dozenten (einige kamen wie gesagt von der TH-Aachen), auch mit reformerischen Ideen – wurden von uns um ihren Ruhm betrogen, denn sie waren immer noch Soldaten der Wehrmacht – obwohl für uns Alt-Nazis nicht das Thema waren.
Diese „Alten“ waren einfach nicht konfliktfreudig und wenig fachkompetent. In Erinnerung bringen möchte ich, manche meiner Fachhochschul-Kommilitonen waren bereits seit Jahren im Beruf und gestandene Chemielaboranten und einige von

ihnen Chemotechniker aus der Industrie, es gab zwei Kommilitonen, die besaßen ein chemisches Werk (ihres Vaters). Sicher hatten wir übertriebene und märchenhafte Vorstellungen, was dem Ingenieur-Betrieb etwas von Lächerlichkeit überstülpte.

Der Protest bedeutete für mich auch einen Schritt für mein künftiges Berufsleben, denn langfristig zogen unsere Revolten kulturelle, politische und ökonomische Reformen nach sich.

Wiederholte Aufforderungen des Rektors an uns Störer vom ASTA, z.B. die Plenarsitzung zu verlassen, wurden ignoriert. Selbst als das Direktorium mehrmals die Polizei zu Hilfe rief – empfingen wir diese mit stinkenden Überraschungen, deren Gestank sie mittels ihrer einfachen Schutzausrüstung hilflos ausgesetzt waren und sich zurückziehen mussten. Einen luftunabhängigen Vollschutz hatten diese Beamten nicht; sie waren schlecht ausgerüstet.

In dieser Zeit hätte ich die Ohren lang gezogen bekommen müssen – denn ich hatte über dieses Tun sträflich das Lernen vernachlässigt. Die Quittung erhielt ich prompt gegen Ende meiner Studienzeit, als ich nicht alle Klausuren schaffte, um zur Abschlussprüfung zugelassen werden: Das Studieren kam in meiner Revoltenzeit einfach zu kurz – und meine Studentenzeit zog sich auch in die Länge, da ich immer wieder im Forschungszentrum Jülich-Aachen (JARA, Jülich-Aachen Research Alliance) und bei Bayer in Leverkusen arbeitete, attraktive Angebote gab es bei Nachfrage.

In JARA ummantelte ich im Wirbelbettofen Urankugeln mit Kohlenstoff zur Steuerung eines Kugelhaufenreaktors – da

entstand meine erste Publikation. Bei Bayer hatte ich die Aufgabe, aus einem Lösungsmittelgemisch die Einzelstoffe mittels Destillierkolonne (es war eine 10 Meter Kolonne) zu isolieren. In Leverkusen legte ich Nachtschichten ein, die Arbeit war interessant/eigenständig und die Bezahlung gut, zudem durfte ich mir Chemikalien am Schluss meiner Arbeit aussuchen und mitnehmen. Mit Eisessig (Essigsäure) verschaffte ich mir ein beträchtliches Guthaben und konnte damit Glasbruch und benötigte Chemikalien meiner Ingenieursarbeit an der Fachhochschule bezahlen. In der Ingenieursarbeit hatte ich Makromoleküle für „Stretch" – ein elastisches Material – aus schwefelvernetzbaren Polyurethanen zu entwickeln. Das sind Kunststoffe, die aus der Polyadditionsreaktion von Zweifach-Alkoholen mit Polyisocyanaten entstehen. Charakteristisch für Polyurethane ist die Urethan-Gruppe (NH{-}CO{-}O{-}). Für mich war das eine Weiterentwicklung der Phosgen-Arbeiten in der BASF.
Das Thema der Ingenieur-Arbeit war „Einbau von Diolen in schwefelvernetzte Polyester-Urethane". Leider fehlten mir zur Abschlussprüfung noch einige Komponenten (Klausuren), die ich später nachholen wollte.

Begegnung mit Willy Brandt

Es war die Zeit nach der Bundestagswahl im September 1969, bei der Willy Brandt in Bonn gegen den Willen Herbert Wehners und Helmut Schmidts die Regierungskoalition mit der FDP bildete (die eine Fortsetzung der Großen Koalition vorgezogen hätten). Auf „Gut Giersberg" in Bad Münstereifel trafen sich Willy Brandt, Herbert Wehner, Egon Bahr, Klaus Schütz sowie Heinz Kühn und arbeiteten an einer Regierungserklärung. Der Bundestag wählte Brandt im Oktober 1969 zum vierten Bundeskanzler in der BR Deutschland. Wir, eine Handvoll Studenten vom ASTA in Aachen, umgingen die Polizeiabsperrung. In die Reiterstaffeln der Bereitschaftspolizei warf ich Knallfrösche, so dass die erschreckten Vierbeiner z.T. ihre Reiter absetzten, ansonsten hatten die Polizeibeamten schwere Last, ihre verstörten Tiere im Zaum zu halten. Wir beabsichtigten das Beisammensein der Politiker durch Überwindung einer Mauer zu stören: Unser Anliegen war egoistisch, ja eine bessere Anerkennung des Ingenieurabschlusses im EU-Bereich zu fordern (das Fachhochschul-Studenten zunächst nicht zuerkannt wurde). Die meisten von uns hatten nicht gegebene Voraussetzungen in der Schule – ausländische Ingenieur-Studenten in Belgien, Holland und Frankreich hatten Abiturniveau als Hochschulzugangsberechtigung, das bedeutete zwölf Jahre Gymnasium.

Willy Brandt, der Kanzler, war der Einzige, der ohne Scheu auf uns zukam – uns mit Handschlag begrüßte, uns freundlich ansprach und uns zum Sitzen aufforderte. Ich legte vor ihm alle Scheu ab, als er mich aufforderte, ihm unsere Probleme zu skizzieren. Er nickte hin und wieder und sah mich an. Er wiederholte unsere Kernpunkte, ehe er sich an Kühn wandte und ihm unser Anliegen unterbreitete. Nach 20 Minuten war unsere Anhörung beendet und wir verließen „Gut Giersberg“. Wir traten sogar zum Pol.-Führungsstab und entschuldigten uns für unser Vorgehen.

Im „Nordrheinwestfälischen Landtag“ brachte Kühn Wochen später eine entsprechende Novelle ein, die erfolgreich für unsere Belange warb, d.h. mit unserem FH-Abschluss konnten wir fachbezogen an einer Hochschule weitermachen, heute können Ingenieur-Studenten in den meisten Bundesländern alle Fächer an einer Hochschule studieren. Diesen Erfolg hatten wir Willy Brandt zu verdanken. Überhaupt war Willy Brandt für die meisten von uns und für mich ein wirklich Großer.

Bedeutung der 70er Jahre für mich

Arbeit und Politik – das lernte ich in dieser Zeit – waren feinstens zu trennen! Sicher nicht nur zu meinem Nachteil! In der Politik Willy Brandts sah ich die Wegbereitung für den Zusammenbruch der kommunistischen Regierungen in Osteuropa und die – spätere – deutsche Wiedervereinigung, die von Willy Brandt angeblich jedoch nicht beabsichtigt war. Seinerzeit wurde ihm von konservativer Seite der CDU vorgeworfen, damit eine unnötige Anerkennung/Aufwertung der DDR betrieben zu haben. Konservative Kreise sahen in der Entspannungs-Politik nichts als den Weg zum Zusammenbruch der Staaten des Ostblocks, sondern konstatierten im Ergebnis einzig die Aufwertung und Stabilisierung der DDR-Regierung.

Heute müssen wir uns vergegenwärtigen, die von Willy Brandt ausgehenden, innenpolitische Reformen in der Sozialbildungs- und Rechtspolitik, waren enorm hoch und ich befürwortete das. Mit dem Mehr-Demokratie-Wagen (dieser Satz sollte auf Günter Grass zurückgehen) sprach er mir und vielen meiner Freunde aus dem Herzen. Jedenfalls war ich mit dem einverstanden, mit dem Willy Brandt die innenpolitische Stagnation der Nachkriegszeit überwand.

Mir ist klar, dass aufgrund der Ölkrise von 1973 und des israelisch-arabischen Jom-Kippur-Krieges diese Reformen wohl nur teilweise realisiert werden konnten. Besonders der sogenannte Radikalenerlass gegen Extremisten, der 1972 bereits eingeführt wurde, ist bis heute erhalten geblieben, den betrachte ich als Blödsinn.

Arbeit und Politik lagen doch nicht so weit auseinander: Bei Bayer in Leverkusen z.B. sagten die Personaler mir, dass ich meine politische Gesinnung vor den Werkstoren lassen sollte. In Berlin wurde ich in keiner Weise auf meine Vergangenheit angesprochen, auch nicht später bei der Pol.-Behörde sowie im Bundesministerium des Innern/Bundesministerium für Umwelt in Bonn, obwohl - dort - ich erinnere mich – dass in einer Abteilung Karten von Ostpreußen und der Umgebung Breslaus im Flur hingen! In den Augen der Nachgeborenen hat so etwas ja einen nicht vertrauten Anblick, wenn auch nicht fremden Klang: Namen der ehemaligen „deutschen Gebiete".

Tatsächlich setzten damals Ende der 60er, wie wir heute wissen, wichtige Reformen in der Bundesrepublik ein. Träger dieser Mühen sind viele von uns heute 77-Jährigen, die irgendwie mit Remigranten, Antifaschisten sowie geläuterten Nazis gemeinsame Sachen machten – zumindest im Geiste. Das für mich äußerst spannende Buch „Sexualität und Verbrechen – Beiträge zur Strafrechtsreform" erschien und übermittelte mir „Liberales und Politisches" als Thema. Und Ralf Dahrendorf sprach mit seinem Buch „Gesellschaft & Demokratie in

Deutschland“ für mich und andere für eine neue Debattenkultur das Wort. Die Bedeutung, die sein Buch für die weltweite 68er Revolte einnehmen sollte, war damals noch nicht abzusehen. Zwar hatte sich Herbert Marcuse als Mitarbeiter des Exilinstitutes von Horkheimer/Adorno und früher Gegner des Vietnamkrieges als oppositioneller Geist profiliert, doch in Deutschland war er noch so gut wie unbekannt. Das wurde schlagartig anders, als er seine „Eindimensionalität“ und „totale Manipulation“ und „Gesellschaft ohne Opposition“ auf „Teach Ins“ im Audimax der Freien Universität Berlin erläuterte. Allein zu seinen Auftritten im Audimax kamen Hunderte, als Provinzler entfloh ich der Gruppe in Aachen, wir schliefen in Schlafsäcken auf dem Campus der FU Berlin, um in solche Veranstaltungen morgens reinzukommen. Marcuse sprach uns stark an, er war dichter an den aktionistischen Bedürfnissen unserer Bewegung als Adorno.

Noch wichtiger für mich waren allerdings die Aufbrüche der Koitusszenen im Film „Das Schweigen“ von Ingmar Bergman. Es ist für viele heute vielleicht nicht mehr zu verstehen, wie der Sittenkodex „Wortgesang“ (von der Dichtung zur Revolution, aus dem Arabischen von Rafael Sanchez herausgegeben und mit einem Vorwort von Stefan Weidner, bei Fischer, Frankfurt am Main) damit auf den Kopf gestellt wurde – und zwar total. Oswald Kolles Film „Wunder der Liebe“ und die frühe Erotik und Fetischkunstbilder von Bettie Page oder gar Egon Schieles als Tendenz des Verhässlichens des weiblichen Körpers ließ mich staunend davor stehen. Schiele und Dorothy Iannone thematisierten weniger die femme fatale, also die erotisch anziehende Frau, sondern eher den quälenden Geschlechtsakt einer nicht mehr funktionierenden Liebe, denn es war nicht nur die Vergänglichkeit unseres Körpers, den sie mir offenbarten. Für mich gelten Bettie Page und Egon Schiele heute noch als Vorreiter(in) der sexuellen Revolution. Bettie Pages Fotos spiegeln vorbehaltlos sie als eine aufgeklärte Humanistin in der Genderfrage, angesichts der Männerparole bei uns 68ern: „Wer zweimal mit derselben pennt, gehört schon zum Establishment.“ Empfand ich mein Leben in der Gemeinschaft einer WG als gut – obwohl ich beziehungsmäßig in einer Krise steckte, so ließ ich mich auf ein 3-tägiges Seminar mit anschließenden Übungsstunden in die transzendentale Meditation ein, das mich aus der Depression herausholte.

Im Monatsbericht des Verfassungsschutzes fehlte jeder Hinweis auf „Kristallisationskerne“ der Neuen Linken und heute können wir diesen Kräften (im Verfassungsschutz) eine Mitverantwortung an NSU-Verbrechen attestieren. Die Demonstration vom 2. Juni 1967 war gegen den Besuch des Shahs von Persien in Berlin gerichtet, der sich als von den USA begünstigter, morgenländischer Öldespot einen unangenehmen Namen gemacht hatte. Er führte ein skrupelloses Regime, hatte Zehntausende Iraner in den Gefängnissen verschwinden lassen, aus Erzählungen Puppis, einer Studienfreundin („Konföderation iranischer Studenten – National-Union, CISNU“) hörte ich vom Verschwinden ihrer Brüder und Cousins, bis diese tot außerhalb Teherans im Straßengraben aufgefunden wurden oder ins Exil nach Deutschland getrieben wurden, wie sie. Einige von ihren Verwandten studierten ebenso in Aachen. Puppi verschwand irgendwann spurlos, all ihre Sachen blieben in Aachen zurück!

Freunde und ich wendeten uns als ursprünglich sympathisierende Aktivisten von der Neuen Linken ab, weil uns v.a. die vielen Teach-Ins zu viel, wiederholend und witzlos wurden, aber auch gewisse Ähnlichkeit mit NS-Aktionen zu tun hatten. Ferner sorgte seit Beginn der 70er Jahre in der Bundesrepublik Deutschland und aufkommender Terror des Deutschen Herbstes für Waffeneinsätze bei allen Kräften, die wir, Freunde und ich entschieden ablehnten.

Links oder rechts der Piste

Manche meiner Kommilitonen, die ihr Ingenieur-Examen nach den Klausuren schafften – aber eine Auszeit durchleben wollten, errichteten Abenteuer-Spielplätze in West-Berlin, andere wiederum gründeten eine Stadtteilgruppe und manche der Politvorderen wandelten sich zu Berufsrevolutionären – sie gingen nach Peking (und kamen nach einem halben Jahr frustriert/enttäuscht zurück), diejenigen die als Chemie-Ingenieure zu Bayer, zur BASF, zu Monsanto (Luxemburg), zu Roche (Grenzach-Wyhlen), damals Hoechst oder zur Phrix nach Hamburg gingen, hatten es dagegen gemischt, sie mussten wohl ihre politische Überzeugung vor den Werkstoren lassen.

Was ich vom Sozialistischen Deutschen Studentenbund über die Fa. Bayer oder Roche erzählt bekam: Kontrollen bis ins Schlafzimmer – wurde von den Ingenieurskollegen so nicht bestätigt. Es war im Alltag, auf der Existenzebene, diffiziler: Da bestand ein totalitäres System – voller Herausforderung im Arbeitseinsatz. Damit baute sich ein systemischer Druck auf, der dann bis in ganz persönliche Bereiche „durchstach“. Ich

persönlich war als Werksstudent nicht mit diesen Problemen konfrontiert.
Das Druckgefühl, von dem meine Ingenieurkollegen in den verschiedenen Hierarchien ergriffen wurden, war totalitär: Das hing vermutlich mit den gestellten Anforderungen einer verantwortungsvollen Tätigkeit zusammen. Da können wir uns anscheinend auch nicht gegen den systemischen Druck zur Wehr setzen. Bei den vorgegebenen Zeitnormen der Moderne handelt es sich eben nicht um ethische oder politische Normen, über die wir streiten, sie wirken anscheinend hinter dem Rücken der Akteure und gelten ungefragt. Eine Norm aber, die alle Beschäftigte der Industrie oder in den Laboratorien durchdringt, ohne dass sie von mir kritisiert werden könnten.
Wie gesagt, unkritisch konnten sich meine Kollegen nach dem Bild des Mittelstandes und der Einbahnstraße verdrahten: Studierst du Chemie-Ingenieurwissenschaften, machst du Karriere und verdienst „ordentlich Geld"! Tempo und Steigung der Karriere bestimmst du selbst! Und weil das Erfolgsrezept so einfach erschien, waren viele sogleich auf der Erfolgsspur!

In den 70er Jahren waren Chemie- und Verfahrensingenieure sehr gefragt. Klar, Verlierer am Arbeitsmarkt gab es schon – auch unter diesen Ingenieuren, aber die standen in dieser Zeit nicht im Mittelpunkt. Die später erfolgte Finanzkrise und fortschreitende Globalisierung der Unternehmen ließ eine erschreckende Realitätslosigkeit erkennen. Sie brachte erste eine Abkühlung in die Beschäftigungsverhältnisse. Für heute heißt das: In einigen Arbeitsmarktsegmenten wird nach wie vor nach technisch chemischen Fachkräften gesucht. In anderen Arbeitsmarktsegmenten herrschte eine große Flaute, da wurden

Arbeitsplätze „händeringend“ gesucht, etwa generell von Ingenieuren aus der Telekommunikations-Industrie. Das waren Dinge – die mich aktuell nicht betrafen.

Ich begeisterte mich für etwas, das mir schon lange am Herzen lag – eine Tour durch die Sahara. Über Nord- und einige Westafrikanische Länder hatte ich einiges gelesen. Afrika, der schwarze Kontinent mit seinen zahlreichen Facetten und Folklore. Ich weiß gar nicht, ob wir da heute noch hin könnten, ohne in die Hände von Bewaffneten zu fallen. Bewaffnete Überfälle auf Sahara-Touristen, wie später bekannt wurden, gab’s damals nicht.

Ich trampte mit wenig DM im Geldgürtel über den St. Gotthard nach Rom in zwei Tagen, blieb dort im Regen hängen. Am nächsten Tag nahm ich den Zug über Neapel bis zu der freundlichen Hafen- und Altstadt Maratea (in der Basilikata, am Golf von Policastro). Bis zur Stiefelspitze Reggio di Calabria und Palermo auf Sizilien gab es dann keine Probleme mit dem Trampen. Nach fast fünf Tagen kam ich in Palermo an und musste einen Tag auf die Fähre nach Tunis warten. Auf der Fähre lernte ich Tramper aus Neuseeland, einen Franzosen und mehrere Amerikaner sowie eine frisch verheiratete tunesische Familie kennen, die in Palermo einkauften, und die uns allesamt in ihr Haus nach Tunis, La Goulette, Nähe Sidi Bou Saïd, einluden.

Nach der Ankunft in Tunis stellten wir dort unsere Rucksäcke ab und wanderten in die Stadt. In später Stunde, als wir zurückkamen, bemerkten wir mit Betroffenheit, dass die neunköpfige Familie in einem Raum auf Faltbetten und Matratzen schlief. Wir entschieden, über die Straße zu gehen – wenige Meter zum Strand und dort in unsere Schlafsäcke rein zu kriechen. Diejenigen, die ihre Schuhe außerhalb des Schlafsackes ließen, hatten in der Nacht Pech, die meisten Wanderschuhe waren weg.

Spannend war es für mich an den nächsten Tagen, von Tunis – Tunesien war bis 1956 französische Kolonie – über Nacht mit der Bahn bis Bône (heute Annaba) an malerischen Buchten der »Corniche Kabyle« in Nordalgerien zu fahren, das bis vor kurzem noch einen Teil des französischen Mutterlandes bildete, das erst 1962, nach langen, brutalen Kämpfen seine Freiheit gewonnen hatte. Die Anreise über Tabarka erfolgte an schönen Badebuchten vorbei bis zu herrlichen Orten & Fischereihäfen.

Die halbe Nacht führte ich Gespräche mit dem Fahrgastkontrolleur, denn ich war einer seiner wenigen Fahrgäste. Er gab mir unzählige Infos zu Algerien und wie ich am besten durch die Sahara nach Ghana und Senegal weiterreisen konnte.

Bône (Annaba), 400.000 Einwohner, ist eine moderne Großstadt mit guter Infrastruktur. Dort kaufte ich mir die berühmte Michelinkarte 153 (1971), A1/4000.000 – 1cm pour 40km: Der freundliche Buchhändler versah die Karte mit einer Folie, die die Karte schützte – ich besitze sie heute noch.
Bei „Service Algérie“ (SA), einer Organisation wie dem Deutschen Entwicklungsdienst, erhielt ich ohne Schwierigkeiten bezahlte Arbeit.

Für den Wiederaufbau im landwirtschaftlichen Sektor Algeriens sortierte ich mit französischen Technikern und Ingenieur-Studenten für fünf Wochen den Landmaschinenpark auf großen und verlassenen Landgütern. Wir überprüften Mühlen- und Pumpenanlagen. Wir waren ein lustiges Gespann unterschiedlicher Leute, wenn wir uns abends mit „Les véritables frites Algérie“ und schwerem algerischen Rotwein versorgten. Gewohnt hatte ich bei einer wohlhabenden Berber-Familie im Zelt, das hinter einem villenähnlichen Haus im Garten stand. Der muslimische Sunnit und Hausherr besaß drei Frauen, die auf Geheiß ihres Mannes ihre Gesichter für mich entblößten: Ich erschrak vor ihren schwarzen Mündern. Das Silber ihrer Zähne war schwarz und hässlich. Vater und Söhne nahmen mich freitags mit in die Moschee. Zusammen besuchten wir auch das Hammam.

In Constantin startete ich meine eigentliche Tour durch die Sandwüste. Im Eiltempo ging's weiter über Batna, Biskra, Touggourt, Ouargla. Ein junger (jünger als ich) Elektroingenieur nahm mich mehrere Tage auf einer Kontrollfahrt zu verschiedenen E-Kraftwerken mit. Die Sahara gab's ab Touggourt, Ouargla, Ghardaïa, El-Golea…
Die alten, rumpelnden Berliets, mit Baueisen und Zement als Ladung, nahmen mich ein paar hunderte Kilometer mit. Ich sollte sie am Einschlafen hindern – dafür musste ich singen und ihnen aus meinem Leben erzählen. Die heiße Atmosphäre war fürchterlich in den alten Führerhauskabinen. Die Berliet-Fahrer sagten mir hinter Ghardaïa deutlich, was ich ihnen in DM zu löhnen hatte, Dinar lehnten sie rundweg ab. So viel verstand ich und noch viel mehr auf der Fahrt. Ansonsten benutzten wir die Gebärdensprache und die der nonverbalen Kommunikation.

Unterwegs bereiteten wir uns Gemüse-Couscous mit Schafskäse und erfrischenden Grüntee über einem kleinen Feuer: Gunpowder gemischt mit Nana-Minze. Stets hörten wir in einem Transistorradio die legendäre Ovum Kalsoum – Umm Kultūm Fātima Ibrāhīm as-Sayyid al-Baltagī – und schliefen bei ihrem schwermütigen Gesang, hinter windschützenden Reifen.

Es war alles viel bunter und von mir nicht zu beschreibender Vielseitigkeit (vgl. mein Buch „Singende Sande“, angefangen zu schreiben im Hotel Mamounia, Marrakesch), so dass ich hier lediglich stichwortartig Ereignisse wiederhole, die mich besonders anrührten.

Das waren einmal die Bräuche der unwahrscheinlich exotisch herausgeputzten Wodaabe, „Volk des Tabus“ oder Fulbe Boro, die zur ethnischen Gruppe der Fulbe gehören, auf Brautwerbung im Aïr (Niger), die für mich äußerst befremdlich wirkten. Das kleine Mädchen (8–10-jährig) in einem Käfig eingesperrt, wurde wie eine Gans gemästet – für die Hochzeit mit einem alten Mann, der um die 70 Jahre alt war. Das Procedere rührte mich zu Tränen. Die stolzen Nachkommen von Ma el-Anins in Mauretanien, blaue Männer in der Ténéré, Ritter von der traurigen Gestalt und „schwarz verschleierte“ Gor'an-Nomaden, gefürchtete Räuber, verlangten Wegegeld von den Salzkarawanen im Erg von Bilma (und mir), mit denen ich unterwegs war. Ich gelangte zu den Kombattanten des Tibesti im Tschad. Betroffen war ich beim Volk der Dogon, in der Failaise de Bandiagara (Schichtstufe, die das Plateau von Bandiagara im Osten Malis begrenzt), das heute noch durch seine spektakulären rituellen Feste, seine farbenfrohen, furchterregenden Masken und tagelang währenden Tanzzeremonien faszinierte – da erlebte ich einen Sterbeprozess eines Hogon, ein religiöser Führer, steht dem Ältestenrat als „Erster unter Gleichen“ vor. Frauen aus der Dorfgemeinschaft kochten dem Alten eine letzte Suppe, deren Ingredienzen aus psychoaktiven Substanzen bestanden. Schwindelerregend empfand ich eine Beschneidung aus rechtsethnologischer Perspektive bei Frauen und Mädchen (weibliche Genitalverstümmelung, Female Genital Mutilation). Ich erfuhr, dass FGM entlang der Sahara über Nigeria und Kamerun bis Mauretanien, Senegal und Somalia sowie Nachbarländer angewendet wurde, während die Vorhaut-Beschneidung der jungen Männer (Zirkumzision) aus medizinischer Sicht vorteilhaft ist: Frauenbeschneidung ist bei uns in Europa lange schon ein Tabu (obwohl es in Köln und Aachen, wahrscheinlich auch in Berlin, Paris, Marseille Ärzte (!) gibt, die an diesen Bräuchen verdienen – da soll mit Laser gearbeitet werden, habe ich mir von Dr. Sabine Müller, Ärztin bei der Beratungsstelle „Balance“ [die Beratungsstelle Familienplanungszentrum Berlin e.V.] sagen lassen). In diesen betroffenen Gebieten – mit rechtsethnologischer Perspektive – scheint es immer noch von einem Schleier des Geheimnisses umgeben zu sein, eingebettet in einem Mythos aus Tradition, Kultur und Religion. Gegner versuchen die „Rechtsethnologie“ stärker in den juristischen Fakultäten zu verorten. Mehr als 25.000 beschnittene Frauen und Mädchen sollen in Deutschland leben – viele davon in Berlin. Die Zahlen kann ich nur schätzen, denn die meisten Opfer sprechen nicht darüber. Vor allem aber sind geschätzt etwa 6.000 Mädchen, die in

Deutschland leben – von der Verstümmelung bedroht: Die nächste Generation – die Töchter jener beschnittenen Frauen, die in Berliner Krankenhäusern entbinden: „Wir erleben hier geborene Mädchen, die in den Schulferien in das Heimatland ihrer Eltern fliegen und beschnitten wiederkommen", sagte Karin Just vom Verein „Mama Afrika".

Bei den Dogon wird die Beschneidung von Beschneiderinnen, von Hebammen und/oder Schamanen vorgenommen, ohne Betäubung. Mehrere Frauen halten die Mädchen fest. Meist wird die Verstümmelung traditionell durchgeführt, wie bei den Vorfahren, mit irgendwelchen scharfen Gegenständen. Die Schmerzen müssen furchtbar sein. Einige der Mädchen sollen an dem Eingriff durch Verbluten, an Wundstarrkrampf oder Blutvergiftung sterben.

Diejenigen, die überleben, leiden wochenlang, viele ihr ganzes Leben lang. Ich lernte einen Dogon-Soldaten kennen, der in der französischen Armee gedient hatte und in Baden-Baden stationiert war. Er sprach rudimentär Deutsch, so erfuhr ich so manches von ihm: Voller Überzeugung sprach er davon, dass eine beschnittene Frau nur die Ehe eingehen kann, da sie sauber ist, schön ist, so wie ihre Mutter: „Eine Mutter ist fruchtbar und kann kein Aids bekommen."
Für die Berliner Medizinerin Sabine Müller liegen die Gründe auf der Hand: Eine Frau, die derart verstümmelt ist, wird so ohne weiteres keinen Geschlechtsverkehr haben, die Jungfräulichkeit ist jederzeit nachprüfbar; weil Geschlechtsverkehr mit höllischen Schmerzen verbunden ist.

Bei uns in Deutschland und Berlin wurde es lange als Nichteinmischung in fremde Traditionen achselzuckend zur Kenntnis genommen. Erst als Frauenorganisationen und die wortgewandte Alice Schwarzer, Herausgeberin der Frauenzeitschrift „Emma", den verharmlosenden Begriff „Beschneidung" im Klartext als „Verstümmelung der weiblichen Geschlechtsorgane" benannte, erregte diese fürchterliche Beschneidungsdebatte auch in Deutschland Aufmerksamkeit.

Dem ehemaligen Dogon-Soldaten der Franzosen verdanke ich den Zutritt zu vielen mir unbekannten Bräuchen aus ungewöhnlichen Blickwinkeln – aus rechtsethnologischer Perspektive. So erzählte er mir von der Subinzision, der vollständigen Spaltung der Harnröhre an der Unterseite des Penis, das bei den Dogon zu einer Initiationszeromonie zählt. Bei den Dogon wird es anscheinend zur Empfängnisverhütung verwendet: Durch den Einschnitt in den Penis/Harnröhre (sieht schrecklich aus) kann Sperma die Harnröhre verlassen, bevor es beim Geschlechtsverkehr in der Vagina zur Wirkung gelangt. In der westlichen Welt, so erfuhr ich auf meiner Rückreise in Marokko von einer Züricherin, wird es auch in der Body-Modifikation-Szene angewendet.
So erzählte mir ein malischer Sufi in gebrochenem Deutsch in einer nächtlichen Gesprächsrunde sein Leben und bezeichnete sich als „Liebender der Wahrheit". So sind Jenseitsvorstellungen nicht nur an die Wirkungsweisen psychoaktiver Substanzen bei Handlungen der Bwiti-Vodún in Ghana – an der Goldküste – gebunden. In einem wichtigen Punkt lernte ich die Auswirkungen europäischer Politik kennen: Sie ist dazu verpflichtet, Entscheidungen zu überprüfen oder zu unterlassen,

die Westafrikas Menschen die Existenzgrundlage entziehen – das bekannteste Beispiel ist die Überfischung der Fanggründe vor afrikanischen Küsten. Aus rechtsethnologischer Perspektive ist das ein Grund für das Flüchtlingselend im Jahr 2015.

Eine rechtsethnologische Tatsache erfuhr ich von einem 16-jährigen Kindersoldaten-Kommandanten der Diola-Separatisten im Casamance-Konflikt (Senegal): Er berichtet mir vom Blutkarneval, wo sie ihre Feinde zerlegten und das „Herz als Motor“ aßen.

Ich erlebte in Dakar einen musischen Höhepunkt: Das waren die Auftritte von Youssou N'Dour-Thiossane, dort, wo der Künstler in den frühen Morgenstunden seine Melodien darbot: „Ich bin der Meister meines Schicksals, ich bin der Kapitän meiner Seele“. Ich erlebte Cesari Evora „Cabo Verde“, an einem der hellen Nächte – wie sie ihre kreolischen Weisen vom Leben am Meer ihrer Heimat darbot.
Beim Durchwandern der „Fratzen-Kosmologie“ erschien mir die physische Umwelt und mein Bewusstsein als ein unscharfes System: Meine Gedanken ebnen mir ein Verständnis für die Welt, eine allgemeine Revitalisierung. In rechtsethnologischer Perspektive lernte ich, dass kein Leben frei ohne Bedrohung ist. Der Blick des Falken-Totems gewährte mir wohl Einsicht in kosmische Energieströme. Jene Ströme, die wir über Totemismus erspüren, als seelische Bereicherung in dieser Stadt mit ihrer Sklavenvergangenheit.

„Ein Reisender ohne Wissen ist wie ein Vogel ohne Flügel“, diese Worte trafen voll zu am wichtigsten Kontrollposten, dem

„Bouchon des Mines", am mauretanischen Kontrollpunkt in Richtung Westsahara und Marokko.

Dort fanden für mich die unangenehmsten Kontrollen in Afrika statt, zunächst gestatteten die Behörden mir nicht in Richtung Norden mitzufahren, denn die Grenz-Organe wollten mir zunächst nicht glauben, dass ich aus dem Süden (Senegal) kam, aber es fand sich auch kein „Par Avion-Stempel" in meinem Pass. Ihrer Meinung nach reiste ich schwarz ein (die Fahrt bis Nouadhibou ist von marokkanischer Seite her im Konvoi ab Dakhla erlaubt; die Rückreise nach Norden stellt sich als schwierig heraus), dann habe ich ihrer Meinung nach „meinen deutschen Mercedes" verkauft – aber keine eingetragene Kfz-Nummer befand sich in meinen Papieren – komisch?
Aber es gab gottlob immer wieder Alleinreisende mit Landrovern, die dringend einen Beifahrer in Richtung Norden suchten! Ein hohes Bakschisch (mit Unterstützung eines der Mercedes-Reisenden) ebnete für mich schließlich die Ausreise. Und die Grenzer wünschten mir viel Glück bei meiner Heimreise. Es war schließlich auch kein ungefährliches Unterfangen – entlang der Küste im „Treibsand" (engl. liquefaction) und bei einsetzender Flut (Sahara Okzidental/Español), mich der „Frente Popular de Liberación de Saguía el Hamra y Río de Oro" (kurz Frente Polisario) und Greenhorn-Europäern anzuvertrauen!

Die Europäer hatten teilweise teure Geländewagen, aber keine Reiseerfahrung an dieser Küste, bei den unbekannten Strömungsverhältnissen war das sehr aufregend für mich. In gut einer Woche schafften wir es bis Marrakesch über Essaouira, das trotz der Halbmonde und arabischen Inschriften die ferne Verwandtschaft mit dem Torre de Belém nicht verleugnet.

Im sagenumwobenen Hotel „Mamounia" in Marrakesch, vollgestopft mit Preziosen, wartete ich auf Geld aus Aachen (das nie ankam!), in der Zwischenzeit begann ich mit einer ersten Niederschrift „Singende Sande", das Manuskript tauchte nach Jahren in einer Offizierskiste meines Onkels auf.

In Marrakesch lernte ich zwei rührige Franzosen kennen. Die beiden nahmen mich zunächst durch das Atlas-Gebirge bis zum Viehmarkt nach Erfoud in Südmarokko in die Wüste mit und schließlich ging's zurück über die spanische Enklave Ceuta an der marokkanischen Küste – heute Sehnsuchtsort vieler afrikanischer Flüchtlinge und Straße von Gibraltar, über Málaga, Granada bis Tours in Frankreich. Aachen erreichte ich über Paris – Hauptort der Region Île-de-France und dem wunderschönen Mons in Belgien (mit brabanter Gotik-Stiftskirche Sainte-Waudru: Brabant war bereits im 15./16. Jahrhundert ein politisches Zentrum). Ich bestaunte das Atomium in Brüssel, die 100 Meter hohe, begehbare Nachbildung eines Eisen-Kristalls. Und bewunderte die bigotte Realpolitik, über die wir in Deutschland nachdenken sollten: Das politische Gemengelage, das belgische Demokratieverständnis nach dem Motto: „Ich mache, was ich will, du machst, was du willst, und wir lassen uns in Ruhe" (nach dem flämischen Lyriker Stefan Hertmans). Diese Art Nachlässigkeitskultur, eine Kompromissvirtuosität, gerade wegen der vielen Kulturen, bietet einen idealen Nährboden. Das passt auf diese Stadt, wo die Verwaltungsverantwortung enorm komplex ist.

Die siebenmonatliche Reise ließ mich finanziell auf Null erstarren. Aber in meinem Gefühl war mir bewusst, etwas Großartiges und auch Schönes geleistet zu haben. Ich lernte eine bittere Realität der Entwicklungshilfe kennen. In Mali die „Überschwemmung" mit Weizen – so dass Einheimische Landwirte nicht dagegen ankamen. Die Überfischung vor afrikanischen Küsten und massive Exportförderung für den „Wiener Wald" mit Hähnchen (Keulen).

Ich hatte das Gefühl, die Menschen in den besuchten Nord- und Westafrikanischen Ländern haben mir einen Teil ihrer eigenen Identität gegeben. Ich weiß, dass ein gewisses Maß an kultureller Verschiedenheit unserer Gesellschaft nutzt (gehört in der FH-Personalplanung), mit Innovation und Abwechslung. Darüber hinaus war es für mich eine spannungsvolle Zeit, mit Dingen, die mein hergebrachtes Leben in überraschenden Einsichten übertrafen, als Erlebnis auch zum Teil überforderte (bei den Wodaabe und Dogon sowie bei den Kindersoldaten im Casamance-Konflikt). Die positive Bestärkung, die ich erfuhr und mich als zähen Nivellierten gebar – das wirkte sich positiv auf mein Leben aus. Die positive Bestärkung der Auszeit hatte geholfen, dass ich mich ohne Schwierigkeiten auf die noch fehlenden Klausuren vorbereiten konnte und sie alle bestand. Im Januar 1973 machte ich den Chemieingenieur-Abschluss an der FH Jülich-Aachen.

West-Berlin

Nach dem Chemie-Ingenieur-Examen an der FH reiste ich durch West-Deutschland und West-Berlin, ich hatte mehrere

Angebote aus der Industrie. Ich konnte der Strahlkraft Berlins nicht entkommen. Für mich ist Berlin ein permanent uneingelöstes Versprechen. Das Angebot an Hoch-und Subkultur ist ungemein anziehend, obwohl ich es kaum nutze – abgesehen von Vernissagen um die Ecke. Berlin gilt als die Stadt der Märchen, Sagen und Mythen. Ich fühlte mich umarmt und willkommen geheißen, das Schönste war, dass ich diese unglaubliche Stadt jeden Tag neu erfinden konnte, denn Berlin ist das, was jeder für sich selbst daraus macht.

Als ich gefragt wurde, ob ich wegen der Bundeswehr nach West-Berlin gekommen sei, war meine Antwort: Als „Staatsbürger" wurde ich von der Bundeswehr in Nürnberg mit „drei" bewertet, zumal ich auf dem linken Auge seit meiner Geburt nichts sah. Ich wurde nicht zum aktuellen Wehrdienst herangezogen (außerdem gehöre ich als 39er zu den sog. „Weißen Jahrgängen", muss also keinen Dienst an der Waffe absolvieren).

In der „Bundesanstalt für Materialprüfung und Forschung" (BAM), in einem Testprogramm für Kunststoffextrusion akzeptierte ich meinen ersten Ing.-Job (ich sollte Plastik oder Plaste, die aus Makromolekülen bestehen, auf Viskosität und Fließgeschwindigkeit testen). Wie sich im Laufe der Zeit herausstellte, sollte es eine enervierende Tätigkeit werden, ich sollte auch nach geeigneten Extruder-Maschinen für die Verarbeitung und das Recycling von Kunststoff-Granulat suchen. Laborversuche zur Löslichkeit der Kunststoffe sorgten für die einzige erfreuliche Abwechslung. Manch gefährliche Mischungslösung, mit der ich erfolgreich die Kunststoffe in Lö-

sung brachte, veranlassten Blässe auf dem Gesicht meines Chefs und sein fluchtartiges Verlassen des Laborraumes.
Aus dieser Zeit gibt es eine interessante Begebenheit zu erzählen: Sonnabends wanderte ich mit ein paar Kommilitonen zu einem alten Professor ins Anorganische Labor der Freien Universität Berlin. Dort lernten wir eine Arbeitsweise kennen (ein Hobby des Profs), mit über dem Bunsenbrenner selbst gezogenen Kapillaren und Seilschlingen, das ich aus der BASF-Zeit kannte und beherrschte, giftige Substanzen wie Arsen aus dem Mageninhalt (eines Toten) zu entnehmen und den Inhalt auf seine Giftigkeit hin zu analysieren. Dieses Praktikum war insofern für mich bemerkenswert, da ich noch nicht mit dem Gedanken spielte, einmal etwas mit Forensic Science zu tun zu haben. Diese veraltete Arbeitsmethode wurde angewendet, bevor molekularbio-logische Methoden sowie Rasterelektronen-Mikroskope in Laboratorien Einzug hielten.

Wir waren ein kleiner Kreis Interessierter für diese analytische Arbeitsweise. In Pausen wurde diskutiert und Kuchen gegessen, den Renate gebacken hatte, die ich aus Aachen kannte. In so einer Pause kamen wir einmal auf den Tod zu sprechen. Über Tod und Reinkarnation. In der würzigen Desinfektions-Atmosphäre des Formalingestanks stellten wir fest: Dass ein Toter kein Mensch ist und sein kann. So wenig wie dieser durch Gen-Übertragung erklärbar sein kann, so wenig ist er durch Reduktion auf seine Desoxyribonukleinsäure, ein in allen Lebewesen und Viren vorkommendes Biomolekül und Träger der Erbinformation, also Gene – zu reduzieren. Allein die Tatsache, dass sich sein Zellaufbau veränderte, weist auf materielle Vergänglichkeit hin. Warum sollten hinter dem physischen Leib nicht andere Kräfte und so etwas wie ein „Ich“ wirken, ein Zusammenwirken von uns nicht bekannten Kräften, das biologisches Leben ausmacht?

Ist es nicht ein Mysterium? Dass sich solches schließlich vom Leben abwendet und vielleicht wieder zurückkehrt. Das ist für mich und die anderen nicht nur ein plausibler Gedanke, sondern auch ein sympathischer.

West-Berlin war für viele aus der politischen Jugend und auch für mich eine Insel für besondere Lebenslagen und Aktivitäten – ein Fest, nicht nur im Häuserkampf – oder der Kahlschlag-Sanierung, die durch das historische SO 36 eine Stadtautobahn schlagen wollte. In Berlin war ich erstaunt, was alles geht. Galerien, coole Lokalitäten und Bars mit exzentrischen Gestalten. Im abgeschotteten Berlin der Siebziger- und Achtziger hielten sich Reste des linksradikalen Milieus noch lange Zeit. Wer das Kernige liebte, besetzte ein Haus; manche verwandelten es nach mehrjähriger Schamfrist in Eigentum. Parallel bot sich an, eine mit Steuergeldern gestützte linke Tageszeitung (die taz) zu gründen. Die taz entstand in der Folge des Tunix-Kongresses im Januar 1978 und war auch eine Reaktion auf den Deutschen Herbst.

Solche Kneipen ohne Sperrstunde kannte ich aus der bürgerlichen Provinz nicht, hier brachte der Menschensammelplatz Welten zusammen. Rechtsanwälte, Philosophen, Theaterleute, Schweißer (Architekten), die zwanglose Parallelwelt aus der Schaubühne in der „Paris Bar“ oder dem „Schwarzen Kaffee“, der Kantstraße, die West-Berlin in Richtung Toskana, Sizilien und Côte d’Azur verließen, um dort die Sommermonate zu verbringen. Im informellen Rahmen dieser Lokalitäten entstanden Synergie-Effekte wie beim Espresso auf dem Breslauer Platz. Ich träumte auch davon – mein Budget ließ dies jedoch nicht zu. Mich faszinierte ihre Welt. In ihrer Dichte und Tiefgründigkeit stellte für mich aus der Provinz dies auch eine Überforderung dar – die mir allerdings eine Lust verschaffte, sich mit dieser Thematik zu beschäftigen. Lust nach dem Fragen, Erkunden, Lust auf die Seelen der Menschen am Tresen, bewirkte jene Befruchtung und Durchdringung meines Lebens, aus der sich auch das Aufbauwunder in Berlin (West wie Ost) ergab.

Die Schaubühne am Halleschen Ufer (siedelte erst 1981 am Leniner Platz an); sie war ein Theater, das in den 70er Jahren in Berlin-Kreuzberg mit Peter Stein zu deutscher Berühmtheit gelangte (neben dem Deutschen Theater sowie dem Berliner Ensemble, im Ostteil der Stadt [Hauptstadt der DDR], das durch Aufführungen der Werke seines Gründers Bertolt Brecht bekannt wurde). Die Schaubühne in West-Berlin galt als wichtigste institutionelle/künstlerische Konsequenz der Politisierung, mit Aufführungen von Henrik Ibsens Peer Gynt (1971), Kleists Prinz Friedrich von Homburg (1972) und Maxim Gorkis Sommergäste (1974) sowie mit den ersten Dramen des Dramaturgen Botho Strauß und den Bühnenbildern von Karl-Ernst Herrmann.

Inzwischen exekutierte der Feind Notstandsgesetze und NATO-Doppelbeschlüsse. Und wir engagierten uns für den Frieden, d.h. für den Status quo. Helmut Kohl zählte Bimbes und lebte quasi wie ein Elwedritsch in Mainz oder Bonn; und stürzte seine Partei in eine Krise. Führende Parteimitglieder, die eigentlich von „christlicher Aufrichtigkeit“ hätten geprägt sein müssen, verschwiegen Spenden, die meldepflichtig waren. Als die Sache im November 1999 aufflog, parlamentarische Untersuchungsausschüsse eingesetzt wurden und ehemalige Partei-Vorsitzende sich zu ihren Sünden bekannten (oder nicht; trotzdem gab es monatelang Wirbel in den Medien). Der Wirbel hielt vor allem deshalb an, weil immer wieder neue Enthüllungen und Spekulationen auftauchten. Viele Geld-Geheimnisse sind bis heute erfolgreich vertuscht worden.

Hätten die Betroffenen wirklich christliche Reue gezeigt – sie waren aber katholisch – und sämtliche Fakten angeblich auf den Tisch gepackt, die Öffentlichkeit wäre zwar noch etwas entsetzter gewesen, als sie es ohnehin schon war, aber sie hätte es geschluckt und hätte sich bald wieder für andere Themen interessiert. Vielleicht wäre Friedrich Merz (einer der profiliertesten Wirtschaftspolitiker der CDU im Bundestag) auf die Idee gekommen, bereits von Leitkultur zu sprechen. Es bestimmte aber nicht die Leitkultur, sondern ein Spendenskandal den Lauf der Dinge: Die „Schwarzgeldaffäre“ wurde das Thema des Jahres 2000. Schwarzgeld schlägt also zumindest auf diesem Gebiet das Wort Leitkultur. Liegt darin vielleicht ein tieferer Sinn für die christlichen Recken der CDU, die im „Trüben fischten“? Und Kohl befand sich anscheinend in einem körperlich-seelischen Schwebezustand. Er schien in der Welt der Lebenden nach unerfüllten Forderungen zu bestehen. Er beklagte in dieser Zeit sogar den „Freizeitpark Deutschland“ – seine Bezeichnung für den Schlendrian in der Arbeitswelt. Und es ging ein Aufschrei durch die Arbeitswelt. Wir waren empört. Es beschränkte sich Arbeit und Nichtarbeit in neuen Arbeitsformen, wie Projektarbeit in kleinen Teams. Dort fanden sich flexible Arbeitszeitstrukturen, in den oft sehr langen Arbeitstagen wurden Spiel- und Freizeit-Elemente eingebaut. Es kam mir vor, dass Kohl noch nicht alle Botschaften erhalten hatte. Die einen verbinden mit der Kohl-Ära Stillstand; die anderen feiern den Pfälzer als Fortschritt in der Arbeitswelt und „Kanzler der Einheit".

Mittendrin im Zentrum des Aufbegehrens quatschten wir nach aufregenden „Sit-in" bei Herta auf dem Trottoir der Schlüterstraße. Auf dem Nachhauseweg in den frühen Morgenstunden erlebte ich manch komische Situation, wenn sich Sperrmüll auf den Gehwegen stapelte und ich zunächst nicht wusste, wie ich einen mächtigen Sessel nach Hause bekommen sollte. Schließlich schaffte ich es mit einem Hand-Rasenmäher. Mehr als zwei Stunden mühte ich mich ab, das gute Stück bis zu unserer WG in Berlin-Steglitz zu schieben. Später ließ ich diesen Sessel aufpolstern. Bis heute besauf ich mich darin mit Nostalgie. Am Ku'damm, der ja keen Muh'damm war und Taxi-Unternehmen den Werbespruch auf 'n Dach hatten, haste keenen, lei dir eenen! Damals „chillten" wir noch nicht im Neuköllner Schillerkiez (das kam erst so in den 99er Jahren auf), wir hingen auf den überbreiten Trottoirs seitwärts vo de Ku'damm oder gingen in der Manteufelstraße in Berlin-Kreuzberg zum linken Laden M99 von Hans-Georg Lindau, um Spezielles zu kaufen (spezieller Revolutionsbedarf…).
Was machten wir sonst in West-Berlin, wir gingen zum Savigny-Platz, der für mich einen eigenen Kosmos darstellte –

eine Insel in der geteilten und ummauerten Stadt, die sich quasi als Schutzwall gegenüber der Alltäglichkeit Westdeutschlands behauptete. In gegensätzlichen Welten der „Dicken Wirtin“ oder griechischen Taverne „Terzo Mondo“ aß ich gute, große und satt-fette Portionen und trank den billigen Retsina, fühlte mich beim abschließenden Ouzo in exterritorialem Raum.

Paradigmenwechsel stellte der Spaziergang am Berliner Hunde-See, dem Grunewald-See dar, mit seinen Dackeln nebst Herrchen oder Frauchen. Es war frappierend, zu welchen Ergebnissen unsereiner mit seiner Küchensoziologie kam: Putzige Rauhaardackel am Ufer, die possierlich mit leeren Bierflaschen spielten, wo asthmatische Möpse als Statussymbol des akademischen Prekariats bereits ausgedient hatten. Es bot sich ein Verweis auf die kulturell „wertvollen Röchler“ an (wie Loriot sagte), was eh keiner mehr hören konnte.

West-Berlin – die Stadt war trotz rückläufiger Produktivität für mich in ihrem Leben erstrebenswert, nicht nur wegen der „Frontzulage“, sondern weil sie offen ihre Widersprüche und konträren Positionen zeigte. Die Stadt war und ist ein Treffpunkt. Freundschaftsbünde, Gesprächsgruppen gab es durch alle Jahrzehnte hindurch und ihre Sammelpunkte heißen Literaturhaus in der Fasanenstraße *and so on…* Aber die Stadt war nicht nur Faszination. Viele, die hierher kamen, erschraken auch vor der Mächtigkeit, dem Getriebe und der Unruhe – obwohl die Stadt auch jenen Tarifverträgen folgte, die in Stuttgart ausgehandelt wurden.

Der Öffentliche Dienst und die beiden universitären Einrichtungen sowie der West-Berliner Senat blähten sich in den

70ern mächtig auf; aus meiner Sicht wurde die Polizei-Behörde für die Krawallschwaben aufgerüstet.

Chemie an der Freien Universität

Ich prüfte verschiedene Kunststoffe auf dem Extruder, wie bereits oben gesagt, und belegte schrittweise Chemie-Praktika und fortgeschrittene Chemie-Veranstaltungen an der Freien Universität, deren Institute sich um die Ecke befanden. Manche Profs meinten zu mir, ich solle erst einmal Abitur machen und dann wiederkommen. Andere Profs bewerteten meinen FH-Abschluss als gute Voraussetzungen im fortgeschrittenen Chemiestudium. Mit den meisten Profs verlief die Arbeit ausgesprochen gut! Vor allem erinnere ich mich an eine zierliche Frau, von ihr erhielt ich anschaulich die schwierigen Hintergründe der Rasterelektronenmikroskopie näher gebracht. Nach heutigen Vorstellungen arbeiteten wir in kleinen Arbeitsgruppen von max. 12 Studierenden. Bei dem Professor von der Physikalischen Chemie fiel ich eingangs einmal durch, danach wusste ich, worauf er Wert legte und bestand alle Prüfungen. Gegenstand der physikalischen Chemie waren entwickelte Prozesse in technischer und wirtschaftlicher Umsetzung. Sie sind in allen Abteilungen des chemischen Labors bis zur großtechnischen Produktion eine relevante Disziplin. Sie behandeln den Grenzbereich zwischen Physik und Chemie, insbesondere der Verifizierung von Methoden der Physik auf Objekte der Chemie. Dementsprechend breit ist auch das Einsatzspektrum, das wir mit unserem Abschluss erreichen sollten: In der gesamten Chemie-, Energie- und zunehmend auch der Umwelttechnik arbeiteten wir als Entwickler. Da die

Stoffumwandlung durch die Nutzung physikalischer, chemischer und biologischer Vorgänge geschieht, war von uns interdisziplinäres Denken gefordert. Das Studium berücksichtigte durch eine breite und solide Ausbildung sowohl natur- und ingenieurwissenschaftliche als auch wirtschaftliche sowie umweltrelevanten Komponenten dieses Anforderungsprofils. Schnittstellen zwischen Natur- und klassischer Chemie-Ingenieurtechnik.

Das Chemiestudium an der Freien Universität brachte ich schnell hinter mich und erhielt als FH-Ingenieur die Möglichkeit, unmittelbar Praktika zu leiten, so dass ich meine Tätigkeit an der BAM aufkündigte: Innerhalb der „Fort- und Weiterbildung und Chemie für Mediziner" hatte ich im vierten Stock der FU Fabeckstraße in Berlin-Dahlem ein mir zugeteiltes Laboratorium für die Vorbereitung und einen Praktikumsraum mit dreißig Arbeitsplätzen.

Krankheitsbedingt konnte ich zudem eine Tutorenstelle im „Geolabor" besetzen, das mich auch veranlasste, verschiedene Fächer in Geoethnologie zu belegen. Meine Schwerpunkte wählte ich in ingenieurwissenschaftlich orientierten Bereichen.

Zur Erläuterung: Transportkörper, wie Quarz-Sand, sind wesentlicher Bestandteil führender Gewässeruntergründe und haben großen Einfluss auf den Fließwiderstand, den Sedimenttransport, die Gewässermorphologie und Lebensbedingungen (Habitat).

Kritische Schichten haben einen sehr hohen Feinkorn-Anteil (d.h. sie bestehen überwiegend aus Schluff, Feinsand bis Mittelsand), sind wassergesättigt und weisen eine ganz lockere Packung der Sandkörner auf. Solche Eigenschaften haben oft

Sedimente, die von großen Flüssen nahe ihres Mündungsbereiches abgesetzt wurden (Deltaablagerungen). Werden solche Sandschichten durch irgendeinen Anlass in Schwingung versetzt, kann sich der Sand „verflüssigen“, ein Prozess, der als Liquifizierung bezeichnet wird. Zur Destabilisierung kann es schon ausreichen, wenn Menschen gefährdete Bereiche betreten.

Dieser Transportkörper ist ein Problem in Fließgewässern. Z.B. bei den Buhnen, ein im rechten Winkel zum Strandverlauf in das Meer oder an das Ufer eines Fließgewässers gebautes Bauwerk, das dem Küstenschutz dient. Das muss im richtigen Winkel sitzen, sonst nutzen sie als Strömungsunterbrechung nichts. Obwohl diese Transportkörper schon seit längerer Zeit untersucht wurden, gibt es bis heute noch zahlreiche offene Fragen zum Transport der Materie und den auftretenden Schwingungen, die durch die Wellen erzeugt werden.

Das geoethnologische Studium hatte eine besonders angenehme Seite, half es mir doch, Qualifikation mit meiner Begeisterung für Reisen und Zeichnen zu verbinden. So nahm ich an etlichen Exkursionen an die Meere in Europa, Nordafrika und der Schweiz teil. Je häufiger und intensiver wir Karten benutzten, desto besser gelang es mir, die Realität mit den Begriffen der Karte in Einklang zu bringen. Es wurde ein Gebrauch eines reduzierten Ersatzraumes anstelle der Realität. Noch weitaus beeindruckender ist aber, wie die Karte unsere Entwicklung des Denkens (des abstrakten) in der Gesellschaft vorantreibt. Robinson schreibt auf Seite 1 (1982), „die Kombination einer reduzierten Realität mit dem Konstrukt eines analogen Raumes ist ein abstrakter Denkvorgang auf einem sehr hohen Niveau, denn sie ermöglicht es Strukturen zu erkennen, die ohne Kartographieren unbekannt geblieben wären“. Die Technik der Karte verhalf uns Menschen zu einem neuen und umfassenden Denken, durch welches wir unsichtbare Kräfte – die unsere Umwelt und Existenz formen – um so besser erkennen können.

Bei einem Besuch der Gesellschaft-Technik-Zusammenarbeit im (GTZ)-Medjerdatal-Projekt und einem Projekt der Stahlindustrie – beide in Nordtunesien – erhielt der uns leitende Professor eine Anfrage des Reiseveranstalters „Studiosus“ München, einen Exkursionsleiter für Algerien vorzuschlagen.

Ich bewarb mich auf der Stelle und reiste vorzeitig von Tunis nach Frankfurt/M., übernahm die Reisegruppe – eine echte Herausforderung für mich (Und ich erhielt ein Geschenk in der Lufthansa-Maschine, denn ich durfte im Cockpit hinter den Piloten sitzen. Vor allem der Landeanflug in Algier war spannend).

Die Exkursion begann ich in der weißen Stadt Algier – im älteren Viertel der Kasbah, einer Burg aus dem 16. Jahrhundert, der Großen Moschee aus dem 11. Jahrhundert und der 1660 errichteten Moschee. Ansonsten ist die Altstadt von Kolonialbauten aus der Franzosenzeit (1830–1962) geprägt. Beindruckt sind wir aus europäischer Sicht von Timgad, der heutige Name der großartigen „Römischen Stadt Thamugadi“, deren Überreste sich 40 km östlich von Batna befindet. Im Norden und Osten der antiken Stadt liegt der moderne Ort Timgad.

Ich muss natürlich auf Augustinus (Augustinus von Hippo, 354–430) eingehen, den Bischof der nordafrikanischen Stadt Hippo Regius; eine der wichtigen Personen in der Entwicklung der Christenheit; gilt als einer der großen Kirchenväter; er stellte die Konzepte von Erbsünde und „gerechtem Krieg" dar; geboren wurde Augustinus in Tagaste, etwa 100 km von Bône (Annaba).

Dann – Albert Camus (geb. 1913 in Dréan – 1960 in Frankreich gest.), ist in Deutschland eher als Philosoph denn als Literat bekannt, zählte sich selbst nicht zu den Vertretern des Existentialismus. Insbesondere seine frühen Werke stehen dieser philosophischen Strömung jedoch sehr nahe. So würdigte Jean-Paul Sartre seinen Roman Der Fremde (1942) als wichtiges Werk des Existentialismus.

Das philosophische Werk von Camus hat jedoch auch einen eigenständigen Charakter. Die Camus'sche Philosophie wird daher in Abgrenzung zum Existentialismus oft als „Philosophie des Absurden" bezeichnet. Dies erscheint gerechtfertigt, da insbesondere Camus' Sicht der Revolte von der existentialistischen Philosophie abweicht, was schließlich auch zum Bruch mit Sartre führte. Die beiden philosophischen Hauptwerke von Camus sind die Essays „Der Mythos des Sisyphos" („Le Mythe de Sisyphe", 1944) und „Der Mensch in der Revolte" („L'Homme révolté", 1951). Daneben bringt Camus seine Philosophie auch in seinen Romanen und Bühnenstücken zum Ausdruck.

Auch für uns heute wichtig ist Malek Bennabi (1905–1973), der mehrere Werke über die menschliche Gesellschaft bzw. im

Speziellen die muslimische Gesellschaft verfasste. Jacques Derrida (1930–2004), ein französischer Philosoph algerischer Herkunft; der in El-Biar (nahe Algier) geborene Verfasser vieler Werke gilt als Begründer des Dekonstruktivismus. Er hat großen Einfluss auf die Theorien der kontinentalen Philosophie in der EU.

Ja, damals interessierte mich Khaled Hadj Brahim. Dieser Sänger und Liedermacher ist einfach bei uns in Deutschland als „Khaled" bekannt; er wurde in der Nähe von Oran geboren; seine Popularität, die international ist, hat ihm den Titel „King of Raï" eingebracht.

El-Hadj El Hachmi Guerouabi (1938–2006), ein algerischer Sänger und Komponist des Chaâbi, gilt als großer Meister dieser algerischen Musik. Dann schließlich Cheb Mami (geb. 1966), als Ahmed Khelifati Mohamed in Saida geborener Raï-Sänger. Lounès Matoub (1956–1998) ist ebenfalls bei uns ein berühmter Sänger und prominenter Anwalt der Berber sowie der Säkularisierung Algeriens. Lounis Aït Menguellet (geb. 1950), gebürtig aus dem algerischen Ighil Bouammas stammender berbischer Sänger, gilt als einer der bedeutendsten und charismatischsten Künstler der gegenwärtigen Musikszene in Algerien.

Ich versuchte, den Reisenden in das Tamurt Idurar (Land der Berge) oder Tamurt Leqbayel (Land der Kabylen), östlich von Algier, näherzubringen. Das Bergland ist eine der Regionen, in der sich ein Großteil der Bevölkerung gegen den islamischen Fundamentalismus stellt. So kommt es bis heute vielfach zu Übertritten zum Christentum. In dieser Region kocht es ein und das andere Mal über; vor geraumer Zeit wurde ein deutscher Architekt, der dort wanderte, umgebracht.

Im weiteren Verlauf ging ich auf geoethnologische Fragestellungen ein, erkannte und konnte auch die Entstehung der Sandrosen, die wir fanden, erklären. Damit kam ich bei den meisten Reisenden dieser Gruppe gut an: Bei den Sandrosen handelt es sich um bizarre Kristallgebilde, die aus Sandkörnern bestehen, die in einen Kristall aus Gips oder Baryt eingebettet sind. Die wasserlöslichen Gebilde aus Gips entstehen in heißen und trockenen Regionen unter semiaridem/aridem Klima. Durch schnell verdunstende Oberflächenfeuchtigkeit diffundiert Grundwasser an die Oberfläche. Die im Wasser gelösten Salze kristallisieren aufgrund der fortschreitenden Verdunstung aus und bilden zusammen mit dem Sand charakteristische, blattförmige Strukturen aus.

Dann konzentrierte ich mich mit meinen Teilnehmern auf das Aurès. Es ist ein Gebirge im Nordosten Algeriens, dessen Ausläufer bis nach Tunesien reichen. Es liegt südlich des an der Küste gelegenen Tell- und östlich des Sahara-Atlas. Höchster Punkt ist der Djebel Chélia. Tamanrasset erreichten wir wegen der unwegsamen Sand- und Geröllpisten nicht. Unser Wendepunkt war In-Shala.

Auf der gleichen Reise machte ich in Beni-Abbès (Nähe Oran, 1977) Tonaufnahmen von „Singenden Sanden“ in den Dünen der Sahara. In dieser Region haben Reisende schon immer „Töne“ gehört, die von hangrutschenden Sanden herrührten. Das gemächliche Hangrutschen brachte „brummende Töne“, das schnelle Hangrutschen helle „Trompetenstöße“ hervor.

Das gemächliche Hangrutschen mit seinen tiefen Tönen ordne ich der Modekrankheit Prokrastination, dem Aufschieben, zu, ich spreche von Downshiften und Entschleunigen. Diese brummenden Tonaufnahmen in den Sanddünen bewegten sich zwischen 100–400 Hz und 137 dB–62dB (dB = Filterbewertung für das menschliche Gehör). Diese Tonfrequenzmessungen aus dem Sandkasten Allahs widmete ich später Isabelle Eberhardt, der Sahara-Wanderin, die in Beni-Abbès bei sintflutartigen Regenfällen umkam.

Mir ist bewusst, dass ich in die Trickkiste greife (siehe Exkurs Philo), wenn ich rutschende Quarze und Töne mit menschlichem Befinden zusammenbringe, wenn ich die tiefen Töne dem „downshiften“ und „Entschleunigen“ zuordne und dem Streben der Berufswelt in seiner Komplexität, Effektivität, Hast, Hektik, schneller, höher (Tempowahn), Überfluss entgegensetze, denn es durfte gerne ein bisschen weniger sein.
Heute pflegen wir Entschleunigung als Quelle der Gesundheit und Kreativität aus einem Müsli mit Chia-Samen/Aronia. Ich gehe noch einen Schritt weiter und prognostiziere eine fortschrittliche Gesellschaft, in der für Klimper-„Geld“ gearbeitet wird, von „Social Entrepreneurship“, also von Unternehmen in der Großchemie, die sich von Lohnmaximum (Gewinnmaximierung) abwenden und auf Bundesangestelltentarif, z.B. BAT, setzen. Von Social Entrepreneurship, also von Unternehmen, die sich von reiner Gewinnmaximierung abwenden. Vorteil für solche Langsamkeit ist das Begreifen der Funktionsweise von innen, eine kulturgeschichtliche Erinnerung unserer Wurzeln in Europa.

Die Befürworter des bedingungslosen Grundeinkommens träumen von einem Sozialstaat, in dem jeder Mensch erhält – je nach Modell zwischen 400–1.500€/Monat – und zwar unabhängig davon, was er tut und ob er etwas tut. Zu der Idee gehört natürlich ein radikaler Umbau des Steuer-/Sozialsystems. Denn zur Finanzierung des Grundeinkommens sollen alle anderen sozialen Leistungen abgeschafft werden. Zudem würden sämtliche Steuern abgeschafft werden, bis auf die Mehrwertsteuer. Die wäre deutlich höher als heute und müsste alle öffentlichen Ausgaben finanzieren. Das sieht zumindest der Vorschlag des dm-Drogerie-Unternehmers Götz Werner vor, dem Befürworter dieser Idee. Werner gründete vor ein paar Jahren die Drogeriekette und wurde erfolgreich; bekannt wurde er als Anthroposoph und Verfechter der Grundeinkommensidee. Götz Werner lässt die Datenflut von einem IT-Unternehmer aus Karlsruhe mittels „predictive analytics" erstellen. Das geschieht mittels Neuro-Bayes-Algorithmus zur Unternehmenssteuerung durch zwei Physiker, Michael Feindt, Uwe Weiss. Diese Big-Data-Analyse fasst ähnelnde Meldungen/Vielfalt zusammen und spart in der Analyse Geld, wenn es um gleiche Probleme geht, aber zu unterschiedlichen Zeitpunkten beschrieben werden kann.

So hörte ich von verschiedenen Stellen, aus Unternehmen, Ministerien, Ordnungsbehörden, dass sich in manchen Positionen Entschleunigung breitmacht, das geht offenbar nicht nur auf die schwierige Bedingungen und abgespeckte Personal-Entwicklung zurück, was Stress bedeutet und manchmal zur seltenen Krankheit des Cushing-Syndroms führt. Diese Menschen haben zu viel „Cortisol im Blut", das zu Wassereinlagerungen

und zu Übergewicht führen kann. Frauen sind davon bis zu viermal häufiger betroffen als Männer.
Nicht die Erschöpfung sollte der Arbeit ihren Sinn verleihen, sondern Werkstolz. Es ist ein Plädoyer für die Überhöhung von Arbeit im geeigneten Umfeld. Überschätzen wir allerdings nicht die innere und äußere Mobilität der Menschen? Jedenfalls können wir in Deutschland feststellen, dass sich Beschäftigte in einer relativen Sicherheit einrichteten, vielleicht immer noch in zu großer Sicherheit, im Vergleich zu den anstehenden Problemen mit den Flüchtlingen. Dableibenden wie Wegziehenden zieht so etwas wie Sicherheit ins Unterbewusstsein. Das wird zum entscheidenden Kontingenzbewusstsein: Das Wissen darum, dass es die Möglichkeit und womöglich auch die Erwartung gibt, dass vieles so bleibt, wie es ist. Der Soziologe, Rechts- und Verwaltungswissenschaftler Niklas Luhmann definierte den Zustand wie folgt: „Kontingent ist etwas, was weder notwendig noch unmöglich ist; was also so, wie es ist – war, sein wird, sein kann, aber auch anders möglich ist. Der Begriff bezeichnet mithin Gegebenes zu Erfahrendes, Erwartetes, Gedachtes, Phantasiertes im Hinblick auf mögliches Anderssein; Luhmann bezeichnet in Seite 152 seiner „Sozialen Systeme“ die Gegenstände am Horizont als mögliche Abwandlungen systemtheoretischer Realität.
Ich ermittelte das „downshiften“, „Entschleunigen“, auch mittels Elektroenzephalografie (EEG). Im entspannten Wachzustand, bei geschlossenen Augen, sendet unser Gehirn pro Sekunde acht bis zwölf regelmäßige Schwingungen aus, die Alpharhythmus genannt werden. Im leichten Schlaf ändern sich diese Wellen, sie können langsamer und größer werden. Im

Tiefschlaf registriert das EEG schließlich nur noch eine bis drei Schwingungen/Sec. Wahrnehmung ist keine Widerspiegelung der Außen-Welt, sondern die systeminterne Konstruktion einer systemexternen Situation: Da können wir sehen, ob eine Wahrnehmung existiert oder nicht – im Bereich von 8–13Hz. Das bedeutet, dass neurochemische Elektrodenprozesse bestehen, deren Zusammenspiel eine erhöhte Erinnerungs- und Lernfähigkeit bedingen und Wohlbefinden signalisieren. In dieser Situation sind wir Menschen in der Lage, sehr gut und leicht Kontakte und Geräusche aufzunehmen. Das umschreibt eine gute zwischenmenschliche Chemie.

Wenn wir einschlafen und der α-Rhythmus schwindet, bewegen sich unsere Augen ganz sanft und langsam, bis sie nach wenigen Minuten zum Stillstand kommen. Die Welt entrückt, an ihre Stelle treten bizarre Bildfetzen – ein Aktivitätsausbruch unseres Gehirns und starkes Herzklopfen sowie Erektion bei Männern.

In unseren Berliner Projekten über die Metallbelastung der Sedimente (Havel/Spree) kamen wir zu hohen Zinkbelastungen, mit folgendem Hintergrund. Für schwierig anzuformende Bauteilanschlüsse, z.B. Einfassungen von Schornsteinen, Dachgauben, Dachfenstern, der Auslegung von Dachkehlen, wurden in Berliner Villenvororten Zinkbleche verwendet. Die Metallauswaschungen und Abfälle wanderten in die Berliner Gewässer (Dahme, Spree, Grunewald-Seen), in der wir in gezogenen Eisbohrkernen Zink und persistente organische Stoffe aufspürten (ich erinnere mich, dass wir das Anthropozän mittels „prediktiver analytischer“ Methoden des „Neuro-Bayes-

Algorithmus“ nach Michael Feind/CERN in das chronostratigraphische System der Erde versuchten einzuordnen, wie es auch Chemie-Nobelpreisträger Paul Crutzen tat).

Deutscher Herbst für Spätgeborene

Die Zeit des Deutschen Herbstes 1977 habe ich sehr unangenehm in Erinnerung. Taktische Methoden, u.a. Rasterfahndung, hießen ständige Kontrollen auf der Straße. Auf der Rückreise aus einer sehr anstrengenden Exkursion im Züricher Höhlensystem wurde unser Bus im Süddeutschen Raum durch eine polizeiliche Straßensperre gestoppt. Völlig erschöpft, wie wir waren – empfanden wir diese Überprüfung als Zumutung und hatten überhaupt kein Verständnis für die langwierige Personenkontrolle. Beamten mit automatischen Waffen im Anschlag kontrollierten die Papiere und stöberten in unserem Bus herum. Wir Studenten aus West-Berlin hatten den Eindruck, dass sie uns besonders unter die Lupe nahmen.

Zu dieser Situation sollten Nachgeborene ein paar Hintergründe wissen. Der RAF-Terror war gezielt, auf sogenannte Systemexponenten gerichtet: Bereits im April 1977 wurden in Karlsruhe Generalbundesanwalt Siegfried Buback, sein Fahrer und Leiter der Fahrbereitschaft von einem Motorrad aus in ihrem Auto erschossen. Die Täter wurden bis heute nicht identifiziert. Ein linksradikaler Student schrieb in der Göttinger ASTA-Zeitschrift zum Ermordeten Buback einen Artikel, der zudem monatelang die Öffentlichkeit und Justiz in Atem hielt: Es war ein Nachruf, ein Pamphlet gegen den obersten Strafverfolger – wohl aber auch gegen den Terror der RAF. Aber was

alle Welt besonders aufregte, waren vier Zeilen: „Meine unmittelbare Reaktion, meine Betroffenheit nach dem Abschuss von Buback ist schnell geschildert: Ich konnte und wollte (und will) eine klammheimliche Freude nicht verhehlen.“ Dabei ging völlig in der Öffentlichkeit und bei den Verantwortlichen unter, dass dieser Verfasser letztlich auch gegen solche Gewalttaten argumentierte, das ich voll unterstützen kann: „Woher könnte ich, gehörte ich den bewaffneten Kämpfern der RAF an, meine Kompetenz beziehen, über Leben und Tod zu entscheiden?“
Anschläge der RAF gingen im Juli 1977 weiter, es wurde der Vorstand der Dresdner Bank AG Ponto ermordet (Ponto wurde vorgeworfen, dass er am Handel mit dem Gold ermordeter Juden sowie an der Finanzierung von Unternehmen verdiente, die in Auschwitz auf der Baustelle der Buna-Werke der I.G. Farben tätig waren. Nach dem Historiker Manfred Pohl dokumentierten Aktenfunde der Deutschen Bank in Hannover eine „Mitschuld an den Leichen des NS-Terrors“. Die Deutsche Bank habe demnach „mit Krediten für Bauunternehmen am KZ Auschwitz mitgebaut“ (Historiker Pohl, Seite 55; Herbst, Weihe, Krause, Commerzbank und die Juden – 1933–1945; Seite 272). Im Aug. 1977 scheiterte wohl ein Anschlag auf das Gebäude der Bundesanwaltschaft in Karlsruhe. Im Sep. 1977 wurde Arbeitgeberpräsident Martin Schleyer in Köln verschleppt, dabei wurden Fahrer und drei Security-Beamte von der RAF getötet. Die Entführer forderten die Freilassung von elf gefangenen RAF-Mitgliedern.

In Erinnerung: Schleyer trat im April 1943 als SS-Untersturmführer in den Zentralverband der Industrie für

Böhmen und Mähren ein. Der Verband war u.a. für die Arisierung der tschechischen Wirtschaft und Beschaffung von Zwangsarbeitern für das Deutsche Reich zuständig.
Da die Bundesregierung – anders als bei der Entführung von Peter Lorenz zwei Jahre zuvor – nicht zu einem Gefangenenaustausch bereit war, versuchte die RAF mit Verbündeten, durch die Entführung der Lufthansa-Maschine „Landshut“ im Okt. 1977 den Druck zu erhöhen. Nach Odyssee des Flugzeuges und Ermordung des Kapitäns landeten die Terroristen in Mogadischu (Somalia), hier wurde das Flugzeug durch die GSG gestürmt.
Noch in der Nacht vom 17./18. Okt. 1977, begingen die in Stuttgart-Stammheim inhaftierten RAF-Terroristen A. Baader, G. Ensslin/Jan-Carl Raspe Selbstmord. Die ebenfalls in Stammheim inhaftierte I. Möller überlebte mit Messerstichen. Als Reaktion auf die Erstürmung des Flugzeuges „Landshut“ wurde Hanns Martin Schleyer von seinen Entführern in Frankreich erschossen. Seine Leiche wurde im südelsässischen Mulhouse gefunden.
Durch sympathisierende Rechtsanwälte, wie die später selbst verurteilten Croissant/Haag, gelang es der RAF, neue Untergrundkämpfer zu rekrutieren. Außerdem versorgten die Anwälte die linke Szene, aber auch die Medien, mit immer neuen Nachrichten über die inhaftierten Mitglieder der ersten Generation. In der Öffentlichkeit wurde von Isolationshaft gesprochen und für die Häftlinge der Status von Kriegsgefangenen gefordert.
Zwischen 1972 und 1977 hatte es sechs Hungerstreiks gegeben, an denen sich bis zu 90 Häftlinge beteiligten. Holger

Meins war 1974 an den Folgen eines Hungerstreiks gestorben. Ab 1975 kam es zu einer neuen Anschlagserie. Diese Ereignisse polarisierten: Für die Medien war der RAF-Terror ein beherrschendes Thema.
Die Neue Linke, aber auch weite Teile sozialdemokratischer und liberaler Kreise fühlten sich durch neue Gesetze in ihren Grundrechten bedroht und wollten sich ideologisch mit der RAF auseinandersetzen. Vielen dieser Gruppen und Personen, die nach den Ursachen des Terrorismus fragten, wurde fehlende Distanz zur RAF vorgeworfen und sie wurden als Sympathisanten angegriffen. So forderte der damalige Bundesinnenminister im Apr. 1977 in einer Rede vor dem Innen- und Rechtsausschuss des Bundestages eine „Dissolidarisierungs-Kampagne“ gegen die RAF.
Bereits Anfang 1972 hatte der spätere Literaturnobelpreisträger Heinrich Böll im Spiegel sein Plädoyer „Will Ulrike Gnade oder freies Geleit?“ veröffentlicht, in dem er sich mit den Motiven der RAF kritisch, aber sachlich auseinandersetzte und den Sensationsjournalismus der Bild-Zeitung in diesem Zusammenhang scharf kritisierte. Die Reaktion darauf war jedoch entgegengesetzt den Absichten von Böll, er galt von da an weithin als „Sympathisant“ der RAF und des Terrors, was vermutlich durch den vom Spiegel verfälschten Titel – die scheinbar „vertraute Anrede Ulrike“ kam in Bölls Originaltext nicht vor – verstärkt worden war.
Als Reaktion auf die folgende äußerst negative Berichterstattung vor allem der Springer-Medien veröffentlichte er 1974 die Erzählung „Die verlorene Ehre der Katharina Blum“, die er als kämpferische Kritik am Sensationsjournalismus im Zusam-

menhang mit dem linken Terrorismus konzipierte. Dies führte zu Verhärtung der publizistischen Fronten in Deutschland – als ein literarischer Begriff.

Allgemein lässt sich als Gesamtdeutsches in beiden deutschen Staaten interessante Literatur nachweisen – DDR- und BRD-Literatur und Nachschlagwerke wie „Berliner Begegnungen“ im Diez Verlag sind wichtige Bücher; und sie konnten nicht durch die Grenze aufgehalten werden, so standen in Ost-Berlin auch Heinrich Böll, Günther Grass in den Buchhandlungen.

Die Deutschen hatten politisch, ideologisch, wirtschaftlich und militärisch mehr gegen- als nebeneinander zu leben. Es gelang ihnen nicht, sich ohne Krampf als Nation zu begreifen – als zwei Staaten einer Nation.

Nichtsdestotrotz waren für mich Sachbücher in Chemie und Physikalischer Chemie, Werkstoffkunde, Geologie (Entwicklungs-Geschichte der Erde, Ed. Leipzig 1971) oder allgemeine Geographie (Gesicht der Erde, Ernst Neef, Ed. Leipzig 1970) in Aachen bereits sehr wichtig.

Aber in der bundesdeutschen Öffentlichkeit gerieten die Menschen im „Deutschen Herbst“ in heftige Auseinandersetzungen. Die CDU/CSU-Opposition vermutete bei der regierenden sozialliberalen SPD/FDP-Koalition unter Kanzler Schmidt (SPD) eine ideologische Annäherung zur DDR und „somit zu den Terroristen“. Die Koalition ihrerseits warf der Opposition Überreaktionen vor und unterstellte ihr, sie nutze die Gelegenheit, die Bundesrepublik Deutschland ein Stück weit in einen „Polizeistaat“ à la DDR zu verwandeln.

Trotz – oder auch wegen – dieser Gegensätze berief Bundeskanzler Helmut Schmidt zu Beginn der Schleyer-Entführung den „Großen Krisenstab“ ein, dem Mitglieder aller Fraktionen des Deutschen Bundestages angehörten. Als Ergebnis des parteiübergreifenden Konsenses war das im Herbst 1977 verabschiedete Kontaktsperre-Gesetz, das die Möglichkeit zu einem Kontaktverbot für Häftlinge und Rechtsanwälte schuf. Außerdem wurde die StPO (Strafprozessordnung) dahingehend geändert, dass die Angeklagten drei Wahlverteidiger benennen durften.

Simulation einer Sebkha

1978 startete ich mit einem Simulations-Versuch zu meiner Dissertation einer Sebkha. Die Simulation war eine fünfjährige Investition an der Freien Universität Berlin. Die Simulation sollte eine Vorgehensweise zum Verstehen der „Calciumcarbonat- und Gipsneubildung in kapillar-porösen Medien der Sebkha sein“, die komplex in der Darstellung ist. Dies ist überwiegend bei dynamischem Systemverhalten gegeben. Es wurden bei der Simulation Experimente an einem Modell durchgeführt, um Erkenntnisse über das reale System zu gewinnen. Der erste Schritt der Simulation war die Modellfindung in einer Klimakammer. Und in dieser Klimakammer konnte eine Umweltsimulation konstruiert werden. In dem Prüfraum der Klimakammer wurden die Einflüsse der Umwelt wie Temperatur und Luftfeuchtigkeit in Verbindung mit z.B. Sonnenlicht künstlich erzeugt. Die Simulation (dazu Meteorologie und Klimatologie arider/semiarider Systeme, Systemgeologie der Chronostratigraphie) entsprach in der Geochronologie der Einheit einer Periode. Ein System bzw. eine Periode umfasste Zeitintervalle von mehreren „Epochen“, die in der Regel Zeiträume von mehreren Millionen Jahre umfasst. Das ermittelte ich mit Hilfe des Hochleistungsrechners in Jülich-Aachen (JARA, Jülich-Aachen Research Alliance; Berechnung/Simulation sowie Ubiquitous [ubicomp] Computing großer Messdaten-Mengen, HPC – High-Performance Computing).

Derartige Anwendungen der Software, Sensoren, Datenauslese, Automatisierung, Fernsteuerung und Tracking fanden sich in den Bereichen ethnologischer/geowissenschaftlicher JARA.

Das Tracking war auch ein retrospektiver und dynamischer Anwendungsfall, gleichbedeutend mit der Spurbildung. Mit der Nachführung: Werden alle Bearbeitungsschritte erfasst, die der gleichzeitigen Verfolgung von Objekten dienen. Davon unterschieden wird das Tracing, das eine zeitlich versetzte Verfolgung anhand von Aufzeichnungen betrifft, z.B. in der Programmierung als Ablaufverfolgung. Ist die Abgrenzung nicht einheitlich, so sprechen wir z.B. von einem GPS-Tracking unabhängig davon, ob die Verfolgung (Auswertung) gleichzeitig oder nachträglich erfolgt.
Ziel dieser Verfolgung ist das Abbilden der Beobachtung. Solche Verwendung kann das Zusammenführen des „getrackten Objektes“ sein. Das Tracking eines Objekts und die Simulation von dessen Bewegungsverhalten auf der Erdoberfläche folgen den Konzepten der klassischen Koppelnavigation. Tracking

kann auch die Nachbildung eines physiologischen oder ökonomischen Prozesses betreffen.
Typische Anwendungs-Bereiche für HPC, die wissenschaftliche Säule der Erdsystemforschung, wird auch bei Böden aus ariden/semiariden Wüsten angewendet. Da ist es das Schlimmste: Eine dicke Salzkruste im Bodenuntergrund (z.B. im Baikalsee oder einer Sebkha in Libyen/Tunesien).
Hintergrund: Seit 3000 Jahren werden in Oasen der Wüsten Datteln und Weizen angebaut. Von dieser Kultur können wir lernen – falls sie nicht zerstört wurden. Sobald ein solches Wüstengelände landwirtschaftlich bewässert wird, wandert das Salz innerhalb kurzer Zeit an die Oberfläche und bildet dort Salzkrusten. Selbst wenn keine Salzkrusten im Boden sind, ist Landwirtschaft in wüstenartigen Gebieten immer nur begrenzte Zeit möglich, weil das Mineral-Gleichgewicht gestört wird, Palmen bekommen nicht mehr genug Wasser. Fortschritt lässt quasi Oasen vertrocknen. Durch Bewässerung reichern sich im Wasser enthaltene Mineralstoffe, Salze und Pflanzenschutzmittel an, die die Böden in wenigen Jahren unfruchtbar machen.
Meine Aufgabe war es, Komponenten herauszufinden, die sich in ihrer Salzwirkung gegenseitig beeinträchtigten, sie eventuell löslich machten, und den Pflanzen eine Chance geben zu überleben. Ferner versuchte, ich schädliches Salz in blasenartigen Strukturen an den Pflanzen zu verkrusten.
Ein Blick in die Zukunft dazu ist, durch molekular-biologische Methoden Salz-Pflanzensorten zu erzeugen, die sich vom Negativ-Image der frühen Gen-Pflanzen abgrenzten und eine neue Ära in der Pflanzenzucht einleiten.

Über den Stand meiner Dissertation debattierte ich mit Ingenieuren am Leichtweiß-Institut für Wasserbau der Technischen Universität Braunschweig und mit Spezialisten in der Uni Kiel. In Kiel war ich auch, um dort mit Rasterelektronen-Mikroskopen arbeiten zu können, über die wir an der Freien Universität nicht verfügten. Mit einem Spezialisten für aride/semiaride Böden in Jerusalem hatte ich schließlich ebenfalls zu tun – er war ein Praktiker.

Mit dem Philosophen Poser der Technischen Universität Berlin grübelte ich zusammen über „Parameter und Einflussgrößen der Gasgesetze“ sowie „Hauptsatz der Thermodynamik“ – für meine „Rechte/Grad eines Doktors in den Natur-Wissenschaften“.

Bei der Installation der Tropfvorrichtung am Lysimeter lief anfangs vieles „aus dem Ruder“ (Klima, Temperatur, Waage- und Komposition der Salz-Lösungen). Das Kombi-Pack von Wägesystem und PC bedeutete 1979 nächte- und tagelange Arbeit am HPC-Rechner, zusammen mit „IT-Spezialisten“. Die Klimakammer für Umweltsimulation fiel mehrfach – wegen Stromschwankungen (infolge eines Gewitters) aus.

Ich hatte Glück und erhielt im Fachbereich Geowissenschaften der Freien Universität eine volle wissenschaftliche Assistentenstelle – Vergütung A13 – mit der Option: Neben der Doktorarbeit ein Laborpraktikum aufzubauen („Physikalisch-Chemische Untersuchungen von Wasser und Sedimenten“, Laborpraktikum Okt. 1982; es beinhaltete auch eine Arbeitsanleitung zur Handhabung kompliziert aufgebauter Sauerstoff-Elektroden und zur Messung von Fluor in Algen sowie Pflanzengrün

(das MS wird von meinen Nachfolgern in modifizierter Form bis heute verwendet). Zweitens sollte ich in der libyschen Wüste an einem Forschungsprogramm der DFG mitwirken sowie schließlich die Lehre in „Geoökologie“ abdecken (da mein Chef limnologisch arbeitete, wählte ich „Hochgebirgs-Ökologie/Ethnologie“).
In der forschungsbasierten Lehre lernte ich Christoph von Fürer-Haimendorf (1909–1995), den Doyen aus dem Nordosten Indiens und der Zentral-Region, den Telanga-Staaten (und Nepal) kennen. Die Verschmelzung der Telanga-Staaten stieß lange Zeit bei der indigenen Bevölkerung auf Widerstand, die sich von der Regierung des neuen Bundesstaates benachteiligt fühlten. Vor allem die Jugendlichen in der Dürre-Region Telangana sahen sich um Karriereaussichten betrogen, führte der Politologe P. Muthaiah von der Osmania-Universität in Hyderabad und Hauptstadt aus: „Sie hatten das Gefühl, dass sie weder bei der Verteilung von Jobs im öffentlichen Dienst noch bei der von Wasserressourcen den ihnen zustehenden Anteil bekamen“, so Muthaiah gegenüber der Deutschen Welle.

Chef des Sandes

Die Zeit verging, sie enthält subjektiv Gefärbtes all desjenigen, das ich mehr oder weniger in meinen Berufs- und Studienjahren erlebt habe: Teilhabe am Forschungsvorhaben Sedimentanalyse zur Bestimmung der Belastung limnischer Sedimente durch persistente Umwelt-Chemikalien und Leiter eines Projektes der Deutschen Forschungsgemeinschaft (F + E-Vorhaben, 1980) in Marokko, Libyen, Sudan, denn mein Doktorva-

ter, Leiter des Projektes, wurde im grenznahen Bereich zwischen Ägypten und Libyen von libyschen Grenzorganen festgesetzt und der Spionage bezichtigt.
Über diesen Forschungsarbeiten vergingen Monate, in denen die Deutsche Forschungsgemeinschaft mich in der Zwischenzeit als Leiter für das Projekt benannte, eine zweifelhafte Ehre: Leiter eines so großen und ernstzuhabenden Projektes. Wunderbar: Alles nahm seinen positiven Gang. Die Durchführung des Projektes in den Ländern lief gut.
Nach einem Dreivierteljahr Hausarrest in Tripolis wurde mein Doktorvater wieder entlassen.

Umwelt im Himalaya

Es ist ein Sprung von der Sahara mit ihrem tiefblauen zum schwarzen Himmel. Tagsüber erhält das Gewölbe seine blaue Färbung infolge der Streuung des Sonnenlichts an den Molekülen der Erdatmosphäre – in höheren Regionen (ab 5000m) erhält der Himmel eine „schwarze" Farbe, wie im Weltall: Teilnehmende Studenten in meinen Veranstaltungen hatten Biologie oder Chemie, darum wählte ich die geoethnologische Ressourcenentwicklung im Muktinath-Tal (siehe: The Changing Himalayan Landscape in West-Nepal).

Die ausgesuchte Region war über lange Zeiträume eine abgeschlossene Region, für die Handels- und Kulturbeziehungen zwischen Tibet und indischem Subkontinent wichtiges Durchzugsgebiet. Als Ursache für die massive Abholzung wird von uns die Bevölkerungsexplosion betrachtet, ausgelöst durch Einführung „moderner" Gesundheitssysteme, die trotz allem

hinterwäldlerisch ist. So starb einem deutschen Missionar sein Kind an Blinddarm-Entzündung in der Monsunzeit, da kein Fluss überquerbar war.
Im Kreis Zhongba, im autonomen Gebiet Tibet (China) gelegen, wurde ich durch einen chinesischen Beamten – des Public Security Büro für öffentliche Sicherheit – unterstützt (gegen die Ausfuhr tibetischer Antilopenfelle: Shahtoosh-Wolle darf nach dem Washingtoner Artenschutzübereinkommen nicht ausgeführt werden).

Die Realität, einerseits so ein federleichtes Shahtoosh-Carré ist ultrasoft, dass ich es kaum glauben kann. Von Hand auf einem traditionellen Webstuhl in Kaschmir gewebt, verleiht dieser zarte Schal jedem Outfit den letzten Schliff und gibt Wärme an kühlen Abenden. Andererseits mit einem chinesischen Regierungsbeamten zusammenzuarbeiten und andererseits mit Kshatriya-Kämpfern, den Gegnern des chinesischen Riesenreiches, Verbindung zu haben – schulde ich meinem Demokratieverständnis.

Faszinierend war es für mich in Mustang (Nordwestnepal) und in Tibet bis zum glorreichen Stammsitz eines mehrtausend Jahre versunkenen Königreiches Guge, westlich vom Kailash unterwegs zu sein. Der zivilisatorische Uradel sollte alle westlichen Trümpfe ausstechen, etwaige Vorbehalte gleich mit. Die befreundeten Kshatriya-Kämpfer gehörten Gruppen an, die in Widerstand für die Unabhängigkeit Tibets stehen – ähnlich wie die Uiguren im Westen Chinas.

Vier Mal hielt ich mich in Kalkutta in einem Projekt der Institution von Ghose auf und habe mich in die Weltsicht und das

Management der integralen Philosophie einweisen lassen (siehe „Auf den Weg nach Europa“). Wir diskutierten „naturwissenschaftliche und rechtliche“ Belange und versuchten eine umfassende Sicht zwischen Naturwissenschaft und Philosophie des Menschen zu entwickeln und östliche/westliche Weltsicht mit „transformativer justice“ zu vereinen. Umweltrecht und integrale Theorie sind eine systemische Simulation für eine holistische Welterklärung. Sie ist unter anderem auf der Annahme aufgebaut, dass der Mensch neben dem personalen Tagesbewusstsein auch über weitere natürliche Bewusstseinszustände verfügt. So wurde mir u.a. vermittelt, wer beim Meditieren seine Aufmerksamkeit immer wieder zu seinem Atem bringt – der trainiert vor allem sein Gehirn. Ein weiterer wichtiger Aspekt integraler Theorie besteht darin, zwischen verschiedenen Ansätzen zur menschlichen Subjektivität zu vermitteln. So wird einerseits davon ausgegangen, dass das individuelle „Ich“ nicht die höchste Qualität menschlicher Handlungsfähigkeit darstellt, sondern in einem komplexeren transpersonalen Selbst aufgehen sollte, das auch die anderen Wesen im eigenen Denken, Fühlen und Handeln berücksichtigt und so im feinstofflichen Bereich des Kosmos Achtsamkeit entwickelt.

Nach verschiedenen Trekkingtouren (Kailash/Tibet, Iceland Peak, 6.189m/Nepal) und einem Seminar in rechtsethnologischen Perspektiven im Zen-Buddhistischen Kloster bei Namsche Basar (sowie im Ghose-Institut Kalkutta) arbeitete ich wieder in West-Berlin, und wurde Mitarbeiter an der Technischen Universität (Umwelttechnik, im Fachbereich „Luftchemie“), wo ich ökotoxische Wechselwirkungen zwischen luftchemischen Niederschlägen aus dem nordindischen Raum auf das Bodenkompartiment (im Himalaya) hin mit einem leistungsstarken Gerät analysierte: Es war ein Gerät von Finnigan London (Gaschromatographie verbunden mit Massenspektrometrie).

Zu dieser sehr praktisch-technischen Arbeit traten Gespräche, die mir eine philosophisch-rechtsethnologische Dimension eröffneten. Immer wieder gab es in meinem Leben Personen, die mir dazu Denkanstöße gaben: Erst im Rückblick wird mir der Wert solcher Bekanntschaften deutlich. In diesem Fall war es ein Mann des Umweltbundesamtes, der sich für meine Arbeiten interessierte. Bei Spaziergängen im Grunewald diskutierten wir über Sinn und Zweck solcher Arbeiten. Fritz Vahrenholt unterbreitete mir seine tiefgründigen Gedanken zu rechtsethnologischen Perspektiven in der Umweltwirtschaft: Ökohaltung statt Verwalten oder das in der Ökologie zu tun, was rechtlich ausgeschöpft werden muss.

Diese Gespräche leiteten einen Wendepunkt ein. So interessant die vielen Begegnungen, Diskussionen und Freiräume auch waren, so deutlich wurde es doch, dass eine wissenschaftliche Laufbahn keine Zukunftsperspektive für mich war: Wie so häufig im Leben, so trafen bei mir typisch nahe dem sechsten Jahrsiebt Gedanken und Fragen mit Denkanstößen von Kollegen zusammen: Warum diese – meistens wenig aussichtsreiche Hangelei von Auftrag zu Auftrag sein musste? Wozu dieses Leben, mit Glück im Zwei-Jahres-Rhythmus?

Entsprach wissenschaftliches Arbeiten wirklich meinen Fähigkeiten oder war ich nicht doch eher ein Praktiker?

Nach dem Auslaufen meiner fünfjährigen wissenschaftlichen Assistentenstelle und guter finanzieller Einstufung hatte ich mich danach von Projekt zu Projekt gehangelt – heute nennen wir das „Stückelungsverträge“: Ich wollte zunehmend nicht mehr unter dem Druck von Befristungsregeln weiterarbeiten. Eine Hochschulkarriere war für mich altersmäßig kaum möglich. Außerdem hatte ich mit meinem Werdegang („dritter“ Bildungsweg) die Nase voll. So ein Berufs- und Studienweg ist für die heutige Y-Generation mit ihrem hohen Selbstverständnis, die so ohne weiteres keine Hierarchie akzeptiert, schwer vorstellbar.

Als „Forensiker“ sollte ich mich in der „neu“ geschaffenen Dienststelle des Landeskriminalamtes Berlin ausprobieren, mich ehrenamtlich engagieren (Akademie der Wissenschaften Berlin-Brandenburg), Sport treiben, Lehrveranstaltungen als Universitäts-Professoren (nicht habilitiert) der Freien Universität Berlin in Umweltrecht nachkommen – downshifting, entschleunigen – einen Gang zurückschalten, ein Privatleben aufbauen.

Die Entwicklung und Veränderungen der Zeit kann ich gut an mir selbst schildern. Als ich 1985 an der Freien Universität Berlin die LV „Umweltrecht“ und Katastrophenschutz (Theodzee) zu lehren begann, wurde Rechtsethnologie noch mit Soziologie verwechselt. Das verwunderte mich insofern, da die Studenten-Bewegung, die 1968/69 ihren Höhepunkt erreicht hatte, noch gar nicht so lange her war. Da bestand jedenfalls noch die Auffassung, dass Rechtssoziologie weitgehend vom Marxismus und der Frankfurter Schule geprägt war.

Ich war als Chemiker und Geoethnologe mit rechtsethnologischem Hintergrund und einer Vergangenheit an der FH Jülich-Aachen sowie meiner Arbeit bei JARA und meiner Tätigkeit im WTD des Landeskriminalamtes Berlin – akzeptiert.

Ganz nebenbei passte der berufliche Wendepunkt zu meinem Privatleben: Nach jahrelanger Wohngemeinschaftszeit in Berlin-Steglitz stand das alte Reihenhaus mit Garten und altem Baumbestand aus den 20er Jahren zum Verkauf – es war ein Teil von dem damaligen Berlin, in dem 1838 Maulbeerplantagen der Seidenspinnerfabrik von Heese wuchsen.
In einem Fuchsbau der Nachbargärten lebte eine Fähe und sorgte fast jedes Jahr mit ihren Fuchswelpen für Aufregung, nicht nur für unseren roten Kater. Unkraut wurde in der WG gemeinsam gezupft. Blumen, Tomaten, Salat und auch Cannabis wurden unterschiedlich angebaut.
Als hätten die Umstände auf uns gewartet. So spiegelte sich die berufliche „Solidität" auch im Privatleben: Als Spätverheirateter mit bald danach – zwei Kindern.

Forensic Science

Einstellungsgespräch im LKA

Das Einstellungsgespräch für die Arbeit in dem neu zu schaffenden Dezernat verdient besondere Erwähnung. Das Gespräch führte der Professor/Leiter – Entschärfer und Chemiker der Polizeilich-Technischen Untersuchung (PTU), ein Jurist und Inspektionsleiter sowie ehemaliger Staatsanwalt und Polizeidirektor nebst einem Personaler.

Im Verlauf unseres Einstellungsgesprächs wurde mir deutlich, wie wenig vorbereitet dieser neue Aufgabenbereich war, für die einstellenden Beamten der Pol.-Behörde ebenso ein Ritt in neue Gefilde wie auch für mich: Woher z.B. sollte ich wissen, welche rechtliche Fragen vor einer Probenahme bei einer angenommenen Grundwasser-Verunreinigung zu klären sind?
Immerhin: Die Gerätschaften – bisher gab es solche noch nicht– könnte ich besorgen!
Weiterhin: Welche Pflichten, Rechte, Möglichkeiten habe ich als Behördengutachter?
Bei der Tätigkeit am Umwelt-Tatort handelte es sich um Forensic Science – Kriminaltechnik da wird noch einmal in Kriminalistik und Kriminologie unterteilt.

Die naturwissenschaftlich ausgerichtete Forensik der Systeme beschäftigt sich mit einzelnen Verbrechen, die Kriminologie befasst sich sowohl mit dem Verbrechen – wie auch mit den Verbrechern und den Opfern aus psychologischer, soziologischer und rechtlicher Sicht. Die Systeme stellen den Ist-Zustand dar, erheben aber keinen Anspruch auf Wertung, Beeinflussung oder Veränderung des Ist-Zustandes oder auf Anwendbarkeit ihrer Ergebnisse. Sie ist eine Metatheorie, die konkrete Zusammenhänge umfasst.

Die forensische Kriminaltechnik gibt es in Berlin als eigenes Institut – die PTU, „Polizeilich Technische Untersuchungsanstalt“ und seit 1985 den WTD, „Wissenschaftlich-Technischer Dienst“, eingegliedert in die Strukturen des Landeskriminalamtes.

Für außerhalb des LKA-Stehende müssen wir uns die gutachterliche Beurteilung so vorstellen, dass sie als Thinktank der Umweltdelikte im LKA – auch wie Mediziner – die Schuldfähigkeit der Verursacher festzustellen hatten. Fehlt den Richtern die entsprechende Sachkenntnis in einem Fachgebiet, so beauftragten sie Gutachter zur Feststellung eines Sachverhalts, z.B. ob ein mutmaßlicher Täter zum Tatzeitpunkt in der Lage war, das „Verwerfliche an seinem Handeln zu erkennen und nach dieser Einsicht zu handeln“. Sofern diese Fragen von dem Gutachter verneint oder bejaht wurden, entschied sich der Richter – Letztentscheidungsbefugnis – nach einer Prüfung des Gutachtens auf Plausibilität und abhängig von der Schwere der Schuld und der Wiederholungsgefahr für eine Verurteilung. Diese Maßnahme löste dann gar den seltenen Maßregelvollzug aus, in Abgrenzung zum Strafvollzug im Umweltbereich.

Im Maßregelvollzug werden nach §63 und §64 des deutschen Strafgesetzbuches unter bestimmten Umständen Straftäter entsprechend den Maßregeln der Besserung und Sicherung untergebracht. Vom Maßregelvollzug zu unterscheiden ist die Sicherungsverwahrung nach §66 StGB für gefährliche Straftäter, die ausschließlich dem Schutz der Öffentlichkeit dient. Es ist gleichsam wie ein logosyllabisches System, das als geistige Zusammenfassung aufgefasst werden kann, sich alles strafprozessmäßig einzuprägen und zu interpretieren.
Im normalen Strafvollzug ist der stationäre Vollzug gerichtlicher Sanktionen zu verstehen, die dem Verurteilten die Freiheit entziehen. Neben dem Vollzug einer Freiheitsstrafe (§§38 f. StGB) fällt darunter auch der Vollzug der Jugendstrafe (§§17

f., JGG), in einer Sicherungsverwahrung (§§66 ff. StGB) oder einem militärischen Strafarrest (§9 WStG).

Mehrmals hatte ich Vorfälle, so dass ich als Behördengutachter eine Erklärung geben musste, ein abgelaufenes Ereignis zu begutachten: Aus Spuren, die von einem Ereignis herstammten, dessen Tatort ich nicht kennenlernte.

Die Tatortarbeit hatte eine gewisse Ähnlichkeit zur Tätigkeit eines Archäologen.

Aufgaben bei der Umweltpolizei

Vollständigkeitshalber erwähne ich, dass ich seinerzeit zeitgleich auch von verschieden Umweltämtern in Berlin und vor allem dem Umweltbundesamt die Option hatte, bei ihnen anfangen zu können. Eine grüne Stadträtin riet mir ab: Da hätte ich kaum Entfaltungsmöglichkeit – und sie hatte recht, wie mir Mitarbeiter bzw. Umweltingenieure bestätigten, die Mitarbeiter im LKA wurden.

Auch geohydrologische Consultings, die Geohydrologen und Chemiker einstellten, waren nichts für mich, da entschied ich mich auch dagegen, obwohl die Aufgaben interessant waren, aber die Finanzierung schien mir in den Consultants nicht stabil genug zu sein, was sich so auch später herausstellte.

Ich wurde immer wieder gefragt: Umweltpolizei – wie das? Was macht ihr da? Und ich muss zugeben, manchmal standen wir da – wie Ölgötzen am Tatort – schauten und wussten nicht, was wir tun sollten, wenn uns unsichtbare radioaktive, chemische oder biologische Gefahren erwarteten? Gegebenheiten, die es uns unmöglich machten, den Einsatzort gefahrlos zu betreten und zeitnah unveränderte Spuren sichern zu können.

Und machen wir uns nichts vor: Nachhaltigkeitsziele in der Umwelt sollen die Jahrtausendziele, die Millennium - Entwicklungsziele ablösen, die eigentlich hätten schon erreicht sein sollen. Doch im Gegensatz zu diesen sollen die Nachhaltigkeitsziele die Industriestaaten nicht nur zur Finanzierung von Entwicklungsfortschritten verpflichten. Deutschland schneidet mit Platz sechs in der Liste der Bertelsmann-Stiftung nicht schlecht ab. Vor sich hat Deutschland nur Schweden, Norwegen, Dänemark, Finnland und die Schweiz. Aber kein Land, kritisieren die Autoren der Stiftung, ist bei allen 17 Zielen wirklich gut.

Die Bilanz ist gemischt. Während Deutschland bei der wirtschaftlichen Entwicklung, der Arbeitslosigkeit und sogar bei der Zahl der Armen nach Einschätzung einer Stiftung gut dasteht, erfüllt das Land überraschend viele Umweltziele nicht. Wobei die Bewertung der Bertelsmann-Stiftung durchaus Diskussionsstoff liefert. Denn einerseits beklagen Umwelt-Autoren, dass der Abstand zwischen Arm und Reich in allen Industriestaaten steige, und Deutschland macht da keine Ausnahme.

Zur Veranschaulichung der Aufgabenvielfalt bringe ich die Explosion in China – denn da lässt sich viel erklären: Mit dem schrecklichen Ereignis in Tianjin (Bericht, Tagesspiegel, Aug. 2015). Der Krater, aus dem fünf Tage nach der Explosion noch Rauch aufstieg, erinnert an New York, 9/11. Die rußgeschwärzten Trümmerflächen, auf denen Tage zuvor noch Lagerhallen standen und nun keine Wand mehr zu sehen ist, beschwören Bilder aus Hiroshima/Nagasaki herauf, die einige Medien zum Jahrestag des ersten Atombombenabwurfs zeigten.

Abgebildete Bilder lassen ahnen: Die Zahl der Opfer wird weit über den Toten und Verletzten liegen, die bis jetzt angegeben werden.

Das Ausmaß der Zerstörung ist das eine. Sie lässt manche zweifeln, ob das wirklich „nur“ ein Industrieunfall war. Der andere Grund für Fragen ist die Intransparenz. Warum weiß die Öffentlichkeit selbst fünf Tage nach dem Unglück so wenig über Hergang und Ursachen? Was für chemische Stoffe lagerten da und in welchen Mengen? Warum wurden die ersten Nothelfer ohne Atemschutz und luftunabhängige Schutzanzüge in diese Zone gelassen? Und dürfen die Menschen in der Umgebung nach all der Geheimniskrämerei darauf vertrauen, dass sie sicher sind vor Gift in der Luft?

Soldaten einer chinesischen ABC-Notfall-Truppe bewegten sich durch das verwüstete Gelände. Information und Sicherheit bedingen einander. Nur wer Gefahren kennt, kann sich – und die seinem Schutz Anvertrauten – davor schützen. Ob Hafenverwaltung oder Betriebsfeuerwehr, sie müssen im Unglücksfall auf verlässliche Daten über gelagerte Gefahrengüter zugreifen können, müssen wissen, ob mit Wasser gelöscht werden darf oder nicht, um Opferzahl und Zerstörung zu minimieren. Intransparenz kostet Sicherheit und im Extremfall Menschenleben.

Die Katastrophe im Hafen der 7,5-Millionen-Stadt Tianjin zeichnet ein Bild davon, wo China steht in seiner Aufholjagd mit westlichen Industrieländern. Es zeigt die Fratze eines ungezügelten Kapitalismus.

Das Unglück ist kein Einzelfall in diesem Riesenreich, ja nicht einmal ein Extremfall. In welche Branche und welchen Lebensbereich wir hineinschauen – Bergbau, Autoindustrie, Öl-Pipelines, Schifffahrt, Freizeitvergnügen, Luftqualität: Die Häufigkeit der Unfälle und der Preis an Menschenleben erschrecken – geben aber einen Eindruck möglicher Einsätze in diesem Bereich.

Die Sicherheitsstandards sind nach unseren Maßstäben in der EU ein schlimmer Witz. In China wurden vermutlich keine Sicherheitsstandards eingehalten. 70-mal so viel Natriumcyanid wie erlaubt soll am Unglücksort gelagert haben. Und der Abstand zu Wohnhäusern nur halb so groß gewesen sein, wie vorgeschrieben gewesen ist.

Nach meiner Einschätzung war Calciumcarbid für die Explosion verantwortlich. Das farblose Pulver dient der Herstellung von Schweißgas (veraltetes Verfahren) und Dünger und ist für sich genommen harmlos. Bei Berührung mit Wasser reagiert Calciumcarbid zu Acetylen (Äthin) – und dieses Gas explodiert mit heißer Flamme (in der Arbeitszone haben wir dann 3200°C, in der Streuflamme 2500°C durch Hinzutritt von Sauerstoff aus der Luft. Für Calciumcarbid spricht weiter, dass sich die Situation durch den Löscheinsatz verschlimmert hat. Ich vermute, dass die Feuerwehr in Tianjin zunächst mit Wasser zu löschen begann und dadurch die Explosionen zusätzlich hervorgerufen hatte.

Ferner wurde mir durch die Presse bekannt, dass auf dem Hafengelände auch Ammoniumnitrat sowie Kaliumnitrat in großen Mengen lagerten. Verbrennen diese Chemikalien zusammen mit leicht brennbaren Substanzen, kann das gewaltige Explosionen hervorrufen. Wir sollten bei einer solchen Katastrophe auch an den gebildeten Wasserstoff denken. Die bei einer Explosion freigesetzte Energie ist bei Anwesenheit von Wasserstoff oder durch den Wasserstoff selbst zwar um 70% geringer – aber trotzdem noch sehr gefährlich und heftig.

Auch wir haben in der EU unsere Geschichte an Industriekatastrophen: Großfeuer in innerstädtischen Textilfabriken, Grubenunglücke, Chemieunfälle wie im Oppauer Stickstoffwerk der BASF (1921 Ludwigshafen am Rhein) und Dioxin (TCDD) in Seveso der Icmesa/Tochter von Givaudan bzw. Roche (1976, nördlich von Mailand). In der EU haben wir ein wenig daraus gelernt und Vorkehrungen für Sicherheit am Arbeitsplatz und in Asservatenkammern z.B. mit Verordnung über das Lagern „gefährlicher Stoffe" sowie wassergefährdender Flüssigkeiten (Lagerverordnung – VLwF) gesorgt.

Warum nicht Konsumentendruck auf China zur Verbesserung der Arbeitsbedingungen ausdrücken? Auch internationale Handelsabkommen, die Mindeststandards setzen, sind jetzt sicher eine Hilfe.

In unsicheren Lagen wurden auch unsere Einsätze zur Herausforderung. In der Anfangszeit band mich die Behörde in seltsame Einsätze ein, die eine Einstellung von Chemie-Ingenieuren nicht rechtfertigte: Ich bezeichnete diese Einsätze als „Pillepalle-Einsätze". Das waren Einsätze, die die Polizei ohne

großen Aufwand hätte selbst bewältigen können. Z.B. warme Sommerluft bildete in Räumen Schimmel – mit einfacher Trocknung kann Schimmel besiegt werden. Lüften im Sommer begünstigt Schimmelbildung – denn warme Luft kann mehr Feuchtigkeit aufnehmen als kalte. Warme Außenluft im kühlen Zimmer/Keller kühlt sich ab und lässt die Feuchtigkeit als Kondensat an den Wänden zurück.
Dann wieder gab es Einsätze, die mein chemisches Wissen voll forderten!

Keine Pillepalle waren natürlich die Bomben-Blindgänger als Umweltverschmutzer, für die ich am Anfang meiner Dienstzeit ebenfalls hinzugezogen wurde. Gefahrfaktor Zeit: „Wenn der Bombenblindgänger langsam zerbröselt".

Entschärfer der Polizei gehen davon aus, dass im Boden von Berlin und in der Umgebung noch viele Bomben-Blindgänger aus dem letzten Weltkrieg vorhanden sind. Das ist ein eigenes Thema, denn die Inhaltsstoffe bzw. „umgewandelten Substanzen wie Trinitrotoluol" und andere Zusätze werden mit den Jahren gefährlicher für die Umwelt (Diffusion und Metabolisierung), von der Explosionsgefahr ganz abgesehen.

Aus Sicht des Experten, Prof. Spyra, investiert der Senat nicht ausreichend in Recherchen. Luftbilder reichten als Hinweis nicht aus, man müsse zudem auch historischen Aufzeichnungen zu den Bombereinsätzen in den alliierten und russischen Militärarchiven auswerten. Oranienburg, wo dauernd Blindgänger auftauchten, habe dies unternommen. Spyra: „In den Aufzeichnungen steht meist genau, wann und wo wie viele Bomben eines bestimmten Typs abgeworfen wurden." Der

Senat konterte, man bemühe sich schon um eine solche Aufarbeitung, brauche aber Zeit – „wegen des riesigen Stadtgebietes und fehlenden Personals“.

Eine Chemikerin und eine chemische Assistentin analysieren die Inhaltsstoffe der Bombenblindgänger aus dem Zweiten Weltkrieg mittels Flüssigchromatographie.

Mit der Zeit trug die – Fachgruppe Tatort – dafür Sorge, dass Eigengefährdung der Einsatzkräfte bei Einsätzen mit gefährlichen Stoffen auszuschließen war. Einschätzung bei der Tatortarbeit und bei Katastrophen – Ereignisse wurden von den Polizeikräften gehört und befolgt.
Wir befinden uns in einem industrialisierten und teuren EU-Land, indem viele Industrie-Altlasten vorhanden sind. Die AKWs sind noch hochaktive Strahlenzentren mit hohem Gefahrenpotential. Fachleute gehen für Deutschland für die Frage eines Rückbaus von der Mitte des Jahrhunderts aus.

Globalisierung kann Vorteile für die Umwelt mit sich bringen, das billige Öl aber schürt auch die Angst vor Deflation und verändert/verlagert die Gefahrenlage. Vor der Küste Kaliforniens schwamm nach einem Pipeline-Bruch (Mitte Mai 2015) ein 23 Quadratkilometer großer Ölteppich im Meer. Malerische Strände sind betroffen und mussten geschlossen werden. Umweltschützer sprechen von einer ernsten Bedrohung für die Tierwelt/Artenvielfalt.

Auf der anderen Seite setzen sich Digitalisierung, abgasärmere (abgasarme Elektroautos/Pilotierens), selbst steuerbare Autos oder erneuerbare Energien durch (Hier in der EU und Deutschland setzen sich selbst deutsche Verfahren allerdings nur schwer durch: Alte Töpfe liegen schwer bzw. erschweren die Zulassung. In den USA werden „neue Wege“ viel leichter zugänglich gemacht – allerdings auch die Fehler und dann wird erst gefragt, ob das zuträglich war in der Bildung, Gesellschaft, im Markt, in der Techné)-

Einen Widerspruch erzeugen erneuerbare Energien, wenn sie großtechnisch eingesetzt werden (auch bewirken – denn sie sind ebenso wenig umweltfreundlich und weisen möglicherweise Gefährdungspotentiale auf, die wir noch nicht kennen). Inzwischen sind viele internationale Umweltabkommen abgeschlossen und einige sogar ratifiziert worden, darunter so erfolgreiche wie die Basler Konvention gegen den Handel mit Giftmüll oder die London Dumping Convention gegen das Einbringen gefährlicher Abfälle in die Meere und Flüsse. Und schließlich ermöglichen Internet und E-Mail lokale und internationalen NGO sowie Netzwerke, Umweltskandale bekannt zu machen (Greenpeace, Attac u.a.). Ein „Schwarm“ entstammt der Schwarmintelligenz und kann Netzwerke natürlich nicht ersetzen – sondern allenfalls eine Basis bilden, sie verschiebt sich bis zu einer Aggregation. Nicht akzeptabel sind Facebook-Posts, die zu Straftaten auffordern – Asylunterkünfte anzuzünden, wie in Sachsen geschehen. Lange hat Frau Merkel offenbar geglaubt, die Flüchtlingsfrage sei mit ein bisschen Organisation zu bewältigen. Das Problem ist aber weit größer und wird sehr groß. Die Kanzlerin steht vor der schwierigsten Herausforderung ihrer Amtszeit. Hier bröckelt es genauso schlimm an allen Ecken wie am vereinten Europa, das es nicht mehr gibt. Es ist nur eine Wertegemeinschaft, politisch kommt keine Einigkeit zustande. Europa wird zunehmend herausgefordert, und zwar von innen wie von außen her und kann sich nicht wehren, weil keine politische Einigkeit besteht.

Die gegenwärtige, neoliberale Globalisierung betrachtet die Umwelt immer noch als kostenloses Rohstofflager und als Deponie. Dieses System ist auf Grund verschobener Umweltgefahren naturbedingt mit Schäden und Kosten verbunden. Die wichtigsten davon sind immer noch die gleichen: Die Luft-, Boden- und Wasserverschmutzung bzw. der Mangel an sauberem und ausreichendem Wasser, siehe beispielsweise das, was Nestle in dem wasserarmen Indien betreibt.

Hygieneinspektionen klimatechnischer Anlagen, Badewasser und Badegewässerüberwachung sind auch hierzulande von Nöten, Analytik auf perfluorierte Tenside, das sind organische oberflächenaktive Verbindungen, bei denen die Wasserstoffatome am Kohlenstoffgerüst vollständig durch Fluoratome ersetzt worden sind. Weiterhin stellen in Hausinstallationen die Trinkwasserüberwachung nach den Verordnungen ein großes Problem dar. Auch wachsende Abfallberge, der Klimawandel, das Ozonloch in der oberen Atmosphäre, die gentechnisch veränderten Pflanzen (Stichwort Herbizid Glyphosat) – bei dem Handelsabkommen TTIP – wird mit Sorge auf gentechnische Veränderungen und Lebensmittelstandards geschaut. Die Abnahme der Wälder, das Aussterben zahlloser Tier- und Pflanzenarten, trotz Einlagerung in Gen-Banken, z.B. Wildpflanzensamen seit neuestem in Berlin, ist die Abnahme der Bodenfruchtbarkeit, nach wie vor sehr hoch. Versteckte Umweltprobleme (Nitratbelastung oder betrachten wir die Uranbelastung im

Trinkwasser nach den Leukämie-Vorfällen bei Kindern) sind lokaler, regionaler oder globaler Natur. Viele machen sich Sorgen über die Bedrohung, die hinter dem TTIP-Handelsabkommen steckt. Bei einer Vielzahl von Themen von Sicherheitsstandards für Lebensmittel und Tierschutz bis zu öffentlichen Versorgungsanlagen und der Regulierung der Finanzmärkte gibt es die Besorgnis, dass eine Harmonisierung der Normen über den Atlantik hinweg tatsächlich eine Senkung der Standards auf beiden Seiten bedeuten könnte. Doch wie können wir das mit Sicherheit wissen? Alle Diskussionen über das TTIP sind hypothetisch, da die Verhandlungen unter Ausschluss der öffentlichen Meinung und im Geheimen stattfinden. Die öffentliche Meinung ist durch Motivations-, Legitimations- und Kontrollfunktion als wichtiger Faktor im politischen Geschehen ausgeschlossen worden. Warum wohl?

Erste Erfahrungen

Auf der Dienststelle des Landeskriminalamtes fühlte ich mich zunächst eingesperrt von meinem gewohnten Arbeitsleben, in der nach einem nicht näher definierten Vorfall zunächst Persönliches zu Gesetzen erstarrte. Anfangs versuchte ich noch Grenzen zu durchbrechen und prüfte meine unsichtbare Absperrung zum bestimmenden Senator für Umweltschutz, insbesondere der Wasserbehörde, die von Haus aus Geohydrologen waren – Konkurrenten wie auch an der Uni.

Langsam fand ich mich aber mit dieser Isolierung ab und begann, die – mobile Kriminaltechnik – zunächst mit zwei weiter eingestellten Umweltingenieuren und einer Biologin aufzu-

bauen und den Ablauf zu organisieren, unter Leitung eines Kriminaldirektors.
Mit der Zeit entwickelte sich für mich und die Kollegen in unserem Aufgabenbereich die Umgebung. Zunächst setzte ich eigene Messgeräte ein und lieh mir Gerätschaften aus dem Geohydrologischen Institut der Freien Universität. Stückchen für Stückchen entwickelte sich ein Arbeitsfeld mit den Polizeibeamten und Staatsanwälten. Als Behördengutachter kam ich zum Zuge. Hier entstand meine Bühne und ich wurde zum Schauspieler. Cornelia Vismann erklärte in ihrem klugen Buch „Medien der Rechtsprechung" die theatrale Dimension mancher Hauptverhandlungen. Letztlich, so sagte Frau Vismann, sei der Gerichtsaal eine Bühne. Der Unterschied ist, dass die Tat im Gericht nicht nachgespielt wird, der Gerichtsprozess ist ein premieres Theaterstück. Die Eingangshalle im Kriminalgericht Moabit erinnert in der Tat an eine Kathedrale und großes Theater, die Beschuldigte befangen macht. Es ist keine Pose, stünde dahinter nicht die Frage, wie viel Dramaturgie und Inszenierung noch nötig sind, wenn Recht gesprochen wird. Die scharlachroten Roben der Verfassungsrichter in Karlsruhe hatte einst ein Kostümschneider des Badischen Staatstheaters entworfen. Die Maskerade im Namen des Volkes steigert Ansehen und Autorität.
Ich lernte auch mit den Zeitabläufen, forensischer Üblichkeit – und dem Schuldvorwurf – in Berlin-Moabit und in der Polizeibehörde umzugehen – der Anwaltsrobe.
Ansonsten „konnte ich über den Job nicht meckern", hinzu kamen (zum Kriminalgericht Berlin Moabit) vielseitige und interessante Kontakte zu Juristen in Ministerien, zunächst in

Berlin, dann in Bonn, im BMI/BMU, Bundesinnen- und Umweltministerium, sowie bei den – Verbrechens-Jägern im BKA, Bundeskriminalamt Wiesbaden.
Eine schrittweise gute Entwicklung bei der Polizei verhielt sich diametral zu meiner negativen Einstellung. Zu ehemaligen Arbeitskollegen sagte ich noch kurz vor meiner Einstellung: In so einer Behörde wie der Polizei könnte ich nicht arbeiten. Polizei war für mich mit nebulösen Geheimnissen umgeben und negativ besetzt, eine „Schwarmdummheit“?

Die Eingangsbedingungen waren – wie sicher auch andernorts bei neu gegründeten Abteilungen – mit Hürden versehen. Erfahrene Kriminalisten hatten uns Ingenieuren einiges voraus. Sie konnten uns Tipps am Tatort geben. Manche Tätigkeiten, wie eine ölverseuchte Bodenprobennahme – mit Referenzprobe, d.h. eine nichtverseuchte Probe, war für mich natürlich kein Thema. D.h., dass wir uns gut in der praktischen Arbeit ergänzten.
Es fehlten vor allem zunächst Geräte, z.B. ein Bohrgerät und Bohrgestänge, für den Grundwasserbereich (verwendete ich von mir persönlich; mit Augenzwinkern – es war mein kleines Einstiegsgeschenk an die Polizei), darüber hinaus lieh ich mir Messgeräte von den Geowissenschaftlern der FU Berlin aus (wie Thermofühler, pH-, Leitfähigkeits - Sauerstoffmessmessgeräte, Hach-Lange-Chemiekoffer). Das Zubehör stammte zum Teil aus dem Tunesien-Projekt (eine Spende der chemischen und pharmazeutischen Industrie), sogar der wuchtige Schreibtisch meines Vaters aus den 20er Jahren kam zu neuer Würde.

Vorgehen am Tatort: Die Verdachtsgewinnung/Erkennung von Auffälligkeiten bis hin zur Sistierung – war für mich neu. Bei den Umwelttatorten war meistens ein fließender Übergang zu beweissichernden Maßnahmen gegeben. Und die Beweissicherung begann praktisch mit dem Entschluss, jemanden zu kontrollieren. In folgenden drei Phasen kann so auch die Tatortarbeit unterteilt werden: 1. Tatort wie er vorliegt; 2. Kontakt mit dem Betreiber; 3. Sistierung, Fotos/Probenahme.
Neben möglichen Auffälligkeiten sind Witterung und Aussehen der Örtlichkeit am Tatort zu protokollieren. Der Verantwortliche wird befragt.
Ein Begehungsort bedeutet Tatortarbeit, an dem ein Täter gehandelt hatte. Die Tat muss dabei rechtswidrig sein – also mit Strafe belegt werden können (§11 StGB), d.h. bei einer Ordnungswidrigkeit gibt es keine Tatortarbeit. Auch Vorbereitungshandlungen sind strafbar. Willensentschluss- und Vorbereitungshandlungen sind straflos (z.B. das Kaufen des Brandmittels für die Tat in der Wuhlheide [schwere Brandstiftung mit Todesfolge] ist als Vorbereitungshandlung straflos). Aber bereits die Verabredung zu dem Verbrechen ist strafbar.
Der Tatort stellt ein Erfolgsdelikt dar, sowohl der Handlungs- als auch der Erfolgsort, an dem der zum gesetzlichen Tatbestand gehörende und vom Täter angestrebte Erfolg eintritt bzw. eingetreten ist, so auch der Sterbeort dieser jungen Frau in der Wuhlheide, die mit Brandmittel übergossen und angesteckt wurde (ich werde darüber berichten).
Der Empfangsort der Drohbriefe mit vermeintlichen Milzbranderregern (Anthrax) im Kanzleramt; Auftreffort eines

Wurfgeschosses oder Kugeln kontaminiert mit Gift sind weitere Fälle zur Bearbeitung. Bei Dauerdelikten ist der Handlungsort, der das Fortdauern verwirklicht, (ein Tatort). Freiheitsberaubung oder unerlaubter Besitz eines Molotow-Cocktails oder der Besitz mit nicht zugelassenen und hierzulande verbotenen Herbiziden (z.B. aus Frankreich) ist mit Strafe belegt.

In Organisierter Kriminalität (unter dem polizeifachlichen Begriff „Organisierte" Kriminalität wird die von Gewinn- oder Machtstreben bestimmte planmäßige Begehung von Straftaten zusammengefasst, die einzeln oder in ihrer Gesamtheit von erheblicher Bedeutung sind. Voraussetzung ist, dass mehr als zwei Beteiligte unter Verwendung gewerblicher oder geschäftsähnlicher Strukturen oder unter Anwendung von Gewalt oder anderer zur Einschüchterung geeigneter Mittel oder unter Einflussnahme auf Politik, Medien, öffentliche Verwaltung, Justiz oder Wirtschaft auf längere oder unbestimmte Dauer arbeitsteilig zusammenwirken) können wir das Verbrechen in eine Vortat, Haupttat- und Nachtat gliedern, insofern umfasst der kriminalistische den juristischen Tatort. Im Unterschied zum juristischen folgt der kriminalistische anderen Kriterien.

Er umschreibt einen Tatort, an denen sich kriminalistisches und strafrechtliches Geschehen ereignet hat und an denen demzufolge Infos u.a. zum Täter, zur Tatbegehung, zum Opfer gewonnen werden können.

Bei der Teilnahme ist der Tatort sowohl der, an dem die Tat begangen wurde, als auch der, an dem der/die Teilnehmer selbst gehandelt hat/haben – dadurch gilt eine vom Teilnehmer

im Ausland geleistete Handlung für eine Straftat in einem Inland als im Inland begangene.
Wir haben ferner daran zu denken, dass der Tatort vielen Veränderungen unterliegen kann, hervorgerufen durch den Täter und Beteiligte, unbeteiligte Dritte, Rettungskräften, Verkehrsmittel, Witterungseinflüsse (Sonne, feuchte Luft), natürliche Veränderungen durch stoffliche Veränderung (Alterung von Wertstoffen, Chemikalien), unbedachtes Handeln.
Beim Tatort sind Sicherungsangriff neben Maßnahmen der Gefahrenabwehr und Auswertungsangriff zu unterscheiden. Gefahrenabwehr/Eigensicherung sowie der Schutz Unbeteiligter haben Vorrang, auch wenn Spurensicherung darunter leidet.
Anzeigenaufnahme des Einsatz-Kommissariats: Sofortdienst – Sofortlage – erfolgt mit wirkungsorientierter Steuerung-BSC, „Balanced Scorecard“. Die Aufnahme des Sachverhaltes stellte den ersten Schritt im Ermittlungsprozess und damit auch in der Tatortarbeit dar. Bereits hier werden Infos erhoben – aufgrund der ersten Maßnahmen eingeleitet und dem Anzeigenerstatter Verhaltenshilfen gegeben. Von den gesundheitlichen Gefahren natürlich abgesehen. Im Keller (Verschlag) eines Berliner Hochhauses überprüften wir Unterlagen (Verdacht auf Umwelt – Wirtschaftsvergehen), unsere Messgeräte zeigten hohe Strahlungswerte im gesundheitsgefährlichen Bereich an: Fazit – beim Verstecken von Glasröhrchen mit „radioaktiver Substanz“ musste eines zerbrochen sein und radioaktive Reste beim Beseitigen von Spuren übersehen worden sein.
Zur Sofortlage habe ich noch Folgendes zu sagen: Die Meldung vom Ereignis, es kann eine Gefahr vorliegen, die Sofort-

maßnahmen zur Gefahrenabwehr durch geschulte Kräfte (Chemiker, Umwelt-Ingenieure, Umwelt-Techniker) erforderte. Eine gegenwärtige Gefahr ist nicht auszuschließen und erforderte sofortige Gefahrenermittlung. Einzelne Maßnahmen (bei keiner Gefahrensituation) sind durch Polizeibeamten einzuleiten (Doku der Ausgangslage, Gefahrenabwehr, Sofortmaßnahmen [Fahndung/Strafverfolgung, Rettung, Feuerwehr]).
Der sogenannte Auswertungsangriff: Die Aufnahme des Tatortbefundes beinhaltet folgende Maßnahmen: Leiter des Vorgangs nimmt abschließende Besichtigung des Tatortes zusammen mit Umwelt-Tech vor; Prüfung der Tatort-Sicherung; Prüfung der Kräftelage zusammen mit Umwelt-Techs, (Bomben)-Entschärfern (Spezialisten für die Entschärfung unkonventioneller Spreng- und Brandvorrichtungen) etc. Aufnahme des objektiven/subjektiven Tatorts: Methoden der Spurensicherung – Tatort-Fotografie. Probenahme der Umwelt-Techniker zur Untersuchung und Asservierung im Chemie-Asservaten-Lager – CAL in Charlottenburg;

Aufbau eines Tatort-Berichtes: Über den ersten Angriff wird ein Bericht gefertigt – die ersten Feststellungen am Tatort, Beschreiben des Tatorts, der Spurensuche und Sicherung (Probenahme) umfasst (= objektiver Befund), die Darstellung vom Tathergang, Tatumstände, Zeugenaussagen und eigene Schlussfolgerungen (= subjektiver Befund).

I. General: Eingang Meldung, Benachrichtigung eingesetzter Kräfte, Führungs- und Einsatzmittel, Eintreffen am Tatort, angetretene Personen, Witterungsverhältnisse.

II. Objektiver Tatort-Befund: Beginn und Ende der Befundaufnahme, Tatort im weiteren Sinn, Beschreibung der Spuren (Bericht).

III. Subjektiver Tatort-Befund: Aussagen von Geschädigten (Opfer) und/oder Tatzeugen, Aussagen der am Tatort angetroffenen Personen, vorgenommene Veränderungen.

IV. Schlussfolgerung – keine rechtliche Wertung.

V. Abschließende Maßnahmen: Freigabe des Tatortes, Aufführen der Beweismittel, Fahndungsmaßnahmen, Sonstiges.

Mobile Polizeitechnik („Analytical Task Force")

Die Generalplanung im Detail & betriebsnahe Planung für den Einsatz bei Umweltdelikten im „Wissenschaftlich- Technischen Dienst" des LKA Berlin erfolgte nach den Vorstellungen von Chemical Engineering: Die Messausrüstung entsprach „guter Labor-Technikums-Praxis".

Initialzündung für die Ausstattung waren Anforderungen und Fremdaufträge, die Logistik und Ausstaffierung mit qualifizierten Gerätschaften beinhaltete. Hier bringe ich ausgewählte Beispiele, die zur Ausrüstung führten:

Eins: Bei einem PCB-Brand und die dadurch entstandenen hochgiftigen Rückstände kippte ein im Vollschutz befindlicher Polizeibeamter um. Sowohl Einsatzleiter wie sein Kollege am

Tatort bemerkten das nicht. Die Kollegen außerhalb des abgesperrten Einsatzortes hatten zudem ihre Anzüge geöffnet.

Ohne Schutz sprang ich hinzu und schleppte den Zusammengebrochenen aus der Gefahrenzone. Das brachte wohl mir eine Verwarnung ein, rechtfertigte aber unsere kostspielige Ausstaffierung mit „luftunabhängigen Chemie-Vollschutz-Anzügen".

Zwei: Die Exposition der Bevölkerung in der Nähe von Reinigungsbetrieben – hier insbesondere die Tierkörperbeseitigungs-Anstalt in Berlin-Spandau – wurde von uns als kritisch angesehen. Einzelne Abbauprodukte von perchlorethylenhaltigen Lösungsmittel im menschlichen Körper sind die eigentlichen toxischen Verbindungen. Um den Vorgang der Lösungsmittel ins Grundwasser zu testen, versuchten wir das zu simulieren. Im Labor des „Wissenschaftlich-Technischen Dienstes" scheiterten wir mit Abdichtungen zwischen Beton- und Lösungsmittelzufuhr. Mit Verfügung der Staatsanwaltschaft konnten wir diesen Auftrag an die Bundesanstalt für Materialprüfung und Forschung (in das Labor der BAM) vergeben. Das erwartete Ergebnis: Das Lösungsmittel „marschierte" durch Beton mit unterschiedlicher Dicke. D.h., es ist davon auszugehen, dass das Lösungsmittelgemisch in das Schichten- und Grundwasser des Bodens eindringt.

Drei: 1991 fielen durch Anzeige sowie Boden- und Schlackenuntersuchungen der Landesämter für Umwelt hohe Dioxingehalte in Nordrhein-Westfalen auf. Sport- und Kinderspielplätze wurden darüber hinaus durch Probenahme, Analysen und Begutachtung für einen Gerichtsprozess der

Öffentlichkeit in Düsseldorf mit Erfolg von mir aufbereitet. Durch Verbrennungen mit hoher Temperatur unter einem gut ziehenden Abzug im Labor konnten die Schlackenproben von giftigen Stoffen getrennt und in einem Granulat gesammelt werden. (Die im Belag durch niedrige Rösttemperatur entstandenen Metaboliten, sind Stoffe- bzw. Zwischenprodukte, die im menschlichen Organismus durch Auf- oder Abbaureaktionen – Anabolie und Katabolie – Schäden bewirken).-
Die aufgefundene Kupferschlacke mit den Organochlor-Verbindungen musste daraufhin vom Land NRW in allen Spielstätten dekontaminiert werden. Die in der Schlacke aufgefundenen Schadstoffe wie Chlorbenzole, Chlorphenole, polychlorierte Biphenyle, polychlorierte Naphthaline sowie Dioxine hatten in geeigneten Anlagen aus den Schlacken herausgelöst zu werden.

Vier: Über das Bundesinnenministerium, den damaligen Innenminister persönlich, erhielten wir, zusammen mit dem Robert-Koch-Institut, den Auftrag einen Massenspektrometer namens Quadrupol im Einsatzgeschehen, d.h. unter realen Wüstenbedingungen – die Wirkung pyroklastischer Staubströme auf die Ansaugstutzen – zu testen. Die zu untersuchenden Substanzen wurden von der chemischen Assistentin im Labor in Gasphasen überführt und ionisiert, nachdem sie diese nach Masse zu Ladungsverhältnis m/q sortiert hatte, räumlich die Materie in Teilen auftrennte und molekülmäßig fragmentierte. Schließlich die Ionen durch ein elektrisches Feld anregte und dem Massenspektrometer (Analysator) zuführte.

Der Quadrupol-Massenspektrometer spuckte unter Laborbedingungen gute Messwerte, nicht aber, sondern selbst bereits bei Spuren von Sand in der Laborluft (Sand in der Luft oder Mehl), die über einen Ventilator verwirbelt wurden. Der Staub setzte den Ansaugstutzen zu, der schwer und langwierig zu reinigen war! Das heißt, das Gerät konnte bei Verschmutzung der Ansatzstutzen nicht eingesetzt werden. Fazit: Trotz des Handicaps wurden US-Soldaten im ersten Irakkrieg eingesetzt, die Glück hatten, dass das irakische Militär kein Nervengas wie z.B. Tabun einsetzte!

Hier füge ich eine persönliche Begebenheit ein: Bei einem Aufenthalt in Usedom (Febr. 2008) fand der Verfasser am Strand bernsteinähnlich aussehende Bröckchen, die sich im trockenen Zustand von selbst entzündeten. Es handelte sich bei dem vermeintlichen Bernstein um Phosphorbröckchen, die, nachdem sie getrocknet waren, mit dem Sauerstoff der Luft reagierten und eine heiße, weiße Flamme (1300°C) bildeten. Die Flamme konnte Verfasser mit trockenem Sand löschen, das erinnerte ihn an seine Kindheit im Zweiten Weltkrieg: Im Elternhaus standen zum Abwehren von brennendem Phosphor Eimer, die mit trockenem Sand gefüllt waren.

Ein Journalist aus der Lokalpresse erläuterte dem Verfasser: „Insgesamt sind seit Ende des Zweiten Weltkrieges bis heute hunderte Strandbesucher auf Usedom durch „weißen Phosphor“ verletzt worden. Wahrscheinlich sind auch Todesfälle vorhanden. Trotz dieser Schadensfälle gibt es bis heute keine Anstrengungen durch die „zuständigen Behörden“, das Problem nachhaltig zu lösen, da zu kostspielig. Vielmehr wird sogar versucht, durch „Vogel-Strauß-Politik“, die gesamte Problematik zu negieren, indem die Landesregierung von Mecklenburg-Vorpommern aktuell zum Phosphorproblem verlautbart hat: „Der Landesregierung sind bislang keine Schadensfälle bekannt geworden, die belegbar auf eingesetzte, versenkte oder aufgefischte Munition oder Munitionsreste in der Ostsee zurückzuführen sind“ (Drs. 05/1232 vom 29.02.2008).

Infolge der „Umweltverschmutzung“ tauchen „Quallen“ im Ostsee-Meerwasser auf. Das Gefährliche an den Quallen für uns Menschen sind ihre Tentakeln. Das sind Nesselzellen, die mit Gift gefüllt sind. Im Moment des Hautkontaktes wird der giftige Inhalt der Tentakeln wie ein Pfeil in die Haut injiziert. Die Symptome nach einer Berührung sind ähnlich der einer Verbrennung, sie können für Menschen sehr gefährlich sein.

Die sog. „Leuchtquallen“ färben sich bei Berührung in der Dunkelheit zartrosa. Diese Quallenart ist auch unter dem Namen „Malle-Qualle“ bekannt und besonders am Mittelmeer stark verbreitet, sie gab es aber auch bei diesjährigen Temperaturen an der Ostsee. Für Betroffene ist der Kontakt sehr schmerzhaft. Der sog. „Stich“ verursacht starke Verbrennungen. Die betroffenen Stellen der Haut färben sich dunkel und heilen nur sehr langsam. Besonders Allergiker haben mit den Folgen einer Berührung zu kämpfen, da sich bei ihnen noch Monate später Bläschen bilden können.

Gefährlich wird eine Berührung mit der „blauen Nesselqualle“ und der „gelben Haarqualle“, die auch als Feuerqualle oder Meduse bekannt ist. Die gelbe bis dunkelrote Qualle kommt häufiger in Nord- und Ostsee vor und war im Mittelmeer eher selten (Ostern 2015 sah ich sie 100-fach bei Scilla in Kalabrien).

Betroffene Körperstellen sollten nach Kontakt unmittelbar mit Meerwasser oder Essig übergossen werden. Auf keinen Fall die Verbrennung mit Süßwasser oder Alkohol reinigen, da sonst die restlichen Nesselzellen aufplatzen. Eine weitere Erste-Hilfe-Maßnahme ist es, die Stelle anschließend mit Sand zu bedecken und vorsichtig mit einem Messerrücken wieder abzustreichen. Dadurch werden die restlichen Tentakeln entfernt. Wichtig ist es, die Haut danach ausreichend zu kühlen. Hilfe gegen die Schmerzen ist auch, ein Briefchen Backpulver, auf die betroffenen Körperstellen zu streuen.

Noch gefährlicher wird es, wenn es zur Berührung mit der „Portugiesischen Galeere“ kommt. Diese Quallenart aus der der Karibik sah ich auch an südspanischen Stränden. Diese Quallenart gehört zu den giftigsten Lebewesen der Welt. Der Stich der Qualle kann zu Lähmungserscheinungen oder bis zum Atemversagen oder gar zum Herzstillstand führen. Kommt es zum Hautkontakt mit dem Gift der Qualle muss die betroffene Hautpartie möglichst sofort im Krankenhaus behandelt werden. Gesunde Menschen überstehen die Verbrennungen in der Regel. Geschwächte Menschen können an der Berührung mit der Qualle sterben. Es besteht große Gefahr eines anaphylaktischen Schocks.

Das Gift einer „Würfelqualle“ kann einen Menschen innerhalb weniger Minuten töten. Würfelquallen gehören zu den giftigsten Vertretern ihrer Art. Ihr quaderförmiger Körper kann einen Durchmesser von 20–30 cm erreichen. Die Würfelqualle kommt vor den Küsten Australiens und Thailands vor. „Menschen weichen die Tiere jedoch in der Regel aus." Trotzdem passiert es immer wieder, dass Schwimmer oder Taucher zwischen die oft meterlangen Tentakel der Quallen geraten und sich darin verfangen und die hochgiftigen Nesselkapseln bei Berührung explosionsartig aufreißen. Die unter Druck stehenden Kapseln werden dem Menschenfeind entgegen-geschleudert, bohren sich wie eine Art Pfeil mit Widerhaken in die Haut und entleeren ihr Gift. In hoher Konzentration kann das Gift einer Würfelqualle innerhalb von Minuten oder gar Sekunden den Tod durch Atemstillstand oder Herzversagen verursachen. Wer dennoch mit den Quallententakeln in Berührung gekommen ist, sollte schnellstmöglich das Wasser verlassen. Auch hier gilt es, die Wunde auf keinen Fall mit Wasser oder anderen Flüssigkeiten spülen, da noch aktive Nesselzellen sonst aufplatzen könnten, sondern auf die betroffene Stelle möglichst Quarzsande auftragen, damit die Kapseln inaktiv werden. Anschließend die Wunde kühlen und Antiserum vom Arzt spritzen lassen.

Fünf: Im ersten Golfkrieg von 1991 herrschte in der Regierung die Befürchtung, bei den Kämpfen könnten biologische und chemische Waffen eingesetzt werden. Die Streitkräfte der Koalition wurden 1990–1991 auf mögliche biologische und chemische Kriegsführung vorbereitet, sie wurden im Gebrauch von Atemmasken und Schutzgerät ausgebildet, probten Dekontaminierungsmaßnahmen und erhielten sorgfältige Unterweisung in der Entdeckung entsprechender Waffen; außerdem wurden die Soldaten vor einer möglichen Gefährdung durch biologische Kriegsführung geimpft.

Die Erforschung an Biokampfstoffen geht aber weiter, während die Angst vor internationalem Terrorismus wächst, da inzwischen viele nichtstaatliche Akteure ins Spiel kommen. Es wird vom Bundesministerium gewarnt: Biologische Kriegsführung sei noch immer eine sehr reale Option. Offizielle Vertreter beziehen sich auf Vorfälle unmittelbar nach dem 11. September 2001, als Anthrax-Sporen per Post an Zielpersonen wie auch den Bundeskanzler in Berlin verschickt wurden (ich berichtete von meinem Einsatz).

Unter der Obhut vom Bundeskriminalamt Wiesbaden, Robert Koch-Institut Berlin und dem Alfred-Wegener-Institut (Bremerhaven) fand im LKA Berlin, Landeskriminalamt, am Kaiserdamm, eine zweitägige Sitzung zusammen mit der Polizeilich-Technischen Untersuchungsanstalt Berlin statt. Siehe meinen Beitrag „Biological Weapons & Defense", den ich auf Veranlassung des Bundeskriminalamtes als nicht für die Öffentlichkeit bestimmt zu erklären hatte.

Trotzdem erwähne ich, dass ich in diesem Seminar erstmals von biologischen/chemischen Waffen hörte, die sich als Zeitbomben in Fässern auf dem Ostsee-Meeresboden befinden und im Begriff sind durchzurosten. Die Wirkstoffe mancher Chemikalien in den Bomben und Granaten sollen sich als endokrine Disruptoren entpuppen. Das sind aktive wirksame Substanzen aus Trinitrotoluol, eine zusammengewürfelte Gruppe von Stoffen, die das Hormonsystem von Organismen verändern.

Im vergangenen Jahrhundert wurden in den Küstengewässern der Nord- und Ostsee über Millionen Tonnen konventionelle und chemische Kampfstoffe verklappt (unter Aufsicht der Alliierten zur Entwaffnung der deutschen Wehrmacht). Versenkt wurde die Munition aller Art und Container gefüllt mit chemischen Kampfstoffen oder mit Chemikalien, die zur Herstellung der Kampfstoffe benötigt wurden. Die größten Verklappungsgebiete für chemische Kampfstoffe sollen sich außerhalb deutscher Gewässer im Skagerrak und in der Ostsee bei Bornholm (Dänemark) und im Gotland-Becken (Schweden) befinden. In der Ostsee sollen 50.000 Tonnen chemischer Kampfstoffe versenkt worden sein, davon alleine etwa 10.000 Tonnen im Bornholmer Becken. Tonnen verklappter konventioneller Munition befinden sich hingegen auch in zahlreichen Gebieten der Deutschen Küstengewässer.

Der heutige Zustand der Jahrzehnte alten Munitionshüllen soll sehr unterschiedlich sein. Einige Umhüllungen der Granaten und Bomben sind noch funktions- und sogar zündfähig, während andere bereits zerbröselt sein sollen. Beim Zerfall der Hüllen werden giftige Komponenten des Sprengstoffs sowie deren Abbauprodukte freigesetzt. Sprengstoffe und deren Grundsubstanzen sind nicht nur explosiv, sondern können bei Mensch und Tier Leber- und Erbgut schädigen sowie Krebs erregen.

Chemische Kampfstoffe wie Senf-/Tabungas und Phosphor zerfallen unter Wasser in weniger giftige Substanzen. Werden sie jedoch an den Strand gespült oder gelangen durch die Fischerei an Deck eines Schiffes, können sie dort durch Einfluss von Luftsauerstoff ihre tödliche Wirkung entfalten.

Besonders problematisch sind arsenhaltige Kampfstoffe, da auch deren Abbauprodukte giftig sind. In geringeren Konzentrationen aufgenommen führt es in den Körperzellen zu Membran- und Gewebeschädigungen, die bei chronischer Exposition Krebs erzeugen können. Wichtige Speisefische wie der Dorsch ernähren sich von Organismen, die am Meeresboden leben. Diese können in Kontakt mit Spuren von Kampfstoffen gelangen. Auf diese Weise nehmen sie giftige Chemikalien in ihrem Körper auf, die auch eine Gefahr für den menschlichen Konsumenten darstellen können.

Luftunabhängiger Atemschutz

In Anbetracht verschieden erlebter Gefahrenlagen bauten wir vom WTD einen „luftunabhängigen Atemschutz“ mit Unterstützung der Firma Auer auf. Mit diesem System war das Entfernen von gefährlichen Verunreinigungen von Personen, Objekten oder ungeschützten Flächen möglich und gehörte damit zum ABC-Schutz (Atom-Biologie-Chemie).
Mit der speziellen Ausrüstung sieht das Equipment jenem der Gefahrgutanzüge der Feuerwehren zwar ähnlich, waren wir aber keineswegs – Feuerwehr der Polizei. Während sich die Feuerwehr bei Austritt gefährlicher Stoffe ganz auf die Gefahrenabwehr konzentriert, betrieb die Fachgruppe Tatort noch vor Abschluss der Aufräumarbeiten Beweissicherung und Dokumentation nach polizeilichen Standards und gewährleistet damit ein beweissicheres Strafverfahren. D.h., dass die Gruppe sich einen Überblick über Umweltverfahren, Herkunft der Stoffe und Produkte verschaffte.

Unfälle oder terroristische bzw. militärische Angriffe müssen spezifisch betrachtet werden. Da muss sowohl qualitativ als auch quantitativ die Belastung bekannt sein, um eine Aussage über den Grad der Dekontamination treffen zu können. Bei jeder Art der Dekontamination ist Selbstschutz wichtig, um eine Gefährdung der dekontaminierenden Personen sowie weitere Kontaminationen der Umwelt zu verhindern. Dies bedeutet, dass zusammen mit den Verunreinigungen die zur Dekontamination verwendeten Mittel und die persönlichen Schutzausrüstungen, wie Waschwasser, Bürsten, Filter, Handschuhe und Kleidung, gesammelt sowie fachgerecht entsorgt oder spezifisch gereinigt werden müssen.
Ist der zu dekontaminierende Gegenstand beweglich, kann die Dekontamination an einem speziellen Dekontaminationsplatz stattfinden. Die Dekontamination kann dann provisorisch mit einfachen Mitteln oder mit spezieller Ausrüstung professionell durchgeführt werden.
Wir unterschieden zwischen der „katastrophen- und arbeitsmedizinischen Dekontamination“. In Ersterer werden Fälle betrachtet wie Kriegsereignisse, Unfälle in der Industrie oder aufgrund natürlicher Ursachen, z.B. vulkanische Asche oder eine Epidemie (wie Ebola), die eine Vielzahl von Menschen betrifft und bei der die Regeln der medizinischen Versorgung von den Prinzipien der Notversorgung geprägt sind. Für diese wurden Notfallpläne erstellt und Einsatzkräfte z.B. durch das „Bundesamt für Bevölkerungsschutz und Katastrophenhilfe“, Provinzialstraße Bonn, ausgebildet. Die Ebolafieber-Epidemie, die 2014 in mehreren westafrikanischen Ländern ausbrach, gilt nach der Zahl der erfassten Erkrankungen und Todesfälle als

bisher größte ihrer Art. Nach Angaben der Weltgesundheitsorganisation erkrankten im Verlauf der Epidemie – einschließlich der Verdachtsfälle – bisher 26.312 Menschen an Ebolafieber, von denen 10.899 starben (WHO, Ebola Response Roadmap Situation Report der Weltgesundheitsbehörde, WHO, abgerufen, 1. Mai 2015).

Chemisches Asservatenlager

Von Zitronensäure bis unbekannte Flüssigkeiten, von Asbest bis Milzbrandkeime (Anthrax) oder gefälschte medizinische Stoffe, in der mit vermeintlichen oder tatsächlichen Gefahren aus chemischer und biologischer Sicht zu rechnen ist (radiologische Stoffe und infektiöse Materialien hatten keine Genehmigung [!] der Aufsichtsbehörde erhalten), werden in speziellen Räumen gelagert. Jeder chemisch Interessierte kann sich unschwer vorstellen, dass Säuren nicht mit Laugen zusammen gelagert werden dürfen oder beim Einlagern darf auch keine Flusssäure aus der Fensterscheibenecke partout in Glaskolben gelagert werden. Seltene Metalle wie Cäsium (wir hatten vier große Lederkoffer aus den Weiten Russlands) sind brennbar an der hygroskopischen Luft und waren darum in Glasampullen eingeschweißt. Das Cäsium wurde geschmuggelt und könnte wieder abgeholt werden. Die Unbekannten haben allerdings nicht ihre Adresse hinterlassen und sie wissen vermutlich auch nicht, dass sie keine Umweltstraftat begangen haben.

Im vom Sachgebiet betreuten Chemie-Asservatenlager erfolgte die Asservierung, Verwaltung, Ausgabe und Entsorgung von diesen gefahrstoffverdächtigen Beweismitteln und pharmazeu-

tischen Produkten, meistens gefährliche Nachahmer-Präparate aus dem Net-Bereich, für die Berliner Behörden (gelagert nach technischen Regeln für die Lagerung besonderer Gefahrstoffe). Diese Lagerung professionell zu handhaben und zu interpretieren bzw. umzusetzen, bedeutete für den WTD eine Herausforderung, denn sie hatten vorher noch nicht so ein Lager aufgebaut: Übrigens war die Bauabteilung eine von der Pol.-Behörde, die hervorragende Arbeit leistete und uns unterstützte.
Zum besseren Verständnis von den gefährlichen Präparaten aus dem Medizinbereich schreibe ich ein paar Klassen auf: z.B. Protonenpumpenhemmer, Statine, Antibiotika, Antipsychotika, Opiat-Schmerzmittel, Selektive Serotonin-Wiederaufnahme-Hemmer – Blutplasma bzw. Blutkonserven (siehe Vorgang mit Blutkonserven)! Schließlich waren da die Ampullen mit gefälschtem Herceptin 150mg zur intravenösen Anwendung. Von dieser Fälschung betroffen sind auch mehrere Chargen des Krebsarzneimittels Herceptin, das den Wirkstoff Trastuzumab enthält.
Die technischen Regeln für die Lagerung besonderer Gefahrstoffe & gefährlicher Medizin-Präparate geben den Stand der sicherheitstechnischen, arbeitsmedizinischen, hygienischen sowie arbeitswissenschaftlichen Anforderungen an Gefahrstoffe hinsichtlich Inverkehrbringen wieder. Medikamente über das Netz bezogen und auf dem freien Markt (Straßenverkauf) stellen sehr oft Plagiate mit unklaren Inhalten dar, müssen aber trotzdem in geeigneter Art und Weise gelagert werden. Seit 1998 ist Viagra auf dem Markt und soll seitdem mehr als 30 Millionen Männern mit Potenzstörungen geholfen haben. Doch ungefährlich sind die blauen Pillen und

auch Tilidin nicht: Die über das Internet verkauften Medikamente bergen Risiken. Häufig enthalten sie einen falschen Wirkstoff oder sind falsch dosiert. Bis zur Überprüfung warten die Glücksbringer im Chemischen Asservatenlager Berlin-Charlottenburg.
Die Buchhaltung dieser Asservate erfolgt mit einem PC-Programm, das einer der Umweltingenieure entwickelt hat und das von einem chemischen Techniker weiterentwickelt wurde, der heute im IT-Bereich der Pol.-Behörde angesiedelt ist.

Das Chemische Asservatenlager befindet sich im großen vorderen Hof des Charlottenburger Institutes am Kaiserdamm. Und wurde dazu gebaut. Das mobile Einsatzfahrzeug hatte dort ebenso seinen Standort. In einem Nebenraum des Chemischen Asservatenlagers befinden sich Räumlichkeiten für eine CO_2-Löschanlage und einen Luft-Kompressor sowie eine Klimaanlage für die Schleuse sowie die Asservaten-Räume, Vorrichtungen zur Reinigung sowie Trocknung der luftunabhängigen Vollschutzanzüge.

Im hinteren Hof standen Einsatzfahrzeuge für verdeckte Ermittlungen. Unter dem geräumigen Dachgeschoss befanden sich mehrere Laboratoriums-Räume für nasschemische und trockne Analytik sowie die Mikroskopie für Asbest; wir verwendeten ein preiswertes Nachweisverfahren aus der Textilchemie, aus meinen Aachener Tagen an der FH. Unter dem Dach befand sich eine Üb-Strecke für den luftunabhängigen Vollschutz.

Zum Abschluss. Eine nicht genehmigte Zwischenlagerung von Infektionsmaterial: Zwei Kühltruhen mit Blutkonserven, Verdacht auf HIV, konnten in Berlin nirgendwo gelagert werden. Die Kühltruhen mussten aus Sicht der Gefahrenabwehr im CAL gelagert werden!

Hintergrund: 1986 traten in Berlin und Athen verstärkt Infektionen durch HIV-kontaminierte Blutkonserven auf. Erst seit wirksame Gegenmaßnahmen getroffen werden konnten, hat dies Bedeutung dieses Infektionsweges und damit auch die durch Bluttransfusionen drohende Ansteckung mit dem HI-Virus entscheidend zurückgedrängt. Manche Ärzte nahmen bis zu diesem Zeitpunkt Blutspenden auch von „Risikogruppen" (Homosexuelle, Drogenabhängige, Häftlinge), um daraus Gerinnungs-Faktor-Produkte für Hämophile herzustellen. Die Behringwerke in Marburg entwickelten ein aufwendiges Verfahren zur „Hitze-Inaktivierung von Viren", das vom Bundesgesundheitsamt zugelassen wurde. Dennoch wurden in Berlin weiterhin Blutprodukte verwendet, in denen Viren nicht inaktiviert worden waren.

Eine Arztpraxis in Berlin wurde aus Griechenland angezeigt: Verdacht, dass die vorhandenen Tests nicht konsequent bzw. nicht bestimmungsgemäß durchgeführt wurden. Die Berliner Praxis verwendete als Sparmaßnahme Blutspenden, die sie miteinander vermengte (= poolte) und dann erst auf HIV testete. Das verwendete Test-Verfahren war damals jedoch nicht empfindlich genug, so dass HIV-kontaminierte Blutprodukte nach Griechenland verkauft wurden. Der Arzt wurde verhaftet und die Praxis geschlossen.

Anmerkung: Es war eine Schutzbehauptung des Arztes. Es gebe nicht genug Plasma zur Herstellung der hitzeinaktivierten Blutkonserven.

Es stellte sich heraus, dass ein Teil der Blutkonserven nur für diagnostische Zwecke freigegeben war. Und diese wurden nach „Re-Import für therapeutische Zwecke" neu verpackt: Laut „Stern" wurden davon 47.000 Portionen (Blutkonserven) nach Indien (und vermutlich Griechenland) verkauft.

Verwaltungsakzessorietät

Das war für mich ein schwieriger Vorgang zum Verstehen. Wir sprechen von Verwaltungsakzessorietät, wenn die Erfüllung eines Straftatbestandes abhängig ist von Regelungen des Verwaltungsrechtes. Sie spielt beispielsweise bei Umweltdelikten oder im Betäubungsmittelrecht und anderen Delikten des Nebenstrafrechtes eine Rolle. Die Strafbarkeit ergibt sich hier aus der Verletzung einer verwaltungsrechtlichen Pflicht (vgl. §330d Nr. 4 StGB). Ein Unterfall ist gegeben, bei der die Erfüllung eines Straftatbestandes vom Vorliegen eines Verwaltungsaktes abhängt. Ein Beispiel dafür ist in Deutschland die Gewässerverunreinigung (§324 StGB). Liegt etwa eine Genehmigung zur Einbringung von Stoffen in Gewässer vor, ist eine Verunreinigung von Gewässern nicht unbefugt und damit nicht nach §324 StGB strafbar.

NS-historischer Exkurs

Meine Ängste aus der NS-Zeit schilderte ich bereits in meinen Kindheits- und Jugenderinnerungen („Kinnerzit & Jeunesse" und „Meisenheimer Jugend“ sowie „Auf den Weg nach Europa“). Es waren Familiengeheimnisse, manchmal als Zeitungsnotiz (Ungesagtes) an die Oberfläche gebracht. Die NS-Zeit faszinierte mich bereits schon immer und es wurde in mir etwas Systemisches geweckt, auch darüber weiter zu recherchieren und zu berichten. Zwar verstehe ich nicht, warum ich Dinge berichte, die meinen eigenen Interessen zuwiderliefen, und es erwies sich als unmöglich, mir über verborgene Gründe klar zu werden, denn ich befinde mich ebenso in Solidarität mit meinen Vorfahren. Auch wollte ich Ungleichgewichte im Familiensystem in Balance halten.

Im Berliner Fall wurde ich von einem Direktor aus dem BKA, Bundeskriminalamt Wiesbaden, aufmerksam gemacht: Er wies mich darauf hin, dass aus dem Charlottenburger Institut Personen stammen, die im NS leitende Funktionen innehatten und nach dem Zweiten Weltkrieg in der Bundesrepublik Deutschland hohe Positionen begleiteten.

Aus dem Charlottenburger Institut am Kaiserdamm in Berlin – das 1910 von den Architekten Oskar Launer und Otto Kloeppel als neubarocke Mehrflügelanlage um zwei Innenhöfe eingeweiht wurde – entstanden 1932 fünf Abteilungen: Polizeirecht, Psychologie und Pädagogik, Geschichte und Soziologie, Organisation und Verwendung, Kriminologie und Kriminalistik. Neben der Aus- und Weiterbildung für Polizeikommissare wuchs es zum führenden Institut für die Herausgabe von Ausbildungsvorschriften.

Mit dem Ermächtigungsgesetz 1933 erteilte das Parlament der Regierung im Berliner Reichstagsgebäude außergewöhnliche

Vollmachten. Sie verkündete das Gesetz zur Behebung der Not von Volk und Reich (Notverordnung) „zum Schutze von Volk und Staat“. Damit wurde die erfolgreiche Weimarer Zeit in der Polizei abgeschafft. Wir wissen alle, dass von seinen Anfängen bis zu seinem Untergang sich das NS-Regime auf die Polizei stützte. Alle Sparten der deutschen Polizei waren am Terror gegen die politischen und weltanschaulichen Gegner des NS-Staats beteiligt, zunächst im Innern des Deutschen Reiches und seit Kriegsbeginn 1939 schließlich in allen von der Wehrmacht eroberten Gebieten. Besonders in Osteuropa beging die deutsche Polizei massenhaft Verbrechen an der Zivilbevölkerung.

Die Abschaffung der Demokratie und des Rechtsstaates durch eine Zweidrittelmehrheit im Parlament und Reichsrat wurde als verfassungskonform angesehen (so in Werner Heun zur Verfassungsordnung der Bundesrepublik Deutschland). Nach dem Ermächtigungsgesetz wurde der Jurist, Kriminalpolizist und SS-Führer Kurt Zillmann seinerzeit als Leiter an das Charlottenburger Institut delegiert. Ab Nov. 1936 lehrte er dort als Dozent und stellvertretender Lehrgangsleiter im 13. KKA und vertrat die Fächer Kriminologie und Kriminalistik – an der inzwischen errichteten Führerschule, zusammen mit Beamten der Sipo (Sicherheitspolizei) und dem SD (Sicherheitsdienst).

Zillmann gehörte 1939 als Adjutant der Einsatzgruppe z.b.V, zur Vernichtung der polnischen Intelligenz an, die sich durch besondere Grausamkeiten auszeichnete. Als späterer Kripochef in Luxemburg und SS-Sturmbannführer im Reichssicherheitshauptamt trug er Mitverantwortung an der Deportation und Ermordung von Juden.

Seine NS-Vergangenheit verhinderte nicht, dass Zillmann nach dem Krieg (1959) zum Leiter des LKA Schleswig-Holstein und Referent in der Polizeiabteilung im Innenministerium Kiel avancierte. Als Regierungskriminaldirektor genoss er ab 1966 seinen regulären Ruhestand bis in die 80er Jahre.

Von Paul Dickopf – der ebenfalls ein „Charlottenburger“ war, später Leiter des Bundeskriminalamtes Wiesbaden – und Tausenden seiner ehemaligen Berufskollegen wurde in der Nachkriegszeit behauptet, dass die Übernahme zur SS ohne ihr Zutun erfolgte und der SS-Dienstgrad automatisch an den Polizeidienstgrad angeglichen wurde. Dickopf wurde aufgrund dessen am 1. Juli 1939 zum SS-Untersturmführer mit der Dienststellung eines Führers im SD befördert (nach Dieter Schenk, Bundeskriminalamt Wiesbaden).

Wolf Schmidt schrieb in „Die braunen Anfänge von BKA Wiesbaden“, in der Tageszeitung, taz.de, die Altkriminalisten um Paul Dickopf in Berlin-Charlottenburg hatten sich und seine Männer an der SS-Führerschule der Sicherheitspolizei ausbilden lassen. Dickopf wurde zu einem der „Architekten des Bundeskriminalamtes“ und 1965 dessen Präsident.

All das ist nicht neu. So hat der frühere Bundeskriminal-Direktor Schenk Wiesbaden bereits in seinem Buch „Die braunen Wurzeln des BKA“ auf die personellen Kontinuitäten aufmerksam gemacht, Ferdinand von Schirach spricht von „Schwarmbösartigkeit“. Dem Historiker Patrick Wagner von der Universität Halle-Wittenberg ging es damals um mehr als die Untersuchung der „kalten Amnestie“. Wagner untersuchte die Kontinuität kriminalistischer Konzepte und Kategorien aus der NS-Zeit in der jungen Bundesrepublik. Bis 2001 habe sich das BKA an deren Diskriminierung beteiligt, sagte Wagners Mitarbeiter Andrej Stephan […] in Baumann: „Nationalrat der Nationalen Front des Demokratischen Deutschland" (Seite 123, Köln 2011).

Ein Wort zur „kalten Amnestie". In den 50er Jahren suchte und fand die Strafjustiz mit größtenteils abenteuerlichen Konstruktionen den Weg, Mörder zum Mordgehilfen zu erklären, damit dieser mit einer geringeren Strafe, wenn überhaupt, belegt werden konnte. Das Landgericht in Hannover verurteilte z.B. einen NS-Täter, der etliche Morde begangen hatte, als Mordgehilfen. Die oben in der Hierarchie Vorgesetzten, die die entsprechenden Befehle erteilt hatten, verurteilte das Gericht als Anstifter. Ein absurdes Novum in der Rechtsgeschichte: Es gab Ermordete, es gab Mordanstifter, und es gab Mordgehilfen. Mörder jedoch gab es nach Auffassung dieses Gerichtes in Hannover nicht.

Es handelte sich um den Entwurf des Einführungsgesetzes zum Ordnungswidrigkeitsgesetz. So mancher Abgeordnete im Deutschen Bundestag mag tatsächlich der Meinung gewesen sein, hier würden ausschließlich Rechtsgebiete der Ordnungswidrigkeiten wie Geschwindigkeits-Überschreitungen oder das Falschparken behandelt. Weit gefehlt! Versteckt in Art. 1 Nr. 6 des genannten Gesetzes war eine Änderung des Strafgesetzbuches enthalten, die zu einer völligen und rückwirkenden Straffreiheit eines Großteils der NS-Mordschergen führte. Das Einführungsgesetz passierte ohne längere Debatte den Deutschen Bundestag und trat am 1.

Oktober 1968 in Kraft. Der besagte Art. 1 Nr. 6 fügte in das Strafgesetzbuch den §50 Abs. 2 ein. Danach war im Gegensatz zum vorherigen Recht die Strafe zwingend zu mildern, wenn beim Teilnehmer bzw. Gehilfen einer Straftat besondere persönliche Merkmale, die die Strafbarkeit beim Täter begründen, fehlten.

Nach den Worten des Kriminaldirektors Dieter Schenk, BKA, stehen Zillmann und Dickopf als Beispiel für viele Polizisten dieser Generation, die einer deutschnationalen Gedankenwelt verhaftet waren und der Bundesrepublik gegenüber distanziert eingestellt blieben, selbst als sie die demokratischen Spielregeln des neuen Staates Bundesrepublik Deutschland anerkannten. Von der Öffentlichkeit fühlten sie sich missverstanden und ungerecht behandelt.

Heute scheinen wir die Anfangsschwierigkeiten nach dem Krieg in der demokratischen Auffassung noch nicht ganz überwunden zu haben, siehe den NSU-Prozess. Andererseits haben wir uns wieder an Wertevorstellungen der Weimarer Zeit angeschlossen, vielleicht als Ausdruck des zunehmenden Professionalisierungstrends, der aus dem Polizeiberuf wieder so etwas wie einen Lebensberuf herstellte (»Work is not a job«). Das wirkte sich auf die Überwindung des Wagenburgverhaltens, den autoritäreren Führungsstil und rechtslastigen Arbeitsprogrammen im Nachkriegs-Deutschland und im Aufbau der BRD und West-Berlin aus.

Bemerkenswerte U-Fälle

Durch Recherchen in der Presse oder durch Organisationen wie Greenpeace kamen einige Schweinereien im Umweltbereich an den Tag. Viele Vorgänge, insbesondere wenn es sich um Delikte in Wirtschaftsunternehmen oder um US-Nuklear-Vergehen von deutschem Boden ausgehend handelte, aber auch im Fall von Nuklearkriminalität, Unregelmäßigkeiten bei Nuklear-Transporten, z.B. auch so etwas wie die „Wasserkontamination“ auf der Baustelle in Stuttgart 21.

Ebenso wichtig ist das Engagement unterschiedlicher Akteure der Zivilgesellschaft. Nicht nur Mitglieder einer Nongovernmental Organisation sorgen dafür, dass Umweltkriminalität erkannt und angeprangert wird. Bürgerinitiativen und andere selbst organisierte Gruppen, insbesondere im lokalen Bereich, bringen Unregelmäßigkeiten und U-Kriminalität an die Oberfläche und zu den Ordnungsbehörden. Dort besteht die Gefahr, dass ihnen die nötigen Geldmittel fehlen, möglicherweise in Vorkasse zu treten. Und es werden strafmildernde Vorgänge als Ordnungswidrigkeiten geschaffen.

Der Gesetzgeber sieht es bei leichten Rechtsverstößen als ausreichend an, nicht mit dem Mittel der Strafe zu reagieren, sondern lediglich mit Bußgeldern. Das gilt hauptsächlich für leichte Fälle der Gefährdung oder Beeinträchtigung von Rechtsgütern anderer Personen, z.B. Verstöße gegen die Straßenverkehrsordnung, aber auch für Fälle des Ungehorsams gegenüber Verwaltungsvorschriften, z.B. die Verletzung einer Meldepflicht.

Zunächst halte ich einmal die sog. Wettermanipulation fest. Seit Jahren haben wir in Berlin/Brandenburg und im Süden der EU hohe Trockenheit in der Landwirtschaft zu verzeichnen. An manchen Tagen bemerken wir in den frühen Morgenstunden eine Flugzeug-Sprühaktion, die vorgeblich der Klima-Erwärmung entgegenwirken soll. Dieses Verfahren wurde für eine technische Methode entwickelt und erteilt, welche die Möglichkeit der Verminderung des Treibhauseffektes mittels großflächiger Verteilung von künstlichen Partikeln in der Atmosphäre vorsieht.

Zu den technischen Voraussetzungen gibt es verschiedene, zum Teil widersprüchliche und technisch nicht schlüssige Erklärungsversuche. Fakt ist aber, dass Flugzeugtreibstoffen und Lösch-Chemikalien Tenside und halogenhaltige Zusätze zugesetzt werden, die sich als Schadstoffe in der Atmosphäre verbreiten und an schönen Tagen den blauen Himmel in bleiernen „Dunst“ hüllen, der das Sonnenlicht verdrängt. Die Ausbreitung der Schadstoffe ist natürlich nicht gewünscht, wird aber in Kauf genommen, und es hat nichts mit Verschwörungstheorie zu tun.

Das Wichtige bei der Bekämpfung der Klimaveränderung ist, dass die positive Wirkung der Chemtrails mit dem Aluminium und ungiftigem Bariumsalz einen Teil des Sonnenlichts zurück ins All reflektieren und die von der Erde abgestrahlte Wärme photochemisch in Licht und in Infrarotstrahlung umwandeln, welche ebenfalls in den Weltraum abgeleitet wird (die zugehörige Technologie wird im sog. Welsbach-Patent eingehend beschrieben).

Als Trägersubstanz der Chemtrails werden Polymere verwendet – künstliche Riesenmoleküle, die sich manchmal als weißlicher Schimmer auf Pflanzen am Boden ablagern.

Zum entstehenden (Mittags)-“Dunst“ möchte ich Folgendes bemerken: Vor allem wenn im Süden der schöne und blaue Himmel verschwindet und sich plötzlich weiße Schlieren am Himmel bilden oder gar „Dunst“, der die Sonne zum Verschwinden bringt.

Bei dem Dunst verstehen wir eine Ansammlung durch Wassertröpfchen und/oder feste Schwebepartikel.

Im Unterschied zum Nebel ist Dunst wesentlich weniger dicht, mit einer Sichtweite von mehr als einem Kilometer. Neben diesem optischen Merkmal können beide Phänomene physikalisch dadurch unterschieden werden, dass es sich bei Wasserdampfsättigung der Luft um Nebel und bei ungesättigter Luft um Dunst handelt. Wie auch Nebel, und in Abgrenzung zu einer Wolke, besitzt Dunst ebenso Bodenkontakt. Dunst entsteht durch Kondensation des in der Luft enthaltenen Wasserdampfes, sofern die Luftfeuchtigkeit hierfür hoch genug ist und eine ausreichend große Zahl von Aerosolpartikeln vorliegt. Letztere wirken als Kondensationskerne und sind für die Tröpfchenbildung über heterogene Nukleation unabdingbar, können bei ausreichend hoher Konzentration aber auch selbst als Dunst erscheinen, wobei wir dann von einem trockenen Dunst sprechen. Die Definitionsgrenze zwischen feuchtem und trockenem Dunst, der auch immer eine bestimmte Menge an Feuchtigkeit enthält, liegt bei einer relativen Luftfeuchte von 80%. Zusätzlich spricht man von Staubdunst, wenn einige der „Schwebepartikel“ groß genug sind, um sie mit dem Auge erkennen zu können.

Zur Kondensation unterhalb des Sättigungspunktes kommt es aufgrund der hygroskopischen Eigenschaften der Aerosolpartikel. Die Tröpfchen können dabei aber nur so weit wachsen, wie die Fähigkeiten der Partikel bestehen, Feuchtigkeit zu binden, die nicht durch den zunehmenden Einfluss der Oberflächenkräfte ausgeglichen werden.

Dunst – und besonders auch trockener Dunst – entsteht vor allem bei Inversionswetterlagen, wenn also der vertikale Luftaustausch unterbrochen ist. In Ballungsgebieten mit starker Luftverschmutzung tritt dieser dann bisweilen in Form von Smog auf…

Im Rahmen der Diskussion von TTIP und genmanipulierter bzw. genetischen Veränderung von Pflanzen und der Ausbreitung von Chemtrails durch Flugzeuge in der Biosphäre bringe ich ein Beispiel: Auslöser des Chemtrails ist der dämonische (Rothschild-Konzern) Monsanto in Luxemburg, der überall in der EU im Chemie-Umwelt-Bereich direkt oder indirekt auftaucht. Monsanto entwickelte Genmais, der in Deutschland und anderen Ländern nicht angebaut werden darf. Monsanto bekämpft aber die Trockenheit in der Luft: Es ist wohl kein Zufall, dass Monsanto ausgerechnet jetzt „zur Rettung mit Aluminium-/Barium-resistenten Genen antritt, da „gewöhnliche” Pflanzen angesichts der Gegenwart des Leichtmetalls – Aluminium und Bariumsalze – im Boden verkümmern?

Die an Ressourcen armen Kleinbauern in Europa und den Schwellenländern werden täglich mit solchen Fragen konfrontiert: Wenig fruchtbare Böden, Trockenheit (Dürre) und so Mangel an Einnahmen. Die aktuellen globalen Trends rund um den Klimawandel und das Bevölkerungswachstum führen dazu, diese Situation noch zu verschärfen.

Die Forschung (auch bei Monsanto) über eine neue Generation gentechnisch veränderter Kulturpflanzen zielt darauf ab, diesen Druck zu mildern: Verbesserte Hirse-Sorten und Reis zur Bestreitung des Lebensunterhalts. Die Charakteristiken enthalten wie Resistenz gegen Trockenheit, gegen zu viel Wasser oder gegen Aluminium in Böden, Pflanzen, die eine effizientere Synthese von Stickstoff und Phosphor schaffen (Quelle: http://www.ifpri.org/).

Anmerkung: Immer das gleiche Lied – Monsanto ist der „Helfer" der Armen, der Kleinbauern, indem es die Trockenheit bekämpft. Monsanto weiß natürlich auch, dass Aluminium und Barium in Böden zu einem Problem werden, vor allem bei Trockenheit, die sie zugleich bekämpfen. Die beiden Stoffe werden in Mensch und Tier aufgenommen, mit den bekannten Folgen von „Wie heißt noch gleich diese Krankheit?"…

Ein geplantes Programm der „Wetter-Manipulation", das in Wirklichkeit bereits im Gange ist und unsere Atmosphäre mit Chemtrails sättigt, die Barium/Aluminium enthalten?

Norddeutsche Affinerie

Eine Anzeige wegen Zurücklassen von Abfällen der ehem. Hütte und Betrieb der Norddeutschen Affinerie (NA) in der Berliner Flottenstraße brachte unsere kleine Truppe vom WTD, ziemlich am Anfang meiner Dienstzeit, in das Geschehen und in die Presse. Von einigen Beamten des LKA erhielt ich den Spitznamen „La-Lü-La", weil ich einen „Aufriss" vorhatte und mit Blaulicht mehrmals zu verschiedenen Terminen „eilte", in der „Berliner Wanne", auch „Büchse der Pandora" genannt.

Mit Rücksprache der Staatsanwaltschaft nahm ich Kontakt zur Technischen Einsatzbereitschaft der Polizei in Berlin Lankwitz auf. Zusammen mit ihnen plante ich einen Einsatz mit deren technischer Unterstützung wie Radladern, Stromaggregaten, Flutlicht für unterirdische Gewölbe etc.

Die Norddeutsche Affinerie in der Flottenstraße verhüttete einst Münzen und verschiedene Legierungen. Im Laufe der Zeit verschob sich die Produktion zur Verhüttung von Kupfererzen, Stangengussformaten, Walzprodukten auch auf die Kupfer-Elektrolyse. In meiner Ingenieurausbildung machte ich ein Praktikum in der Kupfer-Raffinerie Duisburg und wusste von den möglichen „Kontaminationsmöglichkeiten". Die im Vorfeld gezogenen Wasser- und Bodenproben enthielten Arsen, Beryllium, Cadmium, Kupfer, Zink und andere giftige Schwermetalle. In einer Halle waren mit Granulat gefüllte Papiersäcke in einer Betonwanne gestapelt (ehem. Wanne für einen Drehrohrofen zur großtechnischen Schmelzdurchführung). Aus einigen feuchten Säcken entwichen „knoblauchartige Gerüche", das war ein giftiger, arsenhaltiger Stoff. Der

Geruch nach Knoblauch erinnerte mich an meine ersten Kocherfahrungen im Chemie-Praktikum des ersten Chemiesemesters, bei dem ich solchen Geruch zum „Schnüffeln“ bekam.

Der Geruchssinn eines Forensikers ist im Gegensatz zu den Tieren natürlich weniger stark entwickelt. Aber wir sind in der Lage, Geruchsspuren gezielt zu folgen. Ähnlich wie beim Hören (beim Singen der Sande, meine EEG-Erfahrungen im Wüstensand) kann der Geruchssinn bei der Aufnahme der Duftmoleküle in die zwei mittig getrennten Nasenhaupthöhlen zwei Richtungen vergleichen und auf diese Weise die Position der Geruchsquelle bestimmen.

Die Intensität der Geruchswahrnehmung kann durch eine intensive, stoßweise Nasenatmung, das „Schnüffeln“, gesteigert werden und durch das hervorgerufene Verwirbeln der Luft Duftmoleküle in die Riechspalte gelangen.

Meine „Schnüffelei“ bestätigten sich in späteren quantitativen chemischen Analysen. An den nächsten Tagen zogen, in Anwesenheit eines Staatsanwaltes, die Kollegen der TEB-Einsatzbereitschaft mit Radladern quer durchs Gelände 1,50 Meter tiefe Gräben, in denen herrlich schöne „metallglänzende giftige Salznester“ von mir beprobt werden konnten.

Das Zutagefördern der seltenen und hochgiftigen Berylliumsalze im Boden war ein Skandal. Die Norddeutsche Affinerie existierte nicht mehr und die Behörde für Stadtentwicklung und Umweltschutz hatte einiges an Sondermüll im ehemaligen Betriebsgelände zu entsorgen und vor allem hatte sie die Kosten am Hals.

BMHW – Berliner Metallhütten- & Halbzeugwerke

Die BMHW war ein Berliner Industrieunternehmen mit Werksteilen beiderseits der Spree in den Ortsteilen Oberschöneweide (Bezirk Köpenick) und Niederschöneweide (Bezirk Treptow), heute beide im Bezirk Treptow-Köpenick. Der Betrieb wurde zum 1. Januar 1951 aus den 1949 verstaatlichen Betrieben VEB Hüttenwerk (vormals Hüttenwerke Kayser AG), VEB Berliner Halbzeugwerk und VEB Sonderbronze (vormals Admos – Allgemeines Deutsches Metallwerk GmbH) zusammengefasst. Der VEB BMHW beschäftigte einst bis zu 2300 Mitarbeiter, die mehrheitlich im Dreischichtbetrieb arbeiteten, unter anderem um den Dauerbetrieb und die optimale Auslastung der Hoch- und Schmelzöfen zu gewährleisten.

Die Produktion wurde nach der Wiedervereinigung im Jahre 1990 eingestellt, der überwiegende Teil des ehemaligen Werksgeländes blieb danach bis heute ungenutzt. Lediglich einzelne Betriebsteile wie die Admos-Gleitlager Produktions- und Vertriebsgesellschaft mbH wurden weitergeführt. Ebenfalls waren einzelne, derzeit ebenfalls meist ungenutzte Gebäude, wie das aus Backstein errichtete Verwaltungsgebäude an der Berliner Schnellerstraße noch erhalten. Hier sollte auf dem Areal ein Möbelhaus entstehen. Weite Teile der ehem. Fläche des BMHW wurden Teil des Sanierungsgebiets Niederschöneweide und Teil des Spreehöfe-Centers.
Der Betrieb unterteilte sich in drei Werksteile, deren Lage und Spezialisierung im Wesentlichen auf die Lage und Spezialisierung der Vorgängerunternehmen zurückzuführen waren.

Die Belastung der städtischen Umwelt u.a. durch die Abgase der Schmelzöfen und durch Einleitung von verunreinigtem Kühlwasser aus der Aluminiumsalzwäsche wie Aluminiumchlorid in die Spree war sehr hoch. Der Boden in den Werksgeländen war nicht nur mit Metallen aller Art sondern auch mit Schmierstoffen kontaminiert, aus der Edelmetall-Legierung und Verhüttung von Kupfererzen, Stangengussformaten, Walzprodukten, Legierungen auch die der Kupfer-Elektrolyse.

Aluminiumsalz-Wäsche

Anlässlich des Einsatzes bei BMHW und eines Chlorunfalls in einem Schwimmbad – nahe einer Kindertagesstätte – bat mich die Direktion 2 – Abschnitt 21 die aktuelle Aluminium-Problematik und zum Chlor für Polizeibeamte aufzubereiten und darzustellen – was sie mit großem Interesse aufnahmen.

Zum Auftakt meiner Ausführungen brachte ich eine Tennisballdose, meine sog. „Okkeldose“, zur Explosion. Vorher hatte ich drei Tropfen Benzin in die Dose eingetropft und sie verschlossen. Am Fuße der Dose befand sich eine kleine Öffnung – an die ich ganz „nebenbei“ ein Feuerzeug hielt und die Dose ein paar Meter von mir wegschob. Nach ein paar Sekunden knallte es heftig und die Stichflamme schlug bis zur Decke des Seminarraumes. Nach diesem herrlichen Feuerschlag und Knall waren – vermute ich – alle wach.
Ich hatte den Eindruck, dass viele der jungen Polizisten bereits wussten, dass der Alleskönner Aluminium ein langsam wirksames Gift ist – hauptsächlich verantwortlich für Lebensmit-

telallergien, Alzheimer und Krebs. In den Gehirnen von Alzheimer Patient/-innen befinden sich Anreicherungen von Aluminium. 60 % aller Brusttumore entstehen direkt neben den Achselhöhlen: Angeblich beruht das auf der Wirkungsweise des Deos, das Aluminium beinhaltet. Auf der Spurensuche, warum es zu dieser ungleichen Verteilung kommt, rückten Deodorants bereits vor geraumer Zeit ins Blickfeld der Untersuchungen.

Genau wie Kunststoffe hat auch das Leichtmetall Aluminium in den letzten Jahrzehnten einen beispiellosen Siegeszug hingelegt. Heute ist es allgegenwärtig. In Häusern, Autos, Getränkedosen, Alufolie, Joghurtbechern, in Nahrungsmitteln, in unserer Zahnpasta, in Deos und Cremes, in Medikamenten und Impfstoffen.

Ähnlich ist die Situation bei Demenz und Alzheimer. Alzheimer-Patienten weisen eine vier- bis sechsfach erhöhte Konzentration von Aluminium im Gehirn auf, ein Zusammenhang ist offiziell jedoch nicht bewiesen. „Aluminium gelingt als einem von wenigen Stoffen, sich nicht nur im Nervensystem einzulagern, sondern die Blut-Hirn-Schranke zu passieren und sich direkt im Gehirn einzulagern“ (spiegel.de 12. Mai 2011: „Human Brain Project“, Forscher basteln an der Hirnmaschine).

Aluminium und Allergien: Fast unglaublich wirkt die gedankenlose Verwendung von Aluminium in Zusammenhang mit Lebensmitteln, wenn wir uns die Bedeutung von Aluminium in der Allergieforschung vor Augen führen. Aluminium wird dort standardmäßig zur Allergieerzeugung in einer Simulation eingesetzt. Allergieerzeugung heißt genau das, was das Wort vermuten lässt: Durch Aluminium können gezielt Allergien hervorgerufen werden. Verabreicht man in Tierversuchen ein bestimmtes Nahrungsmittel zusammen mit Aluminiumhydroxid oder Aluminiumchlorid (diese Stoffe waren z.B. im Kühl-Abwasser der BMHW), so wird ein Tier nach kurzer Zeit allergisch gegen dieses Nahrungsmittel. Offenbar verknüpft das Immunsystem das Nahrungsmittel mit dem Nervengift Aluminium und entwickelt deutliche Zeichen, die dem Organismus signalisieren sollen, dieses Nahrungsmittel nicht mehr aufzunehmen. In der Forschung ist dies praktisch, denn so kann jederzeit eine Allergie gegen jedes beliebe Nahrungsmittel künstlich erzeugt werden. Aluminium in Dosen wird besonders dann vom Körper aus der Nahrung aufgenommen, wenn es zusammen mit „Zitronensäure, Milchsäure oder Maltol, einem zyklischen, ungesättigten Ether und Aromastoff „Malz und Karamell“ (ist als Aromastoff in Lebensmitteln zugelassen) eingenommen wird, die das Leichtmetall binden: Früchtetees, Tomatensoßen, Dosensuppen, Limonaden und Bier sind sogenannte trojanische Pferde für das Leichtmetall. Fatal insbesondere, weil diese Lebensmittel besonders häufig in Aluminium verpackt werden. Sei es in Konservendose, Getränkedose, Thermosflasche, Alufolie oder Grillschale. Sei es das Zubereiten in der mit Teflon beschichteten Aluminiumpfanne oder das Kochen im Aluminiumtopf oder im Wasserkocher, was besonders das schädliche Aluminiumhydroxid freisetzt. Aber Aluminium ist auch direkter Bestandteil vieler Zahnpasten, Nahrungsmittel, besonders in Form künstlicher Farb- und Zusatzstoffe. Fertigbackwaren, Süßigkeiten, Babynahrung, Babymilch und Käse enthalten in den meisten Fällen E-Zusatzstoffe, Aluminiumverbindungen.

Die Wasserwerke setzen Aluminium als sog. „Flockungsmittel“ ein, wodurch die Konzentration von Aluminium in unserem Trinkwasser vorhanden ist. Durch Flockung werden feinste suspendierte/kolloidale Fremdbestandteile des Wassers koaguliert, um sie so aus dem Wasser durch Sedimentation oder Filtration besser abscheiden und entfernen zu können. In der Regel spielen Komplexbildungen eine Rolle. Bei den Chemikalien unterscheiden wir zwischen organischen Polyelektrolyten und anorganischen Primär-Flockungsmitteln, vor allem Hydroxidbildnern wie Aluminiumhydroxid oder Eisenhydroxid.

In Deutschland dagegen gilt Aluminium als „unbedenklich“ und wird von vielen Wasserwerken – auch in den BWB (Berliner Wasserbetrieben) – eingesetzt.
Aluminium kommt in der Natur häufig vor: Es ist das dritthäufigste Element auf der Erde und häufigste Metall in der Erdkruste. Es ist aber eines der wenigen Elemente, die keinerlei biologische Funktion haben. Während andere Metalle wie Eisen eine wichtige Rolle spielen, ist vom Bakterium bis zum Menschen kein einziger Nutzen von Aluminium in einem organischen System bekannt.

Normalerweise ist der Regen nicht „kohlesauer“ genug und in der Lage, Aluminium aus dem Gestein zu lösen, in dem es meist als bindendes Element fest eingebaut ist. Durch die Abgase und Luftverschmutzung kommt es aber zur Bildung von Schwefelsäure in der Luft, die mit dem Regen auf die Erde fällt. Dort ist diese Art von Säure (Schwefelsäure) in der Lage, Aluminium-Kationen aus dem Gestein zu lösen. Dies führt bei Fischen zum Tod, da sich das Aluminium an den Kiemen einlagert und die Atmung unterbindet. Bei Pflanzen führt es zum Absterben der Wurzeln und schließlich ganzer Wälder.

Heute weisen Pflanzen, Tiere und Menschen eine geringe Aluminiumkonzentration auf, die sich aber ständig erhöht.
Obwohl Aluminium so häufig auf der Erde vorkommt, ist es schwer abzubauen. Es wird hauptsächlich aus Bauxit-Gestein gewonnen – und dieses kommt in unberührten „primären Landschaften“ vor, ich kenne das aus Ost-Indien. Dort werden hunderte Quadratkilometer Regenwald jedes Jahr abgeholzt, um an das darunterliegende „Bauxit“ zu gelangen. Dazu werden die Bäume gerodet, die einmalige, von Milliarden zum Teil noch unbestimmten Kleinstlebewesen bewohnte Humusschicht wird entfernt und das Bauxit darunter abgebaut.
Um das Aluminium aus dem Bauxit zu lösen, wird hochkonzentrierte Natronlauge verwendet. Diese Arbeiten werden meist in Schwellenländern (Indien) erledigt, die Arbeitsbedingungen sind fatal, schon nach wenigen Jahren werden „indigene“ Arbeiter meistens schwer krank.
Folgerungen: Verzicht auf Alufolie, Grillschalen, Getränkedosen, Konservendosen, stattdessen Alternativen aus Papier, Stahl und Glas.

Galvanik-Betriebe und andere

Von türgroßen Becken, gefüllt mit Resten galvanischer Tauchbäder in Spandau – ging ein guter Geruch nach

Bittermandeln aus. Es roch so gut wie in einer Backstube zu Weihnachten. Es handelte sich hier zum Glück „nicht" um ein explosives Gemisch (Luft-Blausäure), als wir mit „Ruck" die Türen aufrissen, die in verrosteten Rahmen hingen und nicht aufzuziehen waren. Anmerkung: Blausäure kann einen Menschen in einer Konzentration von 1% töten (10 mg/Kubikmeter Luft; explosiv ist das Blausäure-Luft-Gemisch ab 5,6%iger Konzentration und Funkenbildung. In offenen Fässern lagerten hier tonnenweise Galvanikabfälle- und -schlämme eines Industriellen und in Berlin bekannten SPD-Politikers, der nichts von Umweltschutz hielt.

Um weit größere Beträge ging es allerdings in einem kleinen Galvanikbetrieb in Berlin-Mitte, der mit ein paar Mitarbeitern seit Jahren um das wirtschaftliche Überleben kämpfte. Nachdem die betriebseigene, eine veraltete und unterdimensionierte Abwasserbehandlungsanlage ausgefallen war, wurden u.a. die giftigen Abwässer unter Hinzufügen größerer Mengen Wassers über eine Toilette unmittelbar in die öffentliche Kanalisation eingeleitet.

Die in dem Galvanikbetrieb befindlichen Abklingbecken waren nur noch zu 1/3 gefüllt. Das im Abwasserkanal beprobte Abwasser enthielt typische Spuren des Galvanikbetriebes. So dass sich für mich die Einleitung als Fazit ergab, d.h. ein Vergehen nach der umweltgefährdenden Abfallbeseitigung, §326 Abs. 1 Nr. 1 StGB.
In der Verhandlung fragte mich der Richter, ob das Ergebnis auch unumstößlich sei. „Woher wissen Sie, dass das frische Galvanikabfälle waren?": Meine Antwort: „Kristallisations-

keime in den Ecken und Ritzen am Boden der Toilette weisen auf junge Ereignisse hin.“ Darauf die Verteidigung: „In diesem Bereich des Betriebes drückte jüngst ‚mehrmals Abwasser’ aus dem Kanal in und über den Toilettenbereich hinaus (auch in den Eingangsbereich des Betriebes). Daraus lässt sich sagen, dass die Keime nicht ausschließlich aus dem Galvanikbetrieb stammten.“
In diesem Stile hatte ich mehrere Verfahren verloren. Zudem hatte ich „hydrogeologische“ unlösliche Probleme (bei der Triangel-Wasserbeprobung), obwohl Wechselwirkungen mit oberirdischen Einflüssen nachweisbar waren.

In einem mittelständischen Pelzveredelungsbetrieb Berlin-Marienfelde wurden zwei chemische Reinigungsanlagen betrieben, wobei zähflüssige halogenhaltige Destillationsrückstände anfielen, die bis zu 8% chlorierte Kohlenwasserstoffe, etwa 40% Altöl und 40% Fett enthielten. Nachdem diese Rückstände zunächst als „Altöl“ weitergegeben worden waren, ordnete das zuständige Gewerbeamt gegenüber dem Geschäftsführer des Unternehmens an, diese Stoffe nachweispflichtig als besonderen überwachungsbedürftigen Abfall zu entsorgen. Über drei Jahre hinweg sammelte der Beschuldigte daraufhin insgesamt bis zu 36 Tonnen der Flüssigkeit an und lagerte sie in Plastikfässern in einer mit einem Betonboden versehenen Halle. Nachdem die Abfallbehörde dies monierte und auf eine rasche Entsorgung drängte, übergab er insgesamt 33.000 Liter der Flüssigkeit an ein Entsorgungsunternehmen, wobei der Stoff im Einverständnis sämtlicher Beteiligter als „Altöl & Fremdstoffanteile“ – umdeklariert – wurde. Vom Entsorgungsunternehmen wurde die Flüssigkeit mit weiterem Altöl vermischt und anschließend als – Schweröl heavy ends– an ein gutgläubiges Chemieunternehmen verkauft und dort als Brennstoff verbrannt. Die vorgenommene Entsorgung war für den Abfallerzeuger natürlich kostengünstiger als die nachweispflichtige ordnungsgemäße Sonderabfallentsorgung.

Ein „Immobilienmakler versuchte sich in der Klärschlammentsorgung“. Er versprach zahlreichen Gemeinden, den anfallenden Klärschlamm zu übernehmen, mit „geschreddertem Holz“ zu vermischen und das dann entstandene Produkt (nach ein paar Wochen Lagerung) als Düngemittel nach Tschechien zu exportieren. Tatsächlich übernahm er innerhalb von einem Vierteljahr 1.400t Klärschlamm zu einem Preis von 45€/t und ließ das Material auf einem von der Bundeswehr geräumten Gelände und zum Teil in einer stillgelegten Kiesgrube abkippen, ohne sich um die weitere Entsorgung des Stoffes zu kümmern.

Eine namhafte Firma übernahm die Entsorgung von „quecksilberhaltiger Saatgutbeize“, die in Magdeburg produziert und deren Anwendung nach dem Beitritt auch in den neuen Bundesländern verboten war. Gemeinsam mit einem Geschäftspartner unterbreitete er der Herstellerin des Produkts das Angebot, 50m^3 der Quecksilberbeize zu übernehmen, wobei mündlich erklärt wurde, das Material in einer neu entwickelten Abwasserbehandlungsanlage ordnungsgemäß entgiften zu können. Tatsächlich behielt sich der Angeklagte stillschweigend die Option vor, den Stoff an ein anderes Entsorgungsunternehmen weiterzugeben. Er schaltete die Firma „O“ ein, welche das Beizmittel an einen Import- und Exportkaufmann weitergab. Dieser Geschäftsmann ließ die Quecksilberbeize zunächst in einem Schweinestall in Sachsen-Anhalt zwischenlagern, um sie anschließend in einen ehemaligen Hühnerstall nach Polen zu bringen und dort endzulagern.

In einem viel beachteten Verfahren hatte das Gericht über die Geschäftspraktiken einer Firma – Umwelttechnik – zu befinden. Den Verantwortlichen dieses Unternehmens wurde zur Last gelegt, in zahlreichen Fällen bei seriösen Sondermüllerzeugern und Transporteuren etwa 1.600t zum Teil giftiger oder stark schadstoffhaltiger und somit überwachungspflichtiger Abfälle zur Entsorgung angenommen und dabei jeweils vorgespiegelt zu haben, die Firma verfüge über eine neue Technologie zur Behandlung von Sonderabfällen – sogenannte „Kaltverglasungsverfahren“ (mir war bekannt, dass so etwas mit nuklearen Abfällen in der KFA-Karlsruhe ausprobiert wurde), mit welchem umweltgefährdender Sondermüll aller Art durch Mischen mit speziellen Additiven und Zement angeblich zu ungefährlichem Wirtschaftsgut verarbeitet werden könne.

Tatsächlich wurden die von der Firma entgegengenommenen besonders überwachungsbedürftigen Abfälle in abfallrechtlich nicht genehmigten Zwischenlagern in den neuen Bundesländern aufbewahrt sowie zum Teil ohne entsprechende Genehmigungen nach Ägypten exportiert und dort abgelagert. Insgesamt hat die betroffene Firma für die Entgegennahme dieser Abfälle etwa 1,8 Mio. erhalten.
Auch bei florierenden Unternehmen kann eine sparsame Haushaltsführung zu Umweltverstößen führen: So beschickte ein Gipshersteller seine Feuerungsanlage mit einem Heizöl, das

einen maximalen Schwefelgehalt von 2 % enthielt, obwohl laut immissionsschutzrechtlicher Genehmigung lediglich ein Schwefelgehalt von 1% zugelassen war. Ein Vergehen des unerlaubten Betreibens von Anlagen nach §327 Abs. 2 Nr. 1 StGB. Durch den Einsatz des schwefelhaltigen Brennstoffs wurden in zwei Jahren erhebliche Kosten eingespart. Solche Beispiele könnten lange von mir fortgeführt werden.

Digitale Funktechnik

Nach Einführung der Digitaltechnik (digitaler Funkdienst, Richtfunk) mehrten sich Klagen von älteren Anwohnern über gesundheitliche Probleme. Mittlerweile ist das als ein weltweites Problem bekannt, ohne dass die wahre Ursache bis jetzt erkannt worden ist.

Die von der Post bzw. einer privaten Firma für den WTD gemessenen elektrischen und magnetischen Feldstärken ergaben – eine Sendeleistung von 25W und einen Hyperschallpegel von 150dB. Das entsprach den gesetzlichen Grenzwerten. Nachweislich eingetretene gesundheitliche Beeinträchtigungen wurden, auf Einbildung beruhend, infolge einer ablehnenden Haltung gegenüber dieser Technik erklärt. Auch Messungen des Hyperschallpegels an Sendemasten zeigten, dass die Antennen neben elektromagnetischen Wellen auch Hyperschall mit hoher Amplitude abstrahlten, der sich aus Leistungsendstufen der Sendeantennen übertrug und in charakteristischer Weise in die Umgebung abstrahlte. Da dieser Antennenmast mehrere Sendeantennen in mehreren Etagen versorgte – wurde eine große Menge Hyperschall-strahlen erzeugt. Im globalen

Hyperschallfeld entstand eine Vielzahl von sog. räumlichen Maschen, deren Amplituden mit geometrischer Abmessung der Antennenverkleidungen moduliert waren, dadurch entstanden Nahfelder, in denen Personen hohen Hyperschallimmissionen ausgesetzt waren. Ebenso hat die Freisetzung von Hyperschall-Pegel-Amplituden, elektromechanischer Wellen – durch die zahlreichen Sendemasten auf den Häusern, in Fliegerhorsten – einen politischen Charakter.

Castor-Transporte

Im April 1995 wurde der erste Transport in das Zwischenlager Gorleben durchgeführt. Während des Transportes hatte ich zusammen mit Polizei-Vertretern der Bundesländer in der Schaltzentrale für Heimatschutz und nukleare Nachsorge in der Bonner Ermekeil-Kaserne Tag und Nacht Dienst (ich war im Auftrag des Vize und PP Berlin delegiert, pendelte im Air-Shuttle-Dienst der Lufthansa vom Tempelhofer Feld nach Köln-Bonn). Am Flughafen dort wurde ich von Polizeikollegen mit Blaulicht abgeholt. Ich kannte bis dahin einen Abteilungsleiter vom Bundeskriminalamt, einen Oberregierungsrat des Bundesinnen- und Bundesumweltministeriums. Unser Einsatz in der Schaltzentrale dauerte meistens ein paar Tage. Wir wurden vor Ort versorgt und schliefen auf einem Matratzenlager im angrenzenden Gang.

Zur Erinnerung: Wie bei allen Transporten, wurden Castor-Behälter per Bahn bis zur Verladestation Dannenberg transportiert. Dort verlud man sie auf LKWs, um sie über die Straße in das Zwischenlager Gorleben zu fahren. Der Transport wurde auf dem letzten Abschnitt im Landkreis Lüchow-Dannenberg meistens von 4.000–5.000 Demonstranten begleitet, ca. 8.000 Polizisten schützten den Transport. Der dritte Castor-Transport im Mai 1997 wurde von 30.000 Polizisten geschützt.

Im Frühjahr 1998 wurde bekannt, dass an mehreren Transportbehältern, das waren allerdings keine Castor-Behälter, aufgrund äußerer Kontamination Strahlung weit über den zulässigen Grenzwerten gemessen wurde. Daher veranlassten wir mehr Abstand für die Polizeikräfte zu den Transportbehältnissen. Außerdem stoppte die damalige Umweltministerin Merkel im Mai 1998 die weiteren Transporte vorläufig. In der darauffolgenden Zeit wurde bekannt, dass man im BMU und der zuständigen Abteilung für nukleare Nachsorge von den erhöhten Strahlenwerten gewusst haben soll. Dieser als Kontaminationsskandal bezeichnete Umgang mit der Atommüllfracht wurde weit über die Anti-Atomenergie-Bewegung hinaus in den Medien zu Recht kritisiert. So sprach auch die Gewerkschaft der Polizei (GdP) von menschenverachtendem Verhalten. Im Januar 2000 wurden die Castor-Transporte unter dem grünen Umweltminister wieder aufgenommen, wohl wissend, dass Kohlekraftwerke 10-mal mehr radioaktive Stoffe abgeben als die Atomkraftwerke oder Castor-Transporter: Das nennen wir confirmation bias.

Beim achten Castor-Transport von La Hague ins Zwischenlager Gorleben kam es bei einem Blockadeversuch im Nov. 2004 zu einem folgeschweren Unfall mit Todesfolge. In der Nähe von Avricourt (Lothringen), kurz vor der deutschen Grenze, wurde der 22-jährige Sébastien Briat vom Sog des nicht bremsenden Zuges auf die Gleisanlage geschleudert, wobei ihm beide Beine abgetrennt wurden. Der Lokführer konnte die Protestgruppe nicht rechtzeitig sehen, da die Aktion in einer Kurve stattfand. Noch vor Ort erlag Sébastien Briat seinen Verletzungen. Der Zug fuhr ohne Luftüberwachung, weil der einzige dafür eingesetzte Helikopter gerade nachtankte!

Im Sep. 2005 wurde an fünf Behältern mit schwachradioaktiven Abfällen aus dem Atomkraftwerk Krümmel bei der Eingangskontrolle im Abfalllager Gorleben eine erhöhte Strahlung durch äußere Kontamination festgestellt. Die Messwerte überschritten den zulässigen Grenzwert von vier Becquerel/Quadratzentimeter zum Teil um das Fünffache. Eine Gefährdung der Bevölkerung und Polizeikräfte bestand unserer Ansicht nach nicht, da der Transport in geschlossenen Transportcontainern stattfand.
Bei unserer Fernüberwachung wurde hart diskutiert, neben der radioaktiven Strahlung von 0,25mSv/h existierten durch Neutronenstrahlung trotz hoher dickwandiger Absicherung 0,35mSv sowie hohe Hyperschall-Pegel-Amplituden, die trotzdem durch die Schutzwand der Transporter nach draußen dringen. Wir müssen uns das so vorstellen, dass die Teilchen, z.B. Elektronen, die auch Wellencharakter zeigen, eine Reihe Konsequenzen beinhalten, wie u.a. Desoxyribonukleinsäure-Moleküle im Menschen schädigen können. Diese atomare Eigenschwingung durchwandert bereits Materialien im primären Kreislauf des AKW und führt zu erhöhter Materialbeanspruchung. Auch das Brüchigwerden des Beton-Sarkophags wird höchstwahrscheinlich nicht durch freigesetzte Reaktionswärme, sondern durch Hyperschall-Pegel der resonanzähnlichen Erscheinung verursacht. Auch im Sekundärkreislauf des

Dampferzeugers am Übergang zu den Kühltürmen und im Wasserdampf wird in der Regel keine ionisierende Strahlung nachgewiesen – allerdings ist dort von Hyperschallfeldern mit überhöhten Schwingungsamplituden auszugehen!

Außerhalb der Zwischenlager und Castor-Transport-Behälter (des Typs V/19 + 20 enthalten 19 separate Behälter mit je einem Brennelement) lassen sich Hyperschallfelder im Kreuzungspunkt nicht nachweisen, allerdings Neutronen.
Da Neutronen elektrisch neutral sind, haben die Ladungen der Atomkerne und der Elektronen in Materie auf ihre Bewegung keinen Einfluss. Neutronenstrahlung durchdringt die Materie. Der ionisierende Effekt entsteht indirekt, meist durch Anstoßen von leichten Atomkernen bzw. deren Bestandteilen (z.B. Protonen, ist in der Chemie ein positiv geladenes Ion des Wasserstoffs), die dann ihrerseits ionisierend wirken. Die Hauptwirkung von langsamen, insbesondere thermischen Neutronen beruht auf ihrer Fähigkeit, sich an Atomkerne anzulagern (Neutroneneinfang). Dabei bildet sich ein Isotop dieses Atoms mit um eins erhöhter Massenzahl (Isotope sind Atome, wenn ihre Atomkerne gleich viele Protonen, mit gleicher Ordnungszahl besitzen), aber verschieden viele Neutronen enthalten. Viele solcher Isotope können radioaktiv sein, so dass auch noch sehr lange nach einer Neutronenbestrahlung Wirkung auftreten kann. Der freie Zustand des Neutrons – und somit die Neutronenstrahlen – endet in materieller Umgebung nach kürzester Zeit fast immer in einer solchen Einfangreaktion; nur sehr wenige Neutronen erleben ihren Zerfall.
Es ist ein Faktor sechs infolge der sich kreuzenden Strahlen; der Hyperschallpegel wird durch die thermische Leistung des

am stärksten strahlenden Brennelements und der Geometrie des verwendeten Castors bestimmt: Die Hyperschallamplitude = direkt der verursachten Leistung proportional L/dB = 120 + 20 log P/W.
Ich verweise auf eine Studie des Kinderkrebsregisters in Mainz, der zufolge (erstellt im Auftrag des Bundesamtes für Strahlenschutz Braunschweig, die letzte im Aug. 2013) erkrankten Kinder unter fünf Jahren an Leukämie. Im Vergleich: Eine unbelastete Vergleichsgruppe – deren Wohnort an einem Atomkraftwerk liegt, keine Strahlung messbar?

Ich weise darauf hin, dass im Fünf-Kilometer-Umkreis mehr als doppelt so viele Fälle von Leukämie bei Kindern und jungen Erwachsenen festgestellt wurden, vermutlich ausgelöst durch vorübergehende kleine oder größere Störfälle in den AKW: z.B. AKW Grafenrheinfeld ist ein Druck-Wasserreaktor vom Typ „Vor-Konvoi“ – er ist über 33 Jahre alt und verzeichnete 234 meldepflichtige Ereignisse, darunter Risse, Brände, Leckagen sowie Ausfälle von Armaturen, Pumpen, Ventilen und Notstromgeneratoren. Sowohl der Stahl des Sicherheitsbehälters als auch der des Reaktordruckbehälters galten bereits von Anfang an als rissanfällig (infolge Hyperschallpegel). Als 2010 ein Riss an einem Rohrstutzen des Primärkreislaufes entdeckt wurde, ließ EON den Reaktor noch ein ganzes Jahr weiterlaufen, bevor es – nach großem Druck der Öffentlichkeit – das betroffene Rohr austauschte.
Uran im Trinkwasser oder der Luft wirkt als Schwermetall chemotoxisch, radionuklid radiotoxisch – ist mutagen, kanzerogen, teratogen. Der Hintergrundwert in Oberflächengewässern liegt bei 0,32–0,33mg U/l (µg U/l) und wird als Messwert

nach den Umweltämtern in Deutschland nicht beanstandet. Im Bereich der Homöopathie sehr wohl, diese wird aber in der Medizin bzw. dem BfS in Salzgitter ignoriert.

Darüber hinaus ist zu erwähnen, dass in Kohle- bzw. Gaskraftwerken auch Uran-, Radon- und Radiumbelastungen mindestens dreimal höher auftreten als im störungsfreien AKW. Ferner weise ich darauf hin, dass wir immer noch den Fallout von Tschernobyl nach dem Atomunglück messen: Pilze, Waldbeeren und Wildbret sind radioaktiv immer noch belastet. Der zulässige Grenzwert von 600 Becquerel pro Kilogramm wird teilweise immer noch um mehr als das Zehnfache überschritten. Das geht aus der Antwort des Umweltministeriums auf eine parlamentarische Anfrage der Grünen hervor. Im Landkreis Augsburg überschritt im Jahr 2013 sogar mehr als die Hälfte der 612 genommenen Proben den Grenzwert. In anderen Kreisen war es mehr als ein Drittel – darunter Freyung-Grafenau, Neu-Ulm und Weilheim-Schongau.

Radon, das in Kohlekraftwerken zusammen mit Uran- oder Thorium beim Erzabbau vorkommt, ist dabei besonders zu beachten (Hunsrück bes. Idar-Oberstein, Erzgebirge, Fichtelgebirge, Thüringer Wald, Schwarz- und Bayerischer Wald; Quelle Krebsinfo). Anzumerken ist ferner, dass Radon, in luftiger Atmosphäre eingeatmet, als Heilmittel gegen Hautallergien (Asthma u.a.) in Bad Kreuznach verabreicht wird. D.h., diese Wirkungsart des Edelgases von Radon ist für mich unklar. Aus dem stillgelegten Uranbergbau der Wismut GmbH in Sachsen habe ich zur Kenntnis genommen, dass dort viele chronische Lungenkrankheiten durch Einatmen des Edelgases Radon und seiner Zerfallsprodukte entstanden sein sollen. An abgedeckten Halden wurden Radonkonzentrationen 80Bq/m^3 – 170 Bq/m^3 festgestellt (siehe auch Umweltbericht der Wismut GmbH 2012).

Vordergründig ging es französischen Truppen 2013 in Mali um die Bekämpfung des IS – aber da spielte Uran in der Region (Niger) bereits die größere Rolle, denn der französische Konzern Aveva benötigt das Uran für seinen EU-Strom (Importgut ist das durch den französischen Staatskonzern Areva nördlich von Agadez [Arlit] abgebaute Uran, dessen Ausfuhr 70% der Gesamtexporte generiert. Niger ist der größte afrikanische Uranproduzent. Es liefert 40% des Uranbedarfs Frankreichs. Der bei der Förderung entstehende Abraum liegt im offenen Gelände herum (übrigens, wie in der Sahara, Algerien). Strahlenverseuchte Staubwolken hüllen vorbeiziehende LKW-Karawanen und Menschen ein, die ausgehende Krebsgefahr bzw. den Krebstoten wird die Diagnose Malaria unterstellt.

In meiner Dissertation verweise ich auf die ungiftige Vorzeigechemikalie Kochsalz, wo mir mittels Rasterelektronenmikroskop Aufnahmen glückten, die der uns bekannten Gesetzgebung widersprachen: Heute weiß ich, dass in Wasser gelöstes Koch-Salz (Mischung aus NaCl, $CaSO_4$, CaCO3) je nach seinem Verdünnungsgrad Strukturen bildet, die keinen energetischen Unterschied zwischen einem Teelöffel (Koch-)Salz in einem Liter Wasser geben und der gleichen Menge in tausend Liter Wasser. Unter Druck, z.B. im Erduntergrund, können Natrium und Chlor in verblüffenden Mengenverhältnissen zu-

einander finden, die nichts mit der Gesetzgebung zu tun haben. Es entstehen exotisch anmutende Strukturen, ein Na-Atom auf drei oder mehr Chloratome. Einige der Exoten sind sogar relativ stabil.
Ähnlich verhält es sich auch mit Uran und unbekannten Zwischenprodukten, ihre Radioaktivität wird durch Verdünnung herabgesetzt – die Amplituden der Eigenschwingung (Hyperschallfelder) und Neutronen bleiben aber erhalten bzw. ihre Wirkung wird bei Verdünnung sogar erhöht. So sind hochverdünnte Elektrolytlösungen (selbst 1:1.000.000) noch sehr wirksam! (Radioaktive) Verdünnungen von Uran, Pluton und anderen Stoffen sind nicht mehr messbar – sondern aufgrund ihrer „Hyperschall-Amplituden – jedoch hoch potent“ für das „menschliche Erbgut“ – wie sich aus neuronalen und funktionalen Zuständen ergeben.

Erklärungsansatz: Der Philosoph Joseph Levin versuchte diesen Umstand zu erklären. Levine argumentierte, dass bei Versuchen, die Qualia reduktiv erklärbar ist und Standards unterlaufen werden können. Konkret zeigte Levin auf (Levine p. 543–555, 1993), dass wir offenbar bis jetzt nicht verstanden haben, wie Qualia wirkt.

Unter Qualia oder dem phänomenalem Bewusstsein verstehen wir den subjektiven Erlebnisgehalt eines mentalen Zustandes. Dort wird angenommen, dass die Existenz nicht mit den Mitteln der Neuro-/Kognitionswissenschaft erklärbar ist. Levin stellte dabei Phantasie über Wissen, das für uns problematisch ist, da es nicht auf Fakten beruht, sondern auf philosophischer Meinung.

Zu fragen ist weiterhin, wie reduktive Erklärungen natürlich aussehen? Levine erörtert sie am unnormalen Wasser-Molekül. Die Reduktion von Wasser ist kein grundsätzliches Problem. Nach Levine liegt das daran, dass wir auf der Ebene chemisch-physikalischer-geophysikalischer Theorien die meisten Eigenschaften von Wasser erklären können. Wir können erklären, warum Wasser durchsichtig, flüssig oder geruchlos ist, energetisiertes Wasser bzw. hexagonales Wasser einen vierten Zustand besitzt und schwer sein kann (hexagonale EZ-Exclusions Zone); wenn nicht die vier Zustände möglich wären (Eis, Wasser, Dampf, exclusive Zone), so wäre auch keine Reduktion von Wasser gelungen. Genau dies ist, so argumentierte Levine, aber bei mentalen Zuständen der Fall. Wir können nicht erklären, warum mentale Zustände wie Schmerzen oder Wahrnehmungszustände die Eigenschaft haben, erlebt zu werden. Folglich bleibt bei mentalen Zuständen eine Erklärungslücke bestehen (als explanatory gap bezeichnet). Wir reden hier auch vom Nocebo-Effekt, einem umgekehrten Placebo-Effekt.

Dringen Hyperschall-Amplituden und elektromagnetische Felder in das Immunsystem ein, können die Schwingungen atomarer Bindungen das Molekül der Desoxyribonukleinsäure zerreißen, sodass die betroffenen Zellen entarten. Besonders sensibel reagieren blutbildende Zellen von Kindern und jungen Erwachsenen (siehe auch „Mind Control", Übertragung elektromagnetischer Wellen)!

Red Mercury

Dieses Mineral mit dem Namen Cinnabarit hat eine ziegelrote rostige Farbe und beanspruchte unsere besondere Aufmerksamkeit im WTD, nach Messergebnissen mit eigens dafür angeschafftem Gerät: Der vorgangsbegleitende Ingenieur hatte ^{6}Lithiumisotop in einer rostähnlich aussehend und verunreinigten Flüssigkeit gemessen! Die Bestätigung für eine solche Messung fanden wir in der Veröffentlichung von „Nucleonics Week". Da wurde der Name „Red Mercury" oder „Rotes Quecksilber" in der Zeit der Sowjetunion als Code für das Lithiumisotop vorgestellt. Das Lithiumisotop hat natürlich nichts mit Quecksilber-Sulfid zu tun, ^{6}Li wird als Bestandteil des Fusionsbrennstoffs ^{6}Li-Deuterid für den Fusions-Teil der Teller-Ulam-Bombe verwendet.

Die Lithium-Isotope sind dem Namen nach nicht Rotes Quecksilber oder das, was dafür gehalten wurde, es handelt sich um eine Täuschung! Rotes Quecksilber bzw. Lithium ist ein Sprengstoff und radioaktiv, der große Begehrlichkeit von Schmugglern weckte. Das Material wanderte nicht nur nach Katar zu ominösen Veranstaltungen mit Erotik-Tänzen, es kursierte auch in Europa an Logen, und wir müssen nicht denken, dass nur Herren in Katar einen „Mords"-Fimmel haben – den gibt's auch in Kreisen bei uns in der EU mit künstlerischem Einfluss, wie: „Art is the garden of the human spirit, is it's nature" – von Dietrich Mahlow und „Etwas, das mich verdunkelt"... – Elfriede Jelinek oder „Einäuglein, Zweiäuglein & Dreiäuglein" – eine Geschichte der Gebrüder Grimm aus Einrichtungen des Rotlichtmilieus.

Jedenfalls lassen unbekannte Tote grüßen: Die 6Lithium-Isotope sind stark strahlende Radioisotope, auch wenn die ölige Flüssigkeit rostig oder sonst wie aussieht. Einer der Überbringer für KNE Dübendorf bei Zürich überlebte seinen Botengang nicht (da befindet sich die Kommission für Nukleare Entsorgung, KNE, Zentrum für Fremdstoff- & Umweltrisiko-Forschung).

Ebenso starben eine unbekannte Anzahl Probenüberbringer. Die nukleare Schmuggelware belief sich auf circa hundert Fälle. Primär waren es Betrugshandlungen, d.h., das angebotene Material entsprach nicht dem angegebenen, wie ich bei verschiedenen Übergaben im Tresorraum der Deutschen Bank feststellte.

Verwunderliches gibt es auch von anderen Materialien zu berichten: Strukturen des Wassers veranlassen uns in der Chemie und Geoethnologie Dinge zuzulassen, die anscheinend keinen Gesetzmäßigkeiten gehorchen. Bereits bei moderatem Druck herrschen in der Chemie des Erdzentrums Bedingungen vor – für Salzverbindungen (z.B. Kochsalz oder Quecksilberverbindungen), in der bayrischen Rheinpfalz (Obermoschel /Meisenheim), die für uns schwer nachzuvollziehen sind; bekannt wurde zwar, dass schon für die Münze im 16./17. Jahrhundert Öfen nicht aus Ton, sondern wie die Retorten aus Eisen hergestellt waren. Bei diesen Einrichtungen bildeten die Retorte und die Vorlagen einen geschlossenen Raum, in dessen wärmerem Teile Quecksilber verflüchtigt wird, um sich in dem kühleren Teil zu kondensieren. Da die Abkühlung nicht groß sein durfte und hochgespannte Dämpfe selbst bei guter Luttierung entweichen sollten, sich verändern und eigene

Strukturen wie $NaCl_3$, Na_3Cl oder Quecksilber-Chlorid, Quecksilber-Sulfat, Quecksilber-Chlorid (Kalomel), rotes Quecksilber-Sulfid (!), bilden – und so gleiche oder ähnliche Hyperschallfelder bilden.

Pyrethroide

Für mich gab es immer wieder geohydrologische Bereiche, die Neuland waren. Z.B. die stochastische Simulation eines bestehenden Systems mit zufällig erzeugten Abweichungen an drei Messstellen der Fließgeschwindigkeit des Wassers im Grundwasserbereich unter Benutzung eines Schmutzfrachtsimulationsprogramms. Wenn es funktionierte, gaben stochastische Simulation Informationen darüber, welche Auswirkungen die vom Sollwert abweichenden Kennlinien auf die Vorfluterbelastung an Ort und Stelle und auf die Summe der Ereignisse hatten. So auch die Diskussion um die Konzentration von Pyrethroiden und medizinische Kontrastmittel im Grundwasser, die seit Jahren heftig geführt wird.

Pyrethrum wird aus den getrockneten Blüten von Tanacetum-Arten durch Zerkleinern oder Extraktion mit Lösungsmitteln gewonnen oder synthetisch hergestellt. In Mottenschutzmitteln wurde mit diesem Nervengift gearbeitet, das auch in vielen anderen Insektiziden, Teppichböden und Holzschutzmitteln erfolgreich wirkt. Dabei ist längst nicht mehr umstritten, dass die wesentlich langlebigeren und wirksameren „Nachbauten des Naturgiftes Pyrethrum“ akute Vergiftungen im Nervensystem des menschlichen Körpers auslösen können. Oft sticht, juckt oder kribbelt die Haut, reagieren Augen und Nase gereizt, direkt nachdem Pyrethroide angewandt wurden. Auch Schwindelanfälle, Kopfschmerzen und Krämpfe führten die Berliner Freie Universitätsklinik in ihrer Sammlung möglicher unmittelbarer Folgen der Nervengifte auf. Obwohl die Diskussion um die Schädlichkeit dieser Chemikalien seit Jahren heftig geführt wird, rüsten Hersteller Mottenschutzmittel weiterhin mit den Nervengiften aus – offiziell passiert nichts.

In Berlin-Wannsee (Don-Bosco-Pflegeheim) – in einem Areal des Grundwassereinzugsgebietes und Wasserschutzgebietes entdeckte ein Förster Papp-Röhrchen, die mit Wattebäuschen und dem Nervengift versehen waren, nebst Lebendfallen, in denen mit Pyrethrum kontaminierte Mäuse gefangen wurden. Hinter diesen Versuchen steckte ein Professor der Freien Universität Berlin, die wir ihm aber zunächst nicht nachweisen konnten. Monate später flatterte mir die renommierte Zeitschrift „Science“ auf den Tisch mit einer Publikation desselben Professors.
Ja, obwohl wir seine Forschungsvorhaben und Versuche jetzt schwarz-auf weiß nachlesen konnten, verlangte das Gesetz einen eindeutigen Nachweis des Giftes im Grundwasser. Wir konnten nur Abbauprodukte und Umlagerungen des Giftes (Metaboliten) nachweisen. Die umgewandelten Produkte des Pyrethrums sind nicht eindeutig – so entschied das Gericht und erklärte den Zusammenhang als nicht eindeutig für erwiesen!

SAG Schüttler

Mit Duldung und gelegentlich sogar ausdrücklicher Genehmigung der Berliner Senatsverwaltung, so ergaben unsere Ermittlungen, konnte SAG Schüttler jahrelang ein ungenehmigtes Abfalllager betreiben, entgegen den Regelungen des Abfallgesetzes reines Altöl mit hochgradig verseuchten Altöl-Chargen vermischen und unter Missachtung aller Vorschriften giftige Abfälle aus der Bundesrepublik zu Sonderkonditionen in eine Verbrennungsanlage der DDR schicken.

Schüttler und sein Iserlohner Geschäftsfreund mit beiden Firmen Schüttler & Co. sowie der SAG („Sonderabfallbeseitigungs- und Altölerfassungsgesellschaft") führten in Berlin-Spandau ein großes Tanklager. Das Gelände galt bei den Überwachungsbehörden schon seit langem als Problemfall, denn die jahrzehntealten Öltanks waren marode, der Untergrund sollte bis zu einer Tiefe von 100 Metern mit Öl und Lösemitteln verseucht gewesen sein, allerdings eine Altlast aus dem Zweiten Weltkrieg.

Uns, von der Umweltkripo des LKA, kam es merkwürdig vor, dass eine solche Nutzung der alten Tanks zum Sammeln flüssiger Sonderabfälle – in der Nähe eines Wasserwerks – bei der Berliner Umweltverwaltung keinen Widerspruch erregte, im Gegenteil.

Die zuständigen Beamten der Berliner Wasserbehörde ließen Schüttlers aussichtslosen Genehmigungsantrag für das Abfalllager einfach unbearbeitet liegen und erlaubten der SAG Schüttler den Sammelbetrieb aufzunehmen. Im Sommer 1988 überließ die Behörde schließlich der SAG ein ganzes Paket von verschiedenen Problemabfällen zur Einsammlung im Berliner Stadtgebiet, die sodann in bundesdeutschen Aufarbeitungsanlagen (z.B. Iserlohn) als Brennstoff in der IG Metall

Hamm-Lippstadt oder Zementdrehofen Erwitte (in NRW) verwertet wurden.
In nur anderthalb Jahren stieg Schüttlers Unternehmen so zum Monopolisten der Berliner Sondermüllentsorgung auf, viele Firmen vertrauen ihm ihre Giftabfälle an. Doch mit dem regulären Sammelgeschäft gab sich Schüttler nicht zufrieden.

Zusätzlich zum Berliner Sondermüll importierte die SAG etliche tausend Tonnen gefährlicher Giftabfälle von westdeutschen Firmen und vermischte sie in ihren ungesicherten Tanks mit weniger belastetem Öl – beim Geschäft, so formulierte einer der Kripobeamten, sei „ein Gewinn von bis zu 1000 % möglich“ (siehe auch in: DER SPIEGEL, 3/90). Die in der Konzentration untergemischten Altöle und Giftlösungen unbekannter Art verkaufte Schüttler als Brennstoffe im großen Stil an westdeutsche Zementwerke weiter oder wenn da nichts ging, lud er sie zum billigen DDR-Mülltarif der „Berliner Stadtreinigung“ auf, die die Gemische im Ostberliner Bereich auf einer Müllhalde verklappten oder in der „Schöneiche“ verbrannten. Die Sondermüll-Verbrennungsanlage „Schöneiche“ in der DDR nahm 1989 ihren Probebetrieb auf und war dankbar um Zulieferung, denn den DDR-Müllwerkern fehlte es an brennbaren Abfällen.

Trotz des ausdrücklichen Verbots solcher Praktiken im Abfallrecht konnte sich Schüttler relativ sicher fühlen. Wenn etwa der Gehalt an gefährlichen polychromierten Biphenylen in einem seiner Tanks höher war, als dies für die Verbrennung im Zementwerk oder in der Schöneiche zulässig ist, stand ihm der zuständige Senatsbeamte „F“ zur Seite. Außerdem war es in den 90er Jahren noch relativ schwer und teuer polychlorierte Biphenyle zu analysieren, auch wir ließen sie bei einer Firma Internationale Föderation für Consulting GmbH & Co, Berlin-Kladow, analysieren.

Als die SAG Schüttler z.B. im Juni 1988 „F“ per Telefax bat, „umgehend die Genehmigung zu erteilen, das PCB-kontaminierte Altöl mit dem anderen Altöl zu vermischen“, da „wir keine kostengünstigere Möglichkeit einer Verbrennung sehen“, gab ihm die Umweltverwaltung grünes Licht.

„Herrn Schüttler“, vermerkte „F“ am gleichen Tag, „wurde telefonisch erlaubt, den Inhalt des Tanks 5 in den Tank 15 zu pumpen.“

Rückblick: Besonders lukrativ waren die Geschäfte mit der Destillation in Iserlohn, einem Betrieb des Schüttler-Geschäftspartners. Gemeinsam sammelten die beiden Firmen in Berlin und im Bundesgebiet zum Preis von bis zu 600 Mark pro Tonne stark verschmutzte Lösemittel ein und schickten sie in Fässern nach Berlin. Dort wurde im Spandauer Südhafen, wie uns Zeugen berichteten, der flüssige Anteil der Giftlösungen abgesaugt und für 250 Mark pro Tonne an die Destillation in Iserlohn zur Destillation gereicht. Den Rest – die oft bis zu drei Vierteln mit giftigem Schlamm gefüllten Fässer – bekamen die West-Berliner Stadtreiniger als „Leeremballagen“ aufgehalst, zum Abtransport in die DDR. Die „offensichtliche Betrugshandlung“, wie der Bilanzbuchhalter des WTD im LKA feststellte, brachte einen Gewinn von 350 DM/Tonne.

Treuherzig räumte die West-Berliner Müllverwaltung ihrem Kunden einen tiefgegriffenen Sonderpreis von 230 Mark für die Beseitigung – hochkalorischer – Abfälle ein, die zur Stützfeuerung in der Schöneiche geeignet waren, die Schleuse für die Entsorgung bundesdeutschen Giftmülls auf Kosten der Umwelt in der DDR ging damit weiter auf.

Die WEKA in Iserlohn, so unsere Recherchen vor Ort, wurden sogar 500 Tonnen Rückstände aus ihrer Destillationsanlage los, deren reguläre Beseitigung 670 Mark pro Tonne gekostet hätte.

Für ein Drittel dieses Preises ließ die Berliner Stadtreinigung das Chlorölgemisch durch den Gift-Ofen in der Schöneiche der DDR jagen.
Trotz drängender Fragen der Umweltkripo Berlin verweigerte sowohl die Umweltverwaltung des Senats als auch die zuständige Staatsanwaltschaft jeden Eingriff. „Das Problem war", so vermutet einer der Kollegen, „dass Berlin von Schüttler entsorgungstechnisch abhängig war. Deshalb wurde er politisch gedeckt."
Weil es sich bei den von der SAG gesammelten Altölen ja ausschließlich um solche Stoffe handle, die „einer stofflichen oder energetischen Verwertung" zugeführt wurden, so bestand in der Berliner SenStadtUm-Behörde die Meinung, es handele sich nicht um Abfälle.
Erst als durchsickerte, dass diese Auffassung nicht zu halten war, traten auch die beamteten Schüttler-Freunde den Rückzug an. Nunmehr, so ließ der Leiter SenStadtUm verlauten, habe man festgestellt, dass es sich bei den in den „Tanks gelagerten Stoffen um Abfälle handelte", wofür „die SAG keine Genehmigung besitzt". Es wurde daher angeordnet, diese Stoffe

„umgehend einer dafür zugelassenen Entsorgungsanlage zuzuführen".

Überlingen am Bodensee

Bei einer verdeckten Ermittlung wurde ich über die „Zentrale für Nukleare Nachsorge" in Bonn, geleitet. Die Ermittlungen oblagen dem Bundeskriminalamt. Ein Abteilungsleiter des BKA und ich sollten an der „Aufklärung des Zusammenstoßes zwischen dem DHL-Flug und Bashkirian-Airlines-Flug" über einem Dorf bei Überlingen im Sommer 2002 mit dabei sein und an der Aufklärung mitwirken. Das russische Flugzeug war mit Fluggästen unterwegs, davon meistens Kinder, die für diesen Flug nicht vorgesehen waren (als Belohnung sollten die Kinder nach Barcelona geschickt werden). Es war eines der folgenschwersten Flugunglücke im deutsch-schweizerischen Luftraum.

Der geheim gehaltene Einsatz galt der „strahlenden Ladung" in der Tupolev – von dem Isotop California 252 (Cf 252), die für Dübendorf bei Zürich bestimmt war. Cf 252 ist ein aggressiver Neutronenstrahler (äußerst toxisch), mit dem Kernreaktoren in Gang gesetzt werden können – sowohl in AKW-Reaktoren als auch in A-Bomben – hat „Schwarzmarkt-Bedeutung" – und es werden horrende Preise verlangt, weil es nur in winzigen mg-Mengen beim Brüten anfällt. Ein Millionstel Gramm ist – verschluckt oder inhaliert – tödlich. Aus polizeilicher Sicht können mit Californium Terrorakte durch Verseuchung von Trinkwasser verübt werden. Die Befürchtung, dass das Bodenseewasser durch den Vorfall kontaminiert wurde, trat nicht nennenswert ein – das Wasser war bereits mit einem Gemisch von radioaktiven Stoffen schwach belastet: Die schwierigen Californium-Messungen führten Schweizer Kern-Physiker von KNE (Kommission für Nukleare Entsorgung) durch.

Spezialtaucher der Polizei und FW förderten die „radioaktive Ladung (gut verpackt) mit Leichenteilen an die Oberfläche". Darunter gab es „auch Leichenteile, die nicht zugeordnet werden konnten". In „den Trümmern der Bashkirian-Airlines wurde auch ein albanischer Reisepass gefunden, der zu keinem der Passagiere gehörte". Weiter wurden in den Trümmern der Tupolev mehrere „Dokumente der US-Armee geborgen", die einer „US-Fighters Squadron" zugeordnet werden konnten. Die Einheit war u.a. in Afghanistan für „verdeckte Operationen" zuständig und war es möglicherweise zu dem Zeitpunkt der Katastrophe noch.

Die brisante Ladung ging mit einem Spezialtransport zur Kommission für Nukleare Entsorgung nach Dübendorf (Schweiz).

Verantwortungsdiffusion

Abschieben der Verantwortung auf andere Personen (Verantwortungsattribution – ist in der „Abfallverschiebung" gang und gäbe). Verantwortungsdiffusion entstammt ursprünglich der Soziologie und bezeichnet unterlassene Hilfeleistung in verschiedenen Bereichen. Polizeikräfte stellten immer häufiger fest: Menschen helfen anderen bei Unglücksfällen oder den Folgen von Straftaten nicht. Diese Meldungen erreichen uns auch aus sogenannten „Non-Helping-Bystander-

Effekten“. Darunter ist das zunächst erscheinende Phänomen zu verstehen, dass die Anwesenheit anderer Personen am Ort (einer Straftat, z.B. Überfall Apple-Store am Berliner Kudamm u.Ä.) oder eines Unglücks (Unfall/Brandes usw.) nicht etwa erhöht, sondern hemmt – und es wird nicht geholfen, auch nicht der „Polizei-Notruf 110“ verständigt.

Erstens: Bei den ständig steigenden Kosten für eine ordnungsgemäße Müllentsorgung gilt eine enge Verknüpfung von ökonomischen und ökologischen Interessen, besonders für den Bereich der umweltgefährdenden Abfallbeseitigung. Wie sich aus polizeilichen Statistiken ergibt, sind die den Tatbestand der umweltgefährdenden Abfallbeseitigung betreffenden, fortgeschriebenen und vertuschten Ereignisse z.B. falsch deklarierter Elektroschrott in die Schwellenländer, wie Ghanas Tiefseehafen Tema. Das Ganze ist als gebrauchsfähige Second-Hand-Ware deklariert. Der größte Teil davon ist jedoch Schrott, der exportiert wurde, um die teure Entsorgung im Ursprungsland zu umgehen.

Tausende Ghanaer, darunter meistens Kinder, „schlachten die in Europa entsorgten Geräte aus“. Sie durchsuchen die giftigen Müllhalden nach Resten und – leben (sie und ihre Familie) – von dem Geld (das sind Cent-Beträge, was sie für die Rohstoffe (Coltan, Kupfer, Aluminium…) bekommen. Überhaupt: Haben Sie einmal nachgedacht, wie und unter welchen Bedingungen Coltan in der Kivusee-Region der demokratischen Republik Kongo von den Kindersklaven 2015 gewonnen wird? Es gibt keine Alternativen zum Coltan – da wird es widersprüchlich, denn für jedes Handy, jeden Computer, jede Digitalkamera brauchen Noika und die anderen Producer Coltan. Das Erz und seine metallischen Elemente Niob und Tantal sind für besonders feine Elektronik unverzichtbar. Tantal wird zudem in der Medizintechnik immer wichtiger. Da es chemisch nur langsam zerfällt, wird es auch für Zahnimplantate, Knochennägel/Prothesen und Herzschrittmacher verwendet – es gehört zum Vorsorgeprinzip der Informationsgesellschaft und ist gleichzeitig die positive Auswirkung des Pervasive Computing bezüglich Gesundheit und Umwelt.

Pervasives Computing hat das Potenzial, unsere Gesellschaft nachhaltig zu verändern. Aber die gesellschaftliche Debatte findet nicht statt. –Vorangetrieben wird die Entwicklung auch durch die öffentliche Sicherheitsdebatte und die Problematik: Kindersklaven. Manche Sicherheitsexperten sehen in den wachsenden Kontrollmöglichkeiten – z.B. der Überwachung – jedoch keinen Sicherheitsgewinn.

Diese Problematik um das Coltan kann auch als „Verantwortungsdiffusion" bzw. „Verantwortungsattribution" bezeichnet werden, sie bedeutet, dass sich Menschen nicht (mehr) verantwortlich fühlen. Sowohl Producer und Entsorger weisen ihre Verantwortung (bewusst) von sich oder beruhigen ihr Gewissen (ist gleich „soziale Erleichterung", psychische Systeme sind durch das Medium Sinn gekoppelt, Gehirn und Bewusstsein durch Wahrnehmung), indem sich die Personen sagen, dass auch die anderen in die Situation eingreifen oder verändern könnten (Verantwortungsdiffusion). Außerdem wird durch die erlebte Passivität von anderen, nämlich durch deren Gleichgültigkeit und Ernsthaftigkeit, die betreffende Situation übertrieben (ist doch nicht „so schlimm“) oder die billige Entledigung als Jägerlatein heruntergespielt.

Nach Similationsvorstellungen von Latané & Darley („Model of the Intervention Process“), die sich mit den Motiven von Unterlassungen befassten, entwickelte sich bei Tätern die Entscheidung, prozesshaft in vier Stufen, etwa wie folgt:

1. Anfangsverdacht, „noticing something is wrong”,
2. im weiteren Verlauf wird von ihm sogar registriert, dass es sich bei der beobachteten Situation um eventuell außergewöhnliche Vorfälle handelt („deciding the event is an emergency“),
3. die eigene Verantwortlichkeit wird anerkannt, die dann, wenn der Täter mit sich allein ist, meist sein Tun bejaht,
4. auf einer letzten Stufe fällt der Täter die Entscheidung „yes“ or „no“ für „deciding the specific mode of intervention“.

Zu den Einflussfaktoren, die für die Entscheidung letztlich Bedeutung besitzen, gehört die Abwägung von Kosten und Nutzen einer Intervention, die in betriebswirtschaftlichen Entscheidungstheorien eine Rolle spielen (so auch die falsche Abrechnung von kontaminierten Produkten als Werkstoffe). Auf die Bystander-Situation übertragen, wägt ein potentieller Täter meist unbewusst und sekundenschnell ab, welchen Nutzen ihm das Ummünzen einbrachte, aber auch, welche materiellen bzw. physischen und psychischen Kosten bzw. Nachteile entstehen.

Als Nutzen kamen z.B. in Betracht: Die Entlastung des Gewissens bzw. die Anerkennung durch andere. Kosten ergaben sich aus situativen oder personenbezogenen Einflussfaktoren (z.B. Anwesenheit einer Person, die bewundert wird). Zu den situativen Einflussfaktoren gehören (außer dem schon erörterten Verhalten der anderen Zuschauer) insbesondere: Die Eindeutigkeit der Lage (Notlage), Zeit/Ort des Ereignisses, Opfermerkmale und zuletzt das Ausmaß der Gefahr für den/die Helfer.

Mein Eindruck ist, dass einem attraktiven Opfer häufiger als einem Unattraktiven geholfen wird. Hübsche Frauen haben die größeren Chancen, verwahrloste Männer des „Milljöhs" haben in diesem Umfeld geringen Erfolg.
Wir können es als gelungene Werbeaktion in eigener Sache ansehen: Eine ansehnliche junge Frau, bestens angezogen bis hin zur schicken Sonnenbrille, sitzt auf der edlen Düsseldorfer Einkaufsstraße „Kö" und bettelt mit einem Schild mit der Aufschrift: „Brauche neue Schuhe" (sie ist – Stilberaterin – und hilft betuchten Leuten beim Einkaufen von Kleidung).
Der Ertrag nach 4 Stunden (Kölner „Express" zufolge): Über 53€ – ist o.k.
Sie bemerkte bei ihrer Bettelaktion: Der bekannteste Bettler der Prachtstraße, „Kö-Peter" genannt, habe sie auf die Aktion gebracht und ihr erzählt, ein ganzer Tag auf der Kö habe ihm bloß 2€ eingebracht. Sie habe testen wollen, was die Leute geben, wenn „jemand wie ich mich hier hinsetze"!
Nicht zuletzt ist das (vom potentiellen Helfer) angenommene Ausmaß, das mit einer Hilfeleistung verbunden sein kann, nicht ohne Bedeutung. Ein Interventionsrisiko besteht insbesondere bei allen Bettelvorgängen. Die situativen Faktoren stehen naturgemäß in Wechselbeziehungen zueinander, wobei

ihre Steuerung über personenbezogene Einflussfaktoren erfolgt. Zu diesen gehören: Nicht-Einmischen-Wollen, Empathie (warum wir verstehen, was andere fühlen), Zeitdruck, Normeneinflüsse, Bewertungsängste und „Lampenfieber“ sowie die negative Einschätzung der eigenen Kompetenz.
Wenn in einer Notsituation nicht geholfen wird, kann das schließlich auch auf „Bewertungsangst“ und „Lampenfieber“, die nicht kongruent sind, zurückgeführt werden. Nicht wenigen Menschen ist es unangenehm, vor Publikum aktiv zu werden, sich also „zu produzieren“.
Einer der bekanntesten Soziologen sagt sogar in seinem Buch „Gesellschaft der Angst“, dass Deutsche die meiste Angst vor sich selber haben. Weil sie den Eindruck haben, dass sie das mächtigste Land in Europa sind und von ihnen Dinge erwartet werden, von denen sie nicht wissen, ob sie ihnen gerecht werden können. Der Soziologe bezeichnet das auch als „Einflussangst“.
Es gibt aber auch die Angst, sich zu „blamieren“ („Bewertungsangst“), sie wirkt hemmend auf „Kosten“ der Alternative (Nichteingreifen, bewusst verändern). Sie erscheint aus der Sicht des Bystanders geringer. Anders sieht es aus, wenn der potentielle Helfer die Gelegenheit erkennt, seine spezielle Kompetenz vorzuführen.
Insoweit sagt sich mancher Bystander zur Beruhigung seines Gewissens: „Sollen sich doch die Zuständigen um die anderen (Opfer) kümmern: Polizei, Rettungseinsatz, Feuerwehr, die dafür bezahlt werden.“
Meist wird spontan geholfen oder gar nicht. D.h. realistisch betrachtet: In der Regel entscheiden wir uns gegen eine per-

sönliche Intervention – und das wird versucht voll auszunutzen.
Von einem – oft problematischen – Spontanverhalten lässt sich die geplante Hilfeleistung unterscheiden, weil der potentielle Helfer weiß, was er tun muss (sollte): Er verfügt über ein „Skript“, nach dessen „Drehbuch“ er zu handeln vermag. Wenn aber das Skript nicht stimmt, können Andersdenkende so handeln, wie sie geplant haben.

Zweitens: Jeder Bystander sollte bedenken, dass er selbst Opfer werden kann, und auch seine eigenen Kräfte nicht überschätzen. Es wird davor gewarnt, in jedem Fall zu versuchen, den „Helden zu spielen“. Ob wir direkte Hilfe organisieren oder uns eher für eine indirekte Hilfe entscheiden, hängt nicht zuletzt von der Einschätzung des Täters ab, der das Opfer, das Hilfe benötigt, attackiert.

Patentrezepte gibt es nicht, aber folgende Anregungen: Mit direkter Hilfe kann der Bystander versuchen, die Blockade (aufgrund pluralistischer Ignoranz) der anderen Zuschauer zu durchbrechen, um Hilfe aus deren Mitte zu organisieren.
Dazu bedarf es der Ansprache einer konkreten Person: „Sie da (Du da), der Mann mit der grünen/gelben Jacke, das Opfer braucht Hilfe, helfen wir ihm!“ Eine generelle Ansprache aller umherstehenden Passanten hilft erfahrungsgemäß meistens nicht, weil sich keiner der Zuschauer angesprochen fühlt = Verantwortungsdiffusion. Der Einzelne muss also aus seiner Anonymität herausgeholt werden. D.h.: Ein Zuschauer muss die Initiative ergreifen bzw. versuchen, „Mithelfer“& „Bundesgenossen“ unter Bystandern zu werben und ins Boot zu

holen. Wird entsprechende Entschlossenheit demonstriert, und zwar i.S. eines konkreten Misserfolgsrisikos für den Angreifer, stellt dieser in der Regel seine Attacken rasch ein und verschwindet.

Ein Lehrerkollegium sollte auf pädagogischen Konferenzen festlegen (nach entsprechenden Ereignissen auf dem Schulhof), wie auf Gewaltphänomene (abgestimmt) reagiert werden soll und wie Bystander-Verhalten etabliert werden können. Denn wenn jugendliche Schüler oder die Kleinen wiederholt und über längere Zeiträume von stärkeren Mitschülern oder Gruppen von Gleichaltrigen (Peers) attackiert werden, sprechen wir von „peer victimization“: Unter primärer Viktimisierung ist die wiederholte Tat zu verstehen.

Schlussbemerkung: Bestraft wird die unterlassene Hilfeleistung (nach §323c StGB) selten. Hintergrund: Erstens, weil für die unterlassene Hilfeleistung Vorsatz verlangt wird und unter den gegebenen Umständen auch zumutbar sein muss. Die Zuschauer am Tatort können sich insoweit herausreden (oder sie verschwinden vom Tatort).

Von §323c StGB, der die unterlassene Hilfeleistung immerhin mit Freiheitsstrafe bedroht, gehen noch weniger Einflüsse aus. Dass wir auch für Nichtstun bestraft werden können, ist wenig bekannt. Eine Rolle spielt eher die Norm der Gegenseitigkeit (wir helfen, weil uns auch geholfen wurde) oder die Norm der sozialen Verantwortung: Der Stärkere hilft dem Schwächeren.

Umwelttech & Umgebung (Milliardenmarkt)

Im Berliner Senat kamen sie überein, dass Polizeibedienstete mindestens die technische Fähigkeit besitzen sollten, Zahlungskartenkriminalität, Betrug im Zusammenhang mit der Bestellung oder dem Kauf von Waren oder (Dienst-) Leistungen sowie verdeckte Straftaten in bedrohlichen Netzen erkennen zu können. Na ja, das sagt sich so leicht dahin...

Als Service-Dienststelle betreibt das LKA 3 für die Berliner Polizei Wirtschaftskriminalitätsbekämpfung (Finanzermittlungen und Vermögensabschöpfung), Bekämpfung der Korruption und Umwelt-/Verbraucherdelikte. In diesem Zusammenhang gibt es viele Möglichkeiten der Zusammenarbeit z.B.: In der Aktion – Luxemburg geht strafrechtlich gegen den französischen Journalisten (Perrin) vor, der maßgeblich an den Luxemburg-Leaks-Enthüllungen beteiligt gewesen sein soll. Dem Vernehmen nach soll er Enthüllungsverbot erhalten. Unter dem Vorwand – offiziell Unternehmensgeheimnisse zu schützen – will man generell die Arbeit für Whistleblower, Betriebsräte und investigative Journalisten massiv erschweren (deutsche und internationale Konzerne drücken sich mit Unterstützung der Luxemburger Regierung vor Steuerzahlungen in Milliardenhöhe).

Hersteller, Händler und Dienstleister aus den Bereichen Entsorgung, Recycling, Sanierung, Beratung, Planung, Analytik sowie Forschung und Entwicklung können ihre Produkte und Qualifikation weltweit präsentieren. Der Eintrag in das UMFIS ist so eine kostenfreie Dienstleistung. Der Eintrag erfolgt in „Truecrypt“ – einem Verschlüsselungsprogramm. Mit dem

Programm lassen sich ganze Festplatten, einzelne „Partitionen“ (als Partition verstehen wir einen zusammenhängenden Teil des Speicherplatzes eines geeigneten physischen oder logischen Datenträgers) erstellen.

Es gibt viele Arten logischer oder virtueller Datenträger oder mobile verschlüsselte Datenträger. Es ist auch möglich, auf einer unverschlüsselten Festplatte/Partition gesicherte Passagen (Container) einzurichten, in denen besonders sensible Daten verschlüsselt aufbewahrt werden. Oder wir verschlüsseln einen externen Datenträger, z.B. einen USB-Stick, auf dem wir Dateien verwahren wollen, auf die Unbefugte keinen Zugriff haben („IT-Sicherheitsgesetze“). In Brüssel und Berlin wird zeitgleich an der IT-Sicherheit gearbeitet. Das Centrum für Europäische Politik (CEP) analysiert regelmäßig Gesetzesvorhaben. Zur Bewertung dient die Ampel: „Rot steht für Gesetze und Vorschläge, die aus Sicht des CEP schlecht sind. Grün für sinnvolle Vorhaben und Gelb für verbesserungswürdig.“

Wer in seinen Handelsgeschichten auf Sicherheit achtet, wird möglicherweise bereits die mobile Browserversion von Firefox, die Mobilvariante des Mailprogramms Thunderbird nutzen oder Silk Road und ähnliche Plattformen, die nicht Teil des „normalen Internets“ sind. Sie gehören zum sog. „Deep Web“ oder „Invisible Web“, dem Bereich, den Suchmaschinen wie Google nicht erfassen können und der um ein Vielfaches größer ist als das sog. „Surface Web“, dessen Inhalt die Suchmaschinen indexieren. Bei der Installation der portablen Version wird das Programm lediglich ausgepackt, um dann auf den mobilen Datenträger verschoben zu werden. Mittels USB-Stick lassen sich Initiale installieren, die einen Zugriff auch auf

PC ohne Verbindung zum Netz gestatten (Truecrypt gibt es nicht nur für Windows, sondern auch für Mac OS und Linux. Die Schritt-für-Schritt-Installation ist bei „Volume Creation Mode“ vorhanden).

Befinden sich bereits Daten auf der zu verschlüsselnden Partition, muss unbedingt die Option „Encrypt partition in place“ gewählt werden, nur dann bleiben die Daten erhalten. Im anderen Fall wird die Partition neu formatiert, wobei die darauf befindlichen Dateien gelöscht werden. Bei der Verschlüsselung selbst kann zwischen verschiedenen Methoden ausgewählt werden. AES zum Beispiel sind sehr schnell, aber gilt als weniger sicher. Serpent-Towfish-AES hingegen gilt als nicht zu knacken, wir brauchen aber länger dafür zum Ver- und Entschlüsseln.

Der Nachteil von Truecrypt besteht darin, dass einige Fachausdrücke in der englischen Menüführung nicht auf Anhieb verständlich sind. Hier hilft die deutsche Sprachdatei weiter, die nachträglich hinzugefügt wurde.

Normale E-Mails sind so sicher wie Postkarten, da ihre Botschaften im Klartext übermittelt werden. Eine Alternative sind die De-Mail oder E-Postbriefe, besonders zur Kommunikation mit deutschen Behörden. In der weltweiten E-Mail-Kommunikation hingegen hat sich PGP als Verschlüsselungsmethode etabliert. „Pretty Good Privacy“, es wurde in 1990er Jahren von Phil Zimmermann (USA) entwickelt. Zentrales Element sind zwei Schlüssel. Der eine Schlüssel ist öffentlich, man verschickt ihn als Anhang zu jeder Mail, zusätzlich kann er auf öffentlichen Servern hinterlegt werden. Will man eine Mail sicher an einen Adressaten schicken, verschlüsseln wir die Post mit dessen öffentlichem Schlüssel. Mit dem zweiten, privaten Schlüssel, kann der Empfänger die Mail öffnen/lesen. Um den Umgang mit der Verschlüsselungstechnik zu vereinfachen, hatte das Bundesamt für die Sicherheit in der Info-Technik eine Programmsammlung – Gpg4win (GNU Privacy Guard for Windows) – entwickelt. Inzwischen wird das Paket auf dem aktuellen technischen Stand gehalten. Die aktuelle Version stammt von Oktober 2013. Besonders einfach funktioniert PGP im Zusammenspiel mit dem Mailprogramm Thunderbird. Dafür gibt es den Zusatz Enigmail. Er wird als Add-on installiert. Danach stehen alle Funktionen direkt in Thunderbird zur Verfügung. Für jede Mail kann nun entschieden werden, ob sie zur sicheren Identifizierung des Absenders unterschrieben oder komplett mit dem Schlüssel des Empfängers codiert werden soll.

In Amerika sollen sie verärgert sein, über ihre IT- und Drohnendienste, die darauf bauen, dass ihre Aktivitäten unentdeckt bleiben würden. Sie haben nicht abgewogen, welchen außenpolitischen Schaden die USA erleiden würden, wenn ihre Abhörpraxis ans Licht kommen würde. Und ob ihre gewonnenen Erkenntnisse dieses Risiko überhaupt wert sind – ist natürlich fraglich.

Der wichtigste Aspekt, der bei der Online-Medikamentenbestellung zu beachten ist, bezieht sich auf die Seriosität des Anbieters. Da falsche Medikamente von illegalen Versandhändlern große gesundheitliche Schäden anrichten und unter Umständen sogar zum Tode führen können, sollte die Versandapotheke geprüft sein und die entsprechende Lizenz besitzen. Ob eine Versandapotheke seriös ist, ist zum Beispiel meistens

an ihrem Unternehmenssitz zu erkennen. Dieser sollte sich auf jeden Fall in der europäischen Union befinden. Auch sollte ein Blick auf das Renommee des Anbieters geworfen werden.
Es war stets etwas zu recherchieren, welche Erfahrungen andere Kunden mit dem einen oder anderen Anbieter gemacht haben.
Da, wo sie hinkommen wollen (z.B. die „Silk Road“ – die Seidenstraße des Deep Web), gab es auch fast alles an Büchern, Zubehör oder Bastelanleitungen, allerdings keine Waffen und keine Pornographie. Abgesehen davon, dass nahezu alle „Produkte“ illegal waren, funktionieren Silk Road und ähnliche Plattformen genau wie Ebay oder Amazon. Es gibt Produkt-Kategorien – „Shrooms“, „Psychedelics“, „Stimulants“-, Produktbeschreibungen – „One gram of pure uncut Peruvian cocaine“ – und Kundenbewertungen – „Great quality dope, fair price, swift delivery“.
Mehrere hundert Millionen Euro im Jahr werden auf diese Weise umgesetzt. „Kollegen vom LKA 3 Berlin gelang es, die Ursprungsversion einer Seite kurzzeitig zu schließen und den mutmaßlichen Betreiber in den Niederlanden mit dortiger Unterstützung festzunehmen.“ Um Seiten im Deep Web anzusteuern, brauchen sie eine spezielle Verschlüsselungs-software namens „Tor“, die dafür sorgt, dass die Spuren einzelner Nutzer nicht mehr nachvollziehbar sind. „Tor“ ist ein Akronym für „The Onion Router“. Der Dienst heißt so, weil die Anonymisierung nach dem Zwiebelprinzip funktioniert: Jede Anfrage eines Nutzers wird über mehrere Server umgeleitet, bis ihr Ursprungsort nicht mehr erkennbar ist.

Bei jeder Umleitung kommt eine neue Schicht von Verschlüsselung hinzu; diese Verschlüsslungen legen sich übereinander wie bei einer Zwiebel. Der Ursprung dieser Technik ist nicht kriminell. Sie wurde von Mitgliedern des Chaos Clubs entwickelt, um die anonyme Nutzung des Internets zu ermöglichen. „Tor“ hilft Journalisten, ihre Quellen zu schützen, und politischen Dissidenten, sich der Verfolgung zu entziehen.

Den Nutzern ermöglicht der Browser vor allem, ihre illegalen Geschäfte vor der Polizei zu verbergen. Wer auf der einen Seite Medikamente und weiche Drogen kauft oder anbietet, kann nur schwer enttarnt werden. Die Besucher nutzen außerdem Pseudonyme, die Kommunikation zwischen Käufern und Anbietern wird verschlüsselt, und die Dealer verschicken die Ware versteckt in „Dekoartikeln“, in unauffälligen Verpackungen und mit falschen Absenderadressen. Ausführliche Kundenbewertungen schützen vor Betrug. Bezahlt wird mit Bitcoin (Internetwährung).
Ganz sicher ist die Tatsache, diese Märkte werden immer größer. Das Versprechen, anonym zu bleiben, lockt Dealer wie Kunden ins Netz.

Meine Kollegen im LKA, die illegale medizinische Dienste bekämpfen, stehen vor vielen Hürden. Bei den meisten Transaktionen geht es oft um sehr kleine Mengen. Der hohe technische und personelle Aufwand, einen Prozess zu enttarnen, schützt viele Dealer. Zumal die Sendungen sich kaum zurückverfolgen lassen, und wie wir diejenigen belangen können, die Infrastruktur und Bezahlsysteme offenzulegen, ist bis jetzt 2015 immer noch größtenteils ungeklärt.

Völlig sicher können sich die Kriminellen trotzdem nicht fühlen: In Deutschland verhafteten Polizisten in München einen jungen Mann, der als einer der größten Anbieter galt; er muss sich mittlerweile vor dem OLG München verantworten.
Ein deutscher Händler flog auf, weil eines seiner Päckchen an der falschen Adresse ankam. Dem Erfolg der Online-Drogeriemärkte hat das alles bisher nicht geschadet. Im Gegenteil, sind sie durch Polizeiaktionen erst so richtig bekannt geworden. Bereits wenige Wochen nach Ulbrichts Festnahme eröffneten Mitstreiter von „Silk Road 2.0“ unzählige Konkurrenzplattformen, denn die Zukunft von LSD ist auf dem Markt unvorhersehbar lukrativ. Seit Kurzem stimmen die Menschen mehr und mehr für seinen legalen Einsatz und Versuche. Aber einige Ereignisse in der Vergangenheit haben uns gezeigt, dass Psychedelika von jeher ein umstrittenes Thema sind – im medizinischen Bereich und der Politik gleichermaßen. Bestimmte Interessengruppen ziehen in die Welt hinaus und werben für ihren Nutzen für die Menschen, während andere Interessengruppen losgehen und das genaue Gegenteil befürworten. Während der Kampf für die Legalisierung von Psychedelika weitergeht, wird die Zeit zeigen, was in den kommenden Jahren aus LSD wird.
Ähnlich wie Ulbricht, der sich auf diversen Profilen in den sozialen Medien als radikalliberaler Anhänger des Ökonomen Ludwig von Mises präsentierte, propagieren die Nachfolger eine eigenwillige Form des sozialen Anarchismus: Silk Road, heißt es in einer Nachricht, mit der neue Mitglieder willkommen geheißen werden, sei ein Rückzugsraum, eine „Möglichkeit des Entschleunigens“.

Manch ein Anbieter wirbt mit „Bio-Cannabis“ oder verspricht, das „Kokain“ sei „fair gehandelt“. Die Erlöse aus dem Verkauf gingen nicht an Kartelle, sondern direkt an Kleinbauern in „konfliktfreien“ Regionen, aus denen Kokapflanzen gewonnen werden. Andere tun sich durch angebliche philanthropische Wohltaten hervor.

Ungereimtes

In Hessen und Rheinland-Pfalz wurden seit Jahren unbemerkt IT-Kräfte von leistungsstarken IT-Dienstleistern angeheuert (habe auch Beispiele in Berlin, München und in der Umgebung von Büschel/Eifel; erfolgreiches Contactcenter, jährlicher Fachkongress, abgerufen am 10. Mai 2015) – aus einem „mafiosem Umfeld“: Ein Miethacker kostet danach die USA 118 US-$/Hour in Germany. Die US-Firma Mac Aulay Brown wirbt z.B. auf ihrer IT-Seite PC-Spezialisten von Level 1 bis Level 4 an, dann wird’s teuer: „Mit mehr als 197 US-$/Hour“.

Es lässt sich natürlich darüber streiten, was Hacker überhaupt treiben. Ihre Verspieltheit an den PCs kann es nicht nur sein. Jeder Jugendliche verbringt heute ähnlich viel Zeit an seinem PC. Es ist eine bestimmte Balance der Tugenden, Geduld und Neugier. Seit vielen Jahren lautet das Chaos-Motto: „Spaß am Gerät“. Dabei zeigt sich seit Anbeginn, dass selbst das Gerät nur Mittel zum Zweck ist. Selbst auf einer unpolitischen Veranstaltung wird aus unpolitischer Verfahrensweise eine politische durch die NSA ausgelöst. Ich finde, dass das eine typische Auslöse ist. Dabei geht es meistens um höhere Ziele, wobei damit sehr häufig ebenso unerreichbare Ziele, gemeint sind.

Hacker schufen eine Kultur des Versuchs, in der alles gemacht wird, nur weil sie glauben, dass es geht. Ergebnislos sind diese Anstrengungen nicht, wie wir kürzlich aus dem Bundestag erfuhren, wo die Aufregung um den gezielten Hackerangriff aufs interne Computernetz immer größer wurde.
Es werden auch Polizei-Behörden, speziell LKAs der Länder aufgesucht. In einem Fall wurde mir von einem Techniker berichtet, der mehr als „130 Jahre alt“ sein sollte (Jägerlatein?), im anderen Fall waren mehrere Dutzend Mitarbeiter Geister, mit Namen von Personen, die es gar nicht auf der Welt gibt!
Bei diesen Unternehmen handelte sich um „Front-Corporations“ der CIA, das erzählte Trevor Paglen auf einem Seminar im Bundeskriminalamt Wiesbaden. In einem Fall bekam er Zugang zu Akten eines Rechtsstreits über Abrechnungen, in denen sich sogar die Telefonate befanden mit den Geheimdienstzentralen (die während der Flüge geführt wurden). Trevor Paglen kombinierte seine Fotografien des Himmels mit den Daten über Unternehmen, den Flugplänen und Flugbasen von Militärbasen in Rheinland-Pfalz (nicht nur in Ramstein), die er kannte – und ging einen nächsten Schritt. Ihn interessierten nicht nur die Institutionen, sondern auch die Infrastruktur, die sie miteinander verband. Die CIA gebe ihren Kommandoeinheiten keine Namen, führte Paglen aus. Er stieß allerdings auf ein anderes Phänomen: Die Kommandoeinheiten gaben sich ihre Namen selbst, in Form von Missionsabzeichen, wie sie auch auf Uniformen zu finden sind. Da alles der Geheimhaltung unterlag, gab es keinen Grund für Beschönigungen.

Ein geheimes Kommando, das beauftragt war, ebenso geheime Transportflugzeuge zu betanken, schrieb auf sein Abzeichen: „NKAWTG“ („Nobody kicks Ass without Tanker Gas“). Entsprechend aufschlussreich waren die Symbole, die Trevor Paglen Ikonographen als Forschungsobjekt vorschlug:

> Drachen mit amerikanisch beflaggten Flügeln, die den Globus fest im Griff hielten, Zauberer mit Raketen und Schwertern, grüne Monster in der Dunkelheit.

Eine Einheit, die mit der Steuerung eines Spionagesatelliten beauftragt war, gab sich ein passendes Motto: „Wir verrichten Gottes Werk mit anderer Leute Geld“.

Mir war bereits bekannt, dass US-Militär und Geheimdienste seit ein paar Jahren in Süd-Deutschland auf private IT-Handy-Apps zuliefen, via Contractors (private Sicherheitskräfte) – Zugriff haben.

In meiner Heimat sind luxuriöse Wohnungen und Häuser (Villen) meistens in amerikanischen Händen; das wiederholt sich bis Kaiserslautern; es handelt sich nach unbestätigten Verlautbarungen um Führungspersonal aus Ramstein. Also, von wegen – die Amerikaner sind abgezogen! Vor den Häusern stehen Fahrzeuge der gehobenen Autoklasse (Porsche, Range Rover, Volvos) mit deutschen Kennzeichen, meistens KL (Kaiserslautern), KH (Bad Kreuznach) oder KIB (Kirchheimbolanden/Donnersberg). Da ist zwischenzeitlich ein Milliardenmarkt entstanden. Konzerne wie CSC, L-3 Communications, SAIC and Booz Allen Hamilton sollen mehr als „zehntausend Mitarbeiter“ eingestellt haben. Diese Firmen und deren Mitarbeiter pflegen die PC der US-Basen in Ramstein, sie warten Datenbanken der Dienste, verarbeiten Unterlagen. Und sie senden Analysten, die die Infos für Einsatzbesprechungen zusammenfassen. Alle Importanz Contractors haben so seit Jahren ihre Undercover in Europa.

Hand aufs Herz, die wirtschaftliche Entwicklung und der Geldsegen im süddeutschen Raum sind nicht nur durch die Rüstungsindustrie (z.B. Heckler und Koch) entstanden. Zum Zeitpunkt, als ich folgende Zeilen schrieb, durfte die Firma Heckler & Koch keine Waffen ohne Genehmigung der Bundesregierung ins Ausland verkaufen.

Ende 2015 – dürfen sie es! Und die Menschen im Orient dachten sich folgendes - im Rahmen der Globalisierung profitieren sie von den Waffen - Deutschland liefert sie und sie schrauben sie im Neckartal und im Rheinland zusammen.

Der Kampf der Kurden im Nord-Irak gegen den hochgerüsteten „Islamischen Staat" (IS) gehört zu diesen Realitäten. Die sunnitischen IS-Milizen scheinen jeden zu ermorden, der sich nicht ihrem ideologisch verbrämten Islam anschließt – was so nicht ganz stimmt. Milizen und verschiedene Gruppen sowie das Assad-Regime sollen sich viel schrecklichere Dinge ausdenken – jedenfalls sagen das Flüchtlinge aus Syrien.

Der mir bekannte amerikanische Journalist führte im BKA dazu aus: „Die Bundesrepublik ist einer der wichtigsten Stützpunkte der USA (in Deutschland sind es 150 Betriebe), im Fiskaljahr 2004 wurden drei Milliarden US-$ für Waffen und IT-Produkte ausgegeben." (Waffen und IT-Produkte werden auf einer Stufe genannt!)

Von Deutschland aus kämpfen die USA (und vergeben anscheinend Auftragsmorde! Nach Worten des Journalisten gegen einen Feind, der weit weg ist. Der Journalist: „Natürlich ist der US-Präsident innenpolitisch besser als Bush. Aber er ‚normalisierte' den politischen Auftragsmord!" – Als der Journalist diese Worte aussprach, klingelte das Telefon und eine unbekannte Stimme aus der CIA ermahnte den Journalisten – Jeremy Scahill – sich zu mäßigen (Interview Julia Prosinger und Björn Rosen im Tagesspiegel)! Aber Scahill fuhr unbeirrt fort: „Nicht, dass die USA nicht zuvor schon Morde angeordnet hätten!"

Aber der US-Präsident (Obama) soll gesagt haben: „Die weltweiten Ermordungen sind nicht nur richtig, sondern unser Recht." Wenn in Afghanistan, Pakistan oder Somalia US-Drohnen Terroristen beschießen, läuft das über Ramstein und Stuttgart, wo das Hauptquartier für US-Asien-Afrika-Missionen sitzt (und Shadow-Drohnen stationiert sind), ebenso anscheinend in der US-Basis in Vilseck-Grafenwöhr; die US-Luftwaffenbasis im rheinland-pfälzischen Ramstein spielt dem BKA zufolge, so nach wie vor, eine der wichtigsten Rollen bei umstrittenen Drohnen-Angriffen. „Ohne Deutschland wäre der gesamte Drohnenkrieg des US-Militärs nicht möglich", sagte der ehemalige Drohnenpilot Brandon Bryant dem NDR, WDR und der Süddeutschen Zeitung.

Nach Recherchen verschiedener Medien werden Bilder der Drohnen- und Hubschraubereinsätze in Ramstein analysiert und mit nachrichtendienstlichen Erkenntnissen abgeglichen. Zudem werde Ramstein als Relaisstation genutzt, um Steuerungsbefehle an die weltweit operierende Flotte der Drohnen und Apachen-Hubschrauber zu übermitteln.

Völlig unakzeptabel scheint für die USA das EU-Recht zu sein. Obwohl dank der Bordvideodokumentation Collateral Murder zwischenzeitlich bekannt wurde, wie US-Soldaten mit Apache-Hubschraubern und Drohnen Unbewaffnete töteten, sah das zuständige Bundesamt keine Anhaltspunkte dafür, dass der 37-jährige US-Soldat und Deserteur André Shepherd im Irak in Kriegsverbrechen oder andere Straftaten verwickelt war. Als Mechaniker sei er außen vor, zudem habe sein Einsatz bereits unter einem UN-Stabilitätsmandat stattgefunden, sei also völkerrechtlich legitim gewesen.

Frage Tagesspiegel (Prosinger/Rosen): „Wurde der Sicherheitsapparat manipuliert?“ Antwort Jeremy Scahill: „Es ist komplizierter. Der US-Präsident ist ein Exceptionalist.“ Das ist in der US-Kultur begründet: „Amerika hat einen Satz Regeln für sich selbst, und einen anderen für den Rest der Welt. Wir lernen früh, dass wir nicht nur im tollsten Land leben, sondern im großartigsten der ganzen Zivilisationsgeschichte.“ Scahill: „Sie haben doch die Reaktionen gesehen, als Osama bin Laden getötet wurde, tanzten die Leute auf der Straße, als hätte die USA die Fußballweltmeisterschaft gewonnen.“

Frage Tagesspiegel: „Sie kritisieren den US-Präsidenten dafür, dass er auf JSOC setzt, das Joint Special Operations Command.“

Antwort Jeremy Scahill: „JSOC ist 1980 entstanden, in den Nachwehen der Geiselnahme in der amerikanischen Botschaft Teheran 1979. Es gab eine Entscheidung im Pentagon und im

Weißen Haus, eine kleine Einheit zu schaffen, gewissermaßen einen paramilitärischen Flügel, mit maximaler Flexibilität und möglichst geringer Überwachung durch den Kongress. Ein Allstar-Team mit den besten Soldaten für kniffelige Aufgaben: Geiselbefreiung, verdeckte Ermittlungen in der sowjetischen Hemisphäre, Kriegsverbrecherjagd in Jugoslawien. Clinton hat JSOC für gefährlich gehalten und an einen Zaun im Hinterhof gekettet. Rumsfeld und Cheney gaben ihnen Steroide, Milliarden Dollar, höhere Dienstgrade, weltweite Einsätze. Früher sprach man flüsternd über sie, plötzlich wurden sie zur offiziellen Politik." Und der Präsident? „Der hat sie freudig begrüßt und noch mächtiger gemacht."

Anmerkung: Das „United States Joint Special Operations Command" (JSOC) ist eine Kommandoeinrichtung der US-Streitkräfte, die Verbundoperationen mit mehreren Spezialeinheiten verschiedener Teilstreitkräfte leitet und koordiniert. Sie ist dem US Special Operations Command unterstellt, führt aber keine Liste aus der die Einsätze und teilhabenden Personen hervorgehen. Im Zweifelsfall kann nicht darauf zurückgegriffen werden. Das JSOC wurde in den 80er Jahren gegründet, um als Teilstreitkräfte-übergreifende Kommando-Einrichtung die auf Terrorismusbekämpfung, Geiselbefreiung und Close Quarter Battle ausgerichteten Spezialeinheiten der US-Streitkräfte einheitlich zu führen, zu koordinieren, auszubilden, zu versorgen und auszurüsten. Das JSOC bildet im Bedarfsfall sog. Special Missions Units, kleine temporär und missionsabhängig zusammengestellte Teams, die sich aus Delta Force und Naval Special Warfare Development Group rekrutieren. Neben den schon vorhandenen Primäraufgaben werden sie auch für

nachrichtendienstliche Aufträge, Aufklärung in feindlichem Gebiet und für direkte Angriffsoperationen eingesetzt.
Frage Tsp: „Woher wissen Sie das?“
Antwort Jeremy Scahill: „Ich habe mit einem Kollegen in Afghanistan Razzien gefilmt und realisiert, dass es einen heimlichen Krieg gibt, der sich hinter dem konventionellen NATO-Einsatz versteckt, einen präventiven Krieg. Den führt der US-Präsident mit zwei Arten von Drohnenattacken: „Bei personality strikes kennt JSOC die Identität, beobachtet jemanden, tötet ihn. Beim signature strike tötet JSOC auf Grundlage von Metadaten. Die US-Administration hat quasi einen Algorithmus entwickelt. Jemand erfüllt bestimmte Kriterien, ist ein Pakistani oder Jemenit im wehrfähigen Alter, schickt vielleicht eine verdächtige SMS, könnte also in terroristische Aktivitäten involviert sein.“
Frage Tsp: „Sie finden, man sollte Terroristen machen lassen?“
Antwort Jeremy Scahill: „Terrorismus ist ein Verbrechen und wir sollten unsere demokratischen Institutionen benutzen, um ihn zu bekämpfen: Ermittlungen, Haftbefehle, Auslieferungsersuche, Prozesse. Die Idee, dass der Präsident der Vereinigten Staaten – insbesondere der, der den Nobelpreis bekommen hat und ein Verfassungsrechtler ist – als Staatsanwalt, Richter und Henker in einem agiert, ist gefährlich. Terrorismus ist real, ich habe mit Menschen gesprochen, die amerikanische Flugzeuge in die Luft jagen wollen. Aber wie wir darauf geantwortet haben, verstärkt die Bedrohung, die wir bekämpfen.“
In vertraulichen Vieraugen-Gesprächen mit einem Staatssekretär im Bundesinnenministerium wurde mir bedeutet, dass in diesem Drohnenkrieg kleine deutsche Firmen beteiligt sind,

deren Ingenieure Shadow Drohnen, warten, reparieren und die Lasereinrichtungen kalibrieren, so dass diese Firmen Infos zur Zielerfassung sammeln (Darum ist das mit der Drohnenentwicklung und dem Skandal um den ehem. Bundesminister für Verteidigung nicht verständlich. Er muss von dem Problem gewusst haben!).
Nichtsdestotrotz, die meisten Aufträge gehen an eine öffentlich nahezu unbekannte Firma … verbucht die Firma SOS-International an die bislang 61 Millionen … Informationen, die für tödliche Drohnenschläge verwendet werden konnten. … bekam fast 40 Millionen Dollar, um SIGINT-Analysten nach Deutschland zu schicken (Geo-Daten: Fachrichtung, Planetologie und Fernerkundung). „Wer ist wann wo? Auf welcher Route bewegt sich ein Mensch in Pakistan, der vielleicht ein Terrorist ist? Infos, die für tödliche Drohnenschläge verwendet werden können.“
Geospatial-Analysten verwandeln die Signale der Satelliten in bunte Bilder – und finden darin die Zielperson. Konsequenzen zieht der US-Militärapparat.
Wie sehr die USA in Deutschland auf private Unterstützung setzen, zeigt ein Auftrag an die Firma Caci (Niederlassung Heidelberg) aus dem Jahr 2002. Der US-Konzern bekam fast 40 Millionen US-$, um SIGINT-Analysten nach Deutschland zu schicken. SIGINT steht für Signals Intelligence: Informationen, die im Internet gesammelt wurden. Dabei ist Caci nicht irgendein Unternehmen. Ihre Mitarbeiter waren 2003 als Interviewer im US-Gefängnis Abu Ghraib im Irak eingesetzt, aus dem später die Bilder eines Folterskandals um die Welt gingen, indem nackte Häftlinge, aufgestapelt zu menschlichen Pyrami-

den, angeleint wie Hunde und selbst nach ihrem Tod noch misshandelt wurden – fotografiert von grinsenden US-Soldaten. Untersuchungsberichte der US-Armee kamen später zu dem Schluss, dass Caci-Leute an Misshandlungen beteiligt waren (was von der Firma bestritten wird). Die Episode zeigt aber in jedem Fall auf, dass Contractors tief drin stecken in Amerikas völkerrechtlich verbrecherischen und schmutzigen Kriegen.

Jeder fünfte US-Geheimdienstmitarbeiter ist in Wahrheit bei einer Privatfirma angestellt. Das geht aus Budgetplänen der US-Geheimdienste hervor (die später dank des Whistleblowers Edward Snowden öffentlich wurden). Snowden ist heute der wohl berühmteste Ex-Angestellte eines Contractors. Er arbeitete als System-Administrator für Booz Allen Hamilton. Die Gruppe Caci und SAIC haben zusammen in Deutschland Hunderte Millionen US-$ und € umgesetzt. Der Konzern suchte noch vor Kurzem in Stellenausschreibungen Entwickler für das Programm X-Keyscore. Nachdem der britische Guardian in London enthüllt hatte, dass der US-Geheimdienst NSA damit Bewegungen im Internet von E-Mails bis Facebook-Chats live verfolgen kann, gingen Gesuche offline.

Typisch USA, die CIA beteiligte sich sogar über eine eigene Investmentfirma an Handy-Apps, um später deren entwickelte und an die Probleme gestützte Technologie nutzen zu können. Ebenso sind die beiden verbunden: Der oberste US-Geheimdienstdirektor James R. Clapper war erst Chef des Militärgeheimdienstes DIA, dann beim Contractor Booz Allen Hamilton und kehrte schließlich zum Staat zurück – er soll die Arbeit der US-Nachrichtendienste in Zukunft koordinieren. Arbeiten, die

meist out(ge)sourced werden, wovon private kleine Unternehmen profitieren (v.a. aber der BND und CIA).
Beziehungen zwischen Privatfirmen und dem Staat waren sehr eng, dass „Contractors-Büros“ in Militärbasen bezogen wurden. Für MacAulay Brown saß bis vor einem Jahr ein Mitarbeiter auf dem Gelände des US-Dagger-Complexes in Griesheim. Der Standort gilt als Brückenkopf der NSA. Mitarbeiter von MacAulay Brown haben die gleiche Telefonnummer wie die dort stationierten Militärs (US und Bundeswehr) sowie eine eigene Durchwahl.
Von der PC-Spitze ist „Germany“ trotzdem sehr weit entfernt, sehr … weit. Im internationalen Vergleich der IT- und Internetnationen reicht es gerade einmal zu Platz fünf oder sechs – hinter den USA, Südkorea, Japan und Großbritannien. Immerhin: Verglichen mit Vorjahren hat Deutschland etwas gut gemacht, wie eine Untersuchung des Zentrums für Europäische Wirtschaftsforschung (ZEW) und TNS Infratest aufzeigt.

Die Digitale Agenda sei Querschnittsaufgabe für die Bundesregierung, betonte Brigitte Zypries. Untersuchungen wie der „Report Digitale Wirtschaft“ zeigten, wo es gut laufe – und wo es für die Politik Nachholbedarf gebe. Den gibt es nach Ansicht der Autoren der Studie tatsächlich reichlich.

In keinem der untersuchten Teilbereiche liege Deutschland auf einem Platz vorne. So ist Deutschland zwar der viertgrößte Markt für Info- und Kommunikations-Technologie. Die notwendigen Investitionen zum Ausbau des Breitbandnetzes schwächen aber das Wachstum.

Bei der Infrastruktur sei die Sättigung mit PCs und Handys erfreulich. Der „Fachkräftemangel“ verhindere, wie in vielen Bereichen Berlins, jedoch eine bessere Platzierung (als Rang sechs). Und bei der Nutzung neuer Technologien (Rang acht) seien deutsche Unternehmen vorne dabei, wohingegen Verbraucher eher skeptisch seien – etwa bei der Nutzung sozialer Netzwerke.
Vielleicht bewirkt die Initiative Kommune 2.0 als gemeinnütziger Verein eine Verbesserung der Situation (mit Sitz in Berlin) aus Wirtschaft, Wissenschaft, Verwaltung und Politik als Plattform, um gemeinsam Szenarien zur innovativen Nutzung des Internets für den digitalen Dialog zwischen Bürgerschaft, Wirtschaft und Kommunen zu entwickeln, so Wolfgang Scherer, Gründungsvorstand des Kommune 2.0 e.V.

Eine Staatssekretärin in Berlin zeigte sich im Gespräch einsichtig – aber wenig konkret in der Ausführung, denn die Handy-Apps-Förderung stellt nach ihr ein hohes Sicherheitsniveau dar, der Breitband-Ausbau und die vernetzte Industrie seien Schwerpunkte der laufenden Legislaturperiode. Die Schaltzentrale des Operation Center von Rio de Janeiro ist prominentes Beispiel für die Zukunft der Arbeit in Polizeibehörden untereinander sowie nach draußen zu den Bezirken. Wenn von Drohnen die Rede ist, dann denken die meisten von uns an Krieg. Dabei werden sie zunehmend auch im polizeilichen Bereich (Umwelterkundung) und bei der Paketzustellung demnächst (Amazon) eingesetzt, schon aus Kostengründen. Die Organisation „Shadow View“ ermöglicht Umwelt- und Menschenrechtsorganisationen gegen eine geringe Aufwandsentschädigung den Einsatz dieser Technik. Sie verfügt über unbemannte Fluggeräte und Personal, die diese per Fernsteuerung lenken. Es gibt fünf verschiedene Typen der Flugobjekte mit unterschiedlichen Reichweiten, um Missstände aufzudecken, zu filmen und zu überwachen. Der Vorteil: Man kann schnell und leise agieren, dank Nachtsichtoptik. Im Vergleich zur Verfolgung per Auto, Helikopter oder Schiff sparen die oft wenige Kilo schweren akkubetriebenen „Augen am Himmel" Spritkosten.

Eigentlich sollten Fisch-Raubzüge in Sizilien mit den kilometerlangen „Wänden des Todes" seit 2004 endgültig Vergangenheit sein. Doch trotz 1000er-Euro-Ausgleichszahlungen an betroffene Fischer sind immer noch rund 500 Treibnetztrawler aus Italien, Marokko, Albanien und Tunesien im Mittelmeer unterwegs, um vor allem die begehrten Schwert- und Thunfische zu fangen.
Ende 2003 brach ein fünfköpfiges Rechercheteam von „Black Fish" an die sizilianische Ost- und Westküste auf. Die Frauen und Männer unternahmen Patrouillenfahrten zu Inseln des Äolischen Atolls und beobachteten die Häfen, um herauszufinden, wann und wo der Fang „angelandet" wird. Zwei Wochen später stieß die Crew von Shadow View mit Quadrocopter-Drohnen hinzu.
Auch die Testphase im Aufnehmen verseuchter Gebiete mit radioaktiven Stoffen (siehe Nuklearkatastrophe von Fukushima, Japan) verlief vielversprechend: Denn es konnten Leckagen entdeckt werden. Auch westlich von Sizilien fanden sich allerhand Indizien, die auf Treibnetze hindeuten, obwohl es dafür bislang keine Veranlassung gab, da die Buchten im

Westen Siziliens eigene Netzvorrichtungen zum Heben der Tunfische aufweisen.
Dank der Drohnen orteten „Greenpeac-Aktivisten und Polizei“ (Europol) auch Schiffe, die auf der schwarzen Liste der EU stehen. Auch „Black Fish“ will weiter spähen und die Ergebnisse der Europäischen Kommission vorlegen.

„Ökodrohnen“ und „Umweltdrohnen“ fliegen nicht nur übers Mittelmeer. Sie decken zum Beispiel illegale Treibjagden in Großbritannien auf, finden Nashornwilderer in Südafrika und zählen bedrohte Schneeleoparden in Sibirien und Tibet – es ist Militärgerät, das Leben rettet.

Katastrophenschutz (Vorsorge/Nachsorge)

Für das Juli-Hochwasser-Ereignis 1997 an der Oder (im Oberteil von Wrocław/Breslau) – im Klodzko-Glatzer-Neiße-Bergland wurden im Rahmen des „Katastrophenschutzes“ auf Anforderung der Wojewodschaft Niederschlesiens eine Gruppe der BSR, FW und Polizei, ein Kriminaldirektor sowie ich eingesetzt. Polnische Wasserbauingenieure und ich hatten nach einem Ausweg für ein mögliches Bersten der Staumauer zu suchen, infolge der großen Niederschläge.

Es wurde entschieden, die Neiße-Staumauer zu fluten. Durch die polnische Landesbehörde für Wasserbau erfolgte ein Aufruf an die Tal-Bevölkerung – sie möge umgehend in höhere Lagen sich in Sicherheit bringen: Nachdem das geschehen und die Bevölkerung im Klodzer-Land in Sicherheit war – fluteten wir.

Nachdem die Wassermassen im Tal abgeflossen waren, wurden wir aktiv und befreiten die abgesoffenen Tiefbrunnen (Ziehbrunnen) vom Schlamm und Steinen mit Kreiselpumpen des THW. Junge Frauen und Männer des THW bauten eine behelfsmäßige Brücke über die Neiße, staffierten zusammen mit Freiwilligen der BSR-Berlin (Berliner Stadtreinigung, eine lustige Truppe in „Orange“) eine halbzerstörte Schule zur Notunterkunft um. Die BSRler hatten einen LKW voll mit Teddys mitgebracht, die toll bei den Kindern ankamen. Die Bürgermeister der Wojewodschaft luden uns abends zum Umtrunk ein – das waren schöne und großartige Begegnungen in den romantischen Dörfern.

Verbunden mit dem beeindruckenden Trümmerübungsgelände der 1. Rettungshundestaffel Berlin des Arbeiter-Samariter-Bundes sowie hervorragenden Pyroeffekten der Berliner Feuerwehr wurde das Setting zumindest gefühlt fast real. So gelang es sowohl den Verletzten als auch den angehörigen Darstellern ein echtes Schreckensszenario zu vermitteln, in dem die Emotionen ständig zwischen Trauer und Entsetzen pendelten. Insofern war die Übung für die übenden Einsatzkräfte der FW, des THW, des Arbeiter-Samariter-Bundes, Polkräfte und der Notfallseelsorge/Krisenintervention eine Herausforderung.

Eine Katastrophenschutzübung hatte, wie ich finde, etwas Groteskes, an denen Pol.-Kräfte aus dem Pol.-Stab und ich in der Leitzentrale mit FW-Männern und Vertretern des Senators des Inneren von Berlin saßen. Die Organisatoren der Berliner FW bauten „Cheats“ in die Übung ein (englisch Schwindel), sodass Durcheinander in nicht vorherbestimmbarer Weise entstand (das entsprach natürlich der Realität). Dabei handelte es sich um vergleichbare Tricks wie in „Cheats-Spielen“, mit denen grundlegende Festlegungen („Levels“) übersprungen wurden. Ich gestehe, dass ich das erste Mal das Ganze zunächst nicht begriffen habe und „unredliche Mittel anwendete“, wie die Kontaktaufnahme zu meiner Dienststelle über einen Polizeibeamten, der als Beobachter auf der Zuschauerbühne saß. Denn anfangs wunderte ich mich und fühlte mich im Stich gelassen. Z.B. durften wir nur über bestimmte Funk-Kanäle mit Außenstellen, so auch zu meiner eigenen Dienststelle, verkehren. Die Funkleitzentrale gab aber nicht alle Funkwünsche weiter bzw. behielt eingehende Funksprüche zurück (die Möglichkeit „zu cheaten“ wurde von der FW geschickt und raffiniert eingebaut …).

Die eigenständige Entwicklung und des Engagements im Katastrophenschutz war (vermutlich) für die Polizeiführung zu eigenständig. Das LKA wollte daher einen alten Plan verwirklichen und die mobile Kriminaltechnik des WTD der Polizeitechnischen Untersuchungsstelle, PTU, zuschlagen (was inzwischen auch passiert ist): Unter Umgehung der Dienstvorschriften wendete ich mich an den Innenminister, dieses Vorhaben zu stoppen. Ich hatte Glück, über seine „alte Dame“ aus seiner Kanzlei ließ der Innenminister mir erläutern, dass er in Länderangelegenheiten nicht eingreifen könne: Und bei einer persönlichen Begegnung äußerte er mir gegenüber, dass der Wirbel um die Geschichte ausreichen könnte, dass die Polizeibehörde zunächst die Füße still halten würde, so es dann auch passierte.

Der damalige Direktor des LKA ließ kraft seines Amtes ein Disziplinarverfahren gegen mich anstrengen, das dank der Unterstützung der Gewerkschaft der Polizei (GdP) und der Sozietät Schily, Becker & Geulen eingestellt wurde. Somit blieb zunächst alles beim Alten.

Besondere Aufträge

Zu Beginn meiner Dienstzeit am LKA entstanden erste Prototypen, z.B. die noch heute für den ABC-Spürfuchs verpasste Einrichtung zum gefahrlosen Sammeln von Luft- und Bodenproben sowie dem zurzeit noch fast unverändert bestehenden Einbau von Massenspektrometern (Spektrometer in Kombination von GC-MS) namens Quadrupol von Franzen Bruker, Bremen. Einen solchen klimaunabhängigen Mercedes hatten wir in der Rufbereitschaft – er wurde von den Umwelt-Ingenieuren eingesetzt.

Der Katastrophenschutz wird in Berlin sehr unterschiedlich wahrgenommen. Im Katastrophenschutz übergab der Bundesinnenminister Anfang November 2003 „zwanzig" Fahrzeuge in der Berliner Feuerwache Charlottenburg-Nord, zwei der Fahrzeuge bekam das LKA (WTD). Der Polizeidirektor Dir VB Umweltdelikte und ich waren zur feierlichen Übergabe anwesend.

Der Innenminister hatte sich bereits mit den Spitzen der Hilfsorganisationen und Feuerwehren zur 2. Sitzung des „Strategischen Beirats für den Zivil- und Katastrophenschutz" in Berlin getroffen. Diesem Beirat gehören u.a. die Präsidenten der fünf großen Hilfsorganisationen sowie der Polizei an; vertreten waren Deutsches Rotes Kreuz, Arbeiter-Samariter-Bund, Deutsche Lebens-Rettungs-Gesellschaft, Johanniter-Unfall-Hilfe und Malteser-Hilfsdienst. Außerdem war der Präsident des Deutschen Feuerwehr-Verbandes, der Vorsitzende der Ständigen Konferenz der Innenminister und -senatoren der Länder, Vertreter des Deutschen Städtetages, des THW und des Bundes-Verwaltungs-Amtes sowie der Vorsitzende der Schutzkommission beim BMI, Bundesinnenministerium, vertreten.

Der Innenminister betonte in einer Ansprache an die Anwesenden: Dass in den vergangenen Jahren eine stark verbesserte Zusammenarbeit zwischen Bund und Ländern im Zivil- und Katastrophenschutz und das hohe Engagement des Bundes seit 1999 bei der Erarbeitung neuer Konzepte für den Zivil- und Katastrophenschutz in Deutschland vorgesehen war. Er lobte dabei vor allem die aktive und konstruktive Rolle der Hilfsorganisationen bei der Neukonzeptionierung: „Die Hilfsorganisationen sind die wichtigsten Partner von Bund und Ländern im Zivil- und Katastrophenschutz“, so Schily. „Sie nehmen eine wichtige Brückenfunktion zwischen Staat und Gesellschaft ein. Ohne sie wäre unser vorbildliches, integriertes Gefahrenabwehrsystem nicht in dieser Weise funktionsfähig. Das Know-how der Hilfsorganisationen in ihren Spezialgebieten müssen wir noch stärker in die neue Strategie von Bund und Ländern zum Schutz der Zivilbevölkerung einbinden und besser miteinander verzahnen. Hier wird das Bundesamt für Bevölkerungsschutz und Katastrophenhilfe in Bonn als Planungs-

und Koordinierungszentrum der kompetente Ansprechpartner sein."

In der Kaffeepause entstand bei der Feuerwehr eine Diskussion über den Technikdiskursen als Teil der modernen Geschichte. Der Innenminister betonte in Gruppengesprächen, dass Techné und Technik nicht nur als ein Nebenprodukt der Moderne verstanden werden könne. Im Gegenteil, auch wenn wir heute besser verstehen, in welchem Ausmaß Technik spezifisch moderne Züge hätte, bleibt er ein untrennbarer Teil unserer deutschen Geschichte. Wenn Historiker schreiben, dass Techné und Technik vor dem Hintergrund einer Revolte gegen die Moderne – in Deutschland und Japan wissenschaftlich und technische Weiterentwicklung erfuhr, anderer, mehr autoritärer, illiberaler Arten modern zu werden scheint – so ist dies zu begrüßen.

Hintergrund der Katastrophenübung im Frühjahr war der Abschluss eines Seminares „Erste Hilfe für die Seele – in multikultureller und multireligiöser Gesellschaft. Im Rahmen dieses Berliner Seminars wurden rund 100 Personen der türkischen, der arabischen, der jüdischen und christlichen Gemeinde in Krisenintervention und Notfallseelsorge ausgebildet.

Projektleiter und Initiator dieses Integrations-Bestrebens war ein berlinbekannter Kriminaldirektor von M., der in Sachen Katastrophenschutz im Land Berlin mehr als nur einen guten Namen hatte.

Dank der guten Kontakte sowohl zu den Seminarteilnehmern als auch zur türkischen und arabischen Gemeinde konnten wir einige neue Mitglieder begrüßen. Durch eine im Vorlauf zur

Übung gesondert durchgeführte Darstellerschulung, unseren mittlerweile etablierten Handzetteln mit Tipps zur Darstellung der vereinzelten Verletzungsmuster, war dies aber keinesfalls ein Problem. Um es kurz zu machen: Wir hatten eine fantastische Übung mit einem überragenden Schauspiel unserer Darstellerinnen und Darsteller.

Der WTD wurde im Jahre 2005 in die Kriminaltechnik der PTU am Tempelhofer Damm integriert – sinnvoll? Seit Januar 2015 sind fast alle der früheren Kollegen der Umweltpolizei und des Katastrophenschutzes innerhalb der Behörde aufgeteilt worden. (10 verbliebene Beamte bearbeiten weiterhin Umweltdelikte. Der Katastrophenschutz wurde gestrichen – schade um Ausrüstung und Wissen.) Wir können daran sehen: Kontinuität in Umweltfragen oder Katastrophenschutz! spielen kaum eine Rolle – wie wir zurzeit beim Chaos bei der Aufnahme der Neuankömmlinge bemerken; bei Katastrophenschutzübungen mit den Rettungsdiensten, FW und dem THW wurde von Analog- auf Digitalfunk umgerüstet. Ziel war es, dass künftig Behörden und Organisationen mithilfe des modernen, abhörsicheren Digitalfunks kommunizieren können, um optimale und schnelle Hilfe zu gewährleisten (damals war übrigens keiner von der Polizei dabei, obwohl wir Bescheid sagten – lediglich wir Ingenieure vom WTD).

Korruption und andere Belange sind anscheinend wichtiger zu bekämpfen. Vielleicht hatte ich in meiner Lehrveranstaltung bei den Ethnologen der FU Berlin gar nicht so unrecht, wenn ich den Katastrophenschutz in der Stadt kritisierte mit: „Shitstorm or Nonsens“!

Nun – was war außerhalb der Polizei? Da versuchen die Volksvertreter uns zu umgarnen. Ich gestehe ihnen ja zu, dass die meisten Politiker gut reden können, aber nichts sagen! Und wenn sie etwas sagen, dass die meisten von uns hören möchten, was uns in Sicherheit wiegt und Vertrauen geben soll. Nichtssagendes in einem Tonfall zu äußern, das Sympathie erzeugt, aber Eigentliches nichts aussagt. Da wird uns weisgemacht, dass wir in einem „Wohlfahrts -Wohlfühl-Staat“ leben?

Probleme werden heruntergespielt, über Krisen hinweggegangen, und wer in einer Politikerrede Substanzielles erwartet, wird schnell enttäuscht. Jedenfalls bekommen wir in „Mainstream-Medien“ (MSM) dieses geliefert. Auch von meinen bevorzugten Lieblingen, z.B. im Generationsprojekt der Achtziger-/Neunzigerjahre, fand in der Regierung Schröder/Fischer 1998 seinen späten Höhenpunkt und sieben Jahre später sein bemerkenswertes und kraftvolles Ende durch die Kanzlerin Merkel.

Aber wir haben allen Grund, die Sozialutopien Deutschlands mit Skepsis zu betrachten. Der ausufernde Sozialstaat stiftet weder Solidarität noch Identität. Von Gemeinsinn oder gar Patriotismus fehlt jede Spur. Stattdessen ist es für viele Volkssport, Deutschland zu betrügen. Gelegentlich fragen Freunde, in der DDR aufgewachsene Menschen, woher die unverhüllte Aversion komme, wie sie manche an den Tag legen. Bekannt ist, dass 1968er DDRler ablehnen. Ich bin mir nicht sicher, ob das mit maoistischer Denkströmung zu tun hat, die natürlich mit alten starren DKP-Mechanismen ihre Schwierigkeiten hatte (umgekehrt könnte ich mir eher einen Schuh vorstellen). Aber die Freunde von „drüben“ sind genauso unpolitisch wie die meisten von uns hier im Westen. Aber ist es dann vielleicht die Kleingärtner- und Heimwerker-Diktatur der Gartenzwerge. Jedenfalls schuf die Heimkehr der armen Verwandten Probleme. Schließlich leiteten sie einen friedlichen, erfolgreichen Kollaps ein, so etwas schufen die ewigen Weltverbesserer des Westens nicht. Sie untergraben die pseudo-revolutionäre Wohl-Fühl-Demokratie und raubten West-Berlin den Altvorderen und insularen Kick. Gleichwohl geriet der gehobene Arbeitsmarkt in Schwung. Aufstiegschancen gab’s auf beiden Seiten, im Osten war der ein bisschen schlechter.

Schlechter dran war dort die ländliche Region. Die Abwicklung der DDR-Intelligenz passierte aber lediglich im industriellen Bereich, nicht aber auf dem flachen Land und in dort bestehenden ländlichen Betrieben und den Grundschulen.

Sachsen gewinnt allerdings bis jetzt fast jeden Wettbewerb. Und die Schulen stehen da immer noch wie eine eins. Linke West-Berliner Lehrer, die zwei Jahrzehnte vorher die revolutionäre Berufspraxis ausriefen, ließen ihre schwierigen Schüler vertrocknen und „machten“ ins brandenburgische Bildungsministerium.

Heute sind die Arbeitgeber insgesamt alles andere als glücklich mit den Mindestlohn-Regelungen. Arbeitgeberpräsident Kramer in Brandenburg klagt über "bürokratische Auswüchse" des Gesetzes - die Folgen seien unnötige Kosten und massive Rechtsunsicherheit. Auch dort, wo höhere Löhne gezahlt würden: "Der Mindestlohn zeigte negative Wirkungen auf dem Arbeitsmarkt".

Nach Einführung der EDV-Erfassung und Ausweitung der Zuständigkeit für die Polizei in West-Berlin auf mehrere Diensteinheiten sei es dem MfS bis Ende der achtziger Jahre gelungen, 80% der mehr als 20.000 Beschäftigten in der Polizei zu registrieren. Eine Unterwanderung der Polizei im Westen ist anscheinend nicht gelungen.

Ich erinnere mich, dass für mich ein Grenzübertritt Richtung Ostberlin oder Westdeutschland stets etwas Komisches an sich hatte, wenn wir vor den Augen der DDR-Grenzer „Hoheitszeichen Polizei West-Berlin" abklebten (und sie unsere Papiere kontrollierten). Manchmal gab es ein stilles Grinsen auf beiden Seiten.

Es überkam mich Gänsehaut, als ich hörte, dass in den 80er Jahren das Ministerium für Staatssicherheit und die NSA über eine umfassende Personalkartei der Polizei in West-Berlin verfügt haben soll. Das erklärten jedenfalls die Politologen Klaus Schroeder und Jochen Staadt vom Otto-Suhr-Institut der Freien Universität Berlin bei der Vorstellung einer Studie im Auftrag des Polizeipräsidenten in West-Berlin.

Das dritte von der evangelischen Kirche veranstaltete Ökologieseminar zum Thema Atomkraft fand 1986 in der Umweltbibliothek statt. Es war bereits in der Zeit des politischen Aufbruchs, in den Jahren vor der Wende, bildete die Bibliothek ein wichtiges Zentrum zur Diskussion über Umweltprobleme.

Die SED-Führung bekam anscheinend zunehmend Bedenken (Angst) vor oppositionellen Gruppen, insbesondere von der Umweltbibliothek. 1987 stürmte die Stasi die Räume, um Beweise zu erlangen. Sie stießen jedoch ins Leere.

In Ost-Deutschland tat sich im Gegensatz zu staatlichen Aktivitäten in kirchlichen und damit vom Staat unabhängigen Umweltgruppen einiges. Im Gegenzug gründete eine Gruppe der SED-Jugend 1980 die „Gesellschaft für Natur und Umwelt" (GNU). Sie sollte das gesteigerte Interesse an der Umweltpolitik in systemkonforme Bahnen kanalisieren (natürlich ein Widerspruch!). Unterteilt in 11 Fachausschüsse, wie Geoethnologie, sollte die GNU ihren freiwilligen Mitgliedern eine Plattform zur Beschäftigung mit Umweltthemen bieten. Bis zum Jahr 1987 gewann sie 60.000 Mitglieder. Der Beitritt umweltpolitischer Gruppen wie der Interessengemeinschaft Stadtökologie politisierte sie allerdings zunehmend. Eine Kanalisierung und Integration dieser umweltpolitischen Gruppen wurde im Laufe der Achtziger für den SED-Staat sehr schwierig. Nach der Wende 1989 zerfiel die Gesellschaft für Natur und Umwelt. Aus der IG Stadtökologie ging die Grüne Liga hervor. Viele ehemalige Mitglieder schlossen sich dem Bund für Umwelt und Naturschutz Deutschland oder dem Naturschutzbund (NABU) an.

Was war sonst los?

Tatortarbeit gab es auch innerhalb der Polizei, auf dem neu eingerichteten Schießplatz im Keller des LKA am Tempelhofer Damm. Der Leiter der SEK, Sondereinsatzkräfte, rief mich um Hilfe, bei „Tränen“ in den Augen. Bei Messungen beim Schießen konnten wir feststellen, dass bei diesem Schießplatz die Abluft, besonders mit der MP, – dicke Luft – erzeugte, die nicht abzog. Die Umgebungsluft war beim Feuern zweier Schützen bereits im hohen Maße mit Schmauchgasen (Schadstoffen) angereichert. Zum Schutz der Kollegen regte ich eine Nachbesserung der Abluftanlage an. Die Nachrüstung wäre allerdings teuer geworden – bedauerlicherweise blieb so die Anlage bis heute geschlossen.

In Cottbus, wo wir zusammen mit polnischer Polizei Umweltsünder stellen wollten, hatten wir keinen Erfolg, obwohl dem Vernehmen nach die Grenzkriminalität eskalierte. Wir stellten wohl einen LKW mit Anhänger voller Sprit sicher, der in Forst über die Grenze fuhr und dieselbe Ladung zwei Stunden später wieder in Deutschland als polnischen Sprit einführte. Das war wohl etwas für Kollegen vom Zoll.

Ein spektakulärer – geheim gehaltener – Fahndungserfolg gelang Zollfahndern an der deutsch-polnischen Grenze in Frankfurt/Oder. Beamte des Zollamtes stellten am Autobahnübergang nach Polen 225 Milligramm Californium und anderes Nuklearmaterial im Kofferraum eines Autos sicher. Dieser Fahndungserfolg drang nicht bis zum PP durch bzw. zu unserer Dienstelle (für uns interessant, da der Neutronenstrahler Californium mit herkömmlichen Detektoren nicht messbar ist)!

Einen Anruf aus dem Lagezentrum der Polizei: Bei Schacht- und Fundamentarbeiten wurden menschliche Skelette in der zentralen Untersuchungshaftanstalt der Staatssicherheit der DDR in Weißensee bzw. Hohenschönhausen aufgefunden. Der

Lagedienst fragte an, ob wir menschliche Skelette in Beton auf ihr Alter hin untersuchen könnten. Bei den Fundamenten handelte sich einmal um die ehemalige Großküche im Nordosten Berlins, in der nach dem Ende des Zweiten Weltkriegs ein sowjetisches Speziallager errichtet wurde. Nach der Schließung des Lagers im Oktober 1946 entstand im Keller des Gebäudes das zentrale sowjetische Untersuchungsgefängnis für Ostdeutschland (im Volksmund das „U-Boot“ genannt). 1951 übernahm das Ministerium für Staatssicherheit das Gefängnis, erweiterte es 1961 durch einen Neubau und nutzte es bis 1989 als zentrale Untersuchungsanstalt.

Aus der Literatur war mir bekannt, dass dort vor allem politische Gefangene inhaftiert und physisch sowie psychisch gefoltert wurden. Die Polizeitechnische Untersuchungsanstalt Berlin hatte das Ansinnen des polizeilichen Lagedienstes abgelehnt, die Skelette zu untersuchen. Für mich, auch als geoethnologisch Ausgebildeter, stellte dagegen das Ansinnen des Lagedienstes keine große Aufgabe dar.

Ich führte eine Siebanalyse des Mörtelsandes am Geowissenschaftlichen Institut der Freien Universität Berlin durch. Dann bestimmten wir den Mörtelanteil in unserem Charlottenburger Labor und ließen bei Prof. Mebus A. Geyh, am Niedersächsischen Landesamt für Bodenforschung Hannover, die Knochenreste auf ihr Alter nach der ^{14}C-Methode bestimmen. Die Zusammensetzung des Mörtels und das Alter der Skelettknochen wurde mit ± 125 Jahren bestimmt und reichte also in die Zeit Bismarcks zurück und nicht wie zunächst vermutet, in die Zeit der DDR oder Besatzungszeit der Sowjetunion.

Im Kanzleramt: Ich erinnere mich bei dem Verdacht auf Anthrax-Milzbrand in der Briefpost mehrmals im Kanzleramt im Einsatz gewesen zu sein. Einmal schüttelte mir der „Basta"-Altkanzler Gerhard Schröder die Hände. Na ja … Ich hatte später Gelegenheit, auch sein Arbeitszimmer im Kanzleramt zu sehen. Zunächst war ich von seinem Arbeitszimmer und dem Gebäude angetan (Gebäude wird als Waschmaschine in Berlin abwertend betitelt) – ich war enttäuscht vom kleinräumigen Arbeitszimmer und dem Inneren des Gebäudes – das sicher auch Einfluss auf die Gedankenwelt bzw. Politik hat: Das heutige Berlin übertreibt ein wenig im Pompösen und im Gewicht und deckt einiges zu – aber nicht auf „in neuen Spuren".

Mord in der Wuhlheide: Zwei junge Männer schütteten Brandbeschleuniger über einer jungen Frau aus und verbrannten sie bei lebendigem Leib. Forensiker der PTU, die routinemäßig bei solchen Delikten eingesetzt sind, fanden nichts Auffälliges im Bodensubstrat, das auf Brandbeschleuniger oder dergleichen schließen ließ. Den mit dem Fall betrauten Richtern und Kriminalbeamten der Mordkommission, kam das seltsam vor. Sie baten uns vom WTD um Hilfe. Das Gericht verfügte die Herausgabe der Bodenproben von der PTU an den WTD.

Bei Nachuntersuchungen der Bodenproben stellten wir beträchtliche Mengen an Brandbeschleunigern im Probenmaterial fest (!), das uns veranlasste den Bodenuntergrund in der Wuhlheide nochmals in Augenschein zu nehmen. In Anwesenheit zweier Beamter der zuständigen Mordkommission beprobten wir erneut den Boden am Ort des vermutlichen Geschehens: In Planquadraten durchfurchten wir den Oberboden mittels Spatel, Stück für Stück, Zentimeter für Zentimeter. An den Stellen, wo organoleptische Brandbeschleuniger offensichtlich vorhanden waren, gruben wir in die Tiefe und entnahmen dort den Boden, der mit Brandbeschleuniger und Fetten kontaminiert war. Auf diese Art und Weise erhielten wir einen Überblick der Verteilung des „Brandbeschleunigers und der Fette".

In dem Labor S. in Berlin-Kladow ließen wir die Proben analysieren, inklusive Tracer, der die geographische Herkunft des Brandbeschleunigers bestimmte: Der Brandbeschleuniger kam aus Sibirien, damit konnten wir den Kreis der möglichen Täter eingrenzen.

Die Labor-Ergebnisse ließen darauf schließen, dass die Frau auf dem Boden ausgestreckt lag und mit Brandbeschleuniger übergossen und schließlich in Brand gesetzt wurde. Menschliches Fett im Boden erhärtete diesen Befund.

Vorm Kriminalgericht in Berlin-Moabit und einer großen Saalöffentlichkeit erläuterte ich meine Theorie des Geschehens. Diese wurde durch einen Brandsachverständigen (aus Hessen) unterstützt.

Die beiden jungen Männer wurden für schuldig gesprochen und zu mehreren Jahren Gefängnis verurteilt.

Ich war wohl verwundert, als ich nach einem Jahr (oder waren es zwei?) einen der beiden Männer auf der Berliner Wilmersdorfer Einkaufsstraße in einer Mittagspause bemerkte. Er erkannte auch mich und grinste mir zu.

Der Hausmüll aus Heidelberg wurde in einer Ziegelei Saint Maurice (Val-de-Marne), Frankreich, im Großraum Paris, entsorgt.

Auf Spuren von Abfallschiebern in Sachen Lackschlämmen gelangten wir bis Heidelberg und bis zum Großraum Paris. Mit Hilfe der Heidelberger Mordkommission wurden wir zu einer Ziegelei geführt, wo der Arm einer Frau aus einem Müllsack mit Lackschlämmen ragte. Die Frau wurde von ihrem Untermieter – einem Studenten der Philosophie – getötet (er arbeitete über Nietzsche!) – mit dem Hackebeil bzw. einer Baumsäge zerlegte er die Leiche in transportable Stücke und verpackte sie in Mülltüten und gab sie zum Hausmüll.

Auf der Rückfahrt nach West-Berlin, es war der 9. Nov. 1989, sprachen uns DDR-Grenzpolizisten bei der Kontrolle im hessischen Herleshausen an: Sie berichteten, dass die Grenze in Berlin offen sei – was wir für einen Scherz hielten und einfach nicht glauben konnten. Um Mitternacht in Dreilinden angekommen, schien auch alles normal – in der Stadt allerdings herrschten unbeschreiblich chaotische Zustände – die Grenzer hatten die Wahrheit gesagt!

Abfall oder Wertstoff: Mehrmals stellten wir Chemikalien sicher. Hier z.B. Lindan bei einem Chemie- und Altwarenhändler – das Lindan in verrosteten Fässern war ein klarer Verstoß und nicht das Thema. Es ging aber auch um Chemikalien, die – nicht – nach Vorschrift der Gefahrstoffverordnung in Containern lagerten. Der Betreiber des Lagers war ein stadtbekannter

Altwarenhändler (von Beruf Chemotechniker), der diese Altprodukte aus der Chemischen Industrie der DDR sammelte mit der Absicht des Weiterverkaufs.

Zum Vergegenwärtigen der Situation: In der DDR wurde Ende der 80er Jahre ergänzend zur Ingenieurausbildung auch wie bei uns in West-Berlin diese Ausbildung zum CTA eingeführt; diese qualifizierende Ausbildung betrug nach dem vorherigen erfolgreichen Abschluss einer verwandten Berufsausbildung zwei Jahre und war mit der bei uns in West-Berlin und der Bundesrepublik vergleichbar!

Den Chemie- und Altwarenhändler, einen Chemo-Techniker, lernte ich kennen und stellte fest, dass er in Chemie ein sehr breites Wissen hatte. Seine Ordnung im vorgefundenen Containerlager war allerdings verheerend und entsprach nicht den Sicherheitsbestimmungen.

Die Industriewertstoffe aus der DDR – z.B. anorganische Salze in Gläsern, meistens mit verblichener Beschriftung – waren aber Wertstoffe und keine Abfälle, wie es das LKA gerne gesehen hätte. Diese Chemieprodukte mit der Entledigungsabsicht zu brandmarken hatte natürlich etwas – ich empfand es allerdings als ein „perverses shit happens“ in Anbetracht der Arbeits- und Entwicklungssituation und der gesetzlichen Möglichkeiten. *What else?*

Zum Schluss Anekdoten aus meiner Anfangsphase bei der Polizei: Von einem Betriebsfest wurden mein Chef (ein Polizeidirektor) und ich – obwohl wir bereits ein paar Biere getrunken hatten – mit Blaulicht zu einem Tatort in Berlin-Tempelhof gerufen. Bei einem Bodenaushub soll es einem Baggerführer schlecht geworden sein. Der Leiter der Polizeilichtechnischen Untersuchungsanstalt (PTU), Chemiker und Professor, war vor Ort und rief uns um Hilfe – denn er hatte in der Baugrube im Bodenaushub vermeintlich den Kampfstoff und das Reizgas „Weißkreuz“ mit Hilfe des mobilen Massenspektrometers festgestellt (damals bei der Polizei das „beste und teuerste“ Gerät). Obwohl wir damals noch keinen unabhängigen Vollschutzanzug tragen durften (uns fehlte das Training), wurden mein Chef und ich in solche Dinger gesteckt und marschierten im „matschigen“ Untergrund zur Kontaminations-Fundstelle – wo ich allerdings nichts Auffälliges bemerken konnte.

Kurzerhand ließ ich mich – zum Entsetzen des PTU-Leiters – aus dem luftunabhängigem Vollschutz befreien und nahm mit der „Hand“ eine Probe – organoleptisch: „Riechprobe“ genannt. Nach meinem Dafürhalten handelte es sich um Lehm, der mit einem fettigen Material durchsetzt war, aromatisch, angenehm und gut roch – nach Schuhcreme? Ich wusste, dass auf meine Nase Verlass war: Und ich kannte viele Gerüche. Mein „Riecheinsatz“ wurde chemisch-analytisch durch das Labor bestätigt – und es war … Schuhcreme!

Hintergrund dieser Baustelle war: In den letzten Tagen des Zweiten Weltkrieges befand sich vor Ort ein Sonderlazarett der Wehrmacht, das durch Brandbomben zerstört wurde, dabei wurden Lagerbestände getroffen, die abbrannten. Es kam zum Eindringen flüssiger Schuhcreme in den Untergrund. Wir konnten unser Wiehern nicht verkneifen und machten uns durch diese Aktion bei dem Professor ausgesprochen beliebt – trotzdem sprach er (als Leiter PTU) mich bei mehreren Gelegenheiten danach an, doch in die PTU-Behörde zu wechseln, was ich ablehnte: Ich wollte schließlich im „WTD“ Chef werden.

Einmal hatte unsere Chemikerin m-Kresol an ihren Sicherheitsschuhen. Sie wunderte sich wohl darüber, dass ihre Augen tränten. Auf meine Frage, wo sie herkommen würde, antwortete sie: Aus einer alten Molkerei. Für mich war der Geruch klar und deutlich „zu riechen“, für sie nicht: Kresole sind vielfach Bestandteil von Desinfektionsmittel, z.B. Lysol und Sagrotan. m-Kresol findet als Fungizid in der Landwirtschaft, in der Molkerei, im Stall Anwendung (zur Desinfektion nach einer Kalbung). Der Geruch war für mich eine Erinnerung an die Gerberei, in die mein Vater mich als kleiner Junge mehrfach mitgenommen hatte.

Zum Abschluss eine Anekdote, die ein Kernproblem mit uns Ingenieuren/Wissenschaftlern im LKA zum Ausdruck bringt: Einer der Direktoren, der u.a. mich auch einstellte, hatte an mir einen Narren gefressen und mich, es war noch in der Anfangsphase als „wissenschaftliches Arschloch“ geschmäht. So eine pauschale Schmähung ist natürlich straflos, da zu pauschal – aber darum geht es mir gar nicht – es ging mir um die Anerkennung unserer Arbeit und den Dialog, denn die wurde damals in der „Behörde geringgeschätzt“ – diese „Um-Techs“…. Der betreffende Direktor und ehem. Staatsanwalt wusste wohl auch nicht, dass in meiner Heimat, in „moselfränkischer Mundart“ der Pfalz, neben der üblichen Bedeutung – entblößtes Gesäß – ein Mensch mit einem „Bloosaarsch“ auch als fiktive Person in ausweichenden Entgegnungen überall vorkommt – allerdings als starke, übermächtige Persönlichkeit.

Das Problem mache ich deutlich mit „einen Dialog auf Augenhöhe führen". Diese Redewendung ist perfide, denn wenn sie benutzt wurde, lag nicht nur de facto eine Macht-Asymmetrie vor, sie wird durch diese Formulierung erst hervorgehoben. Derjenige, der das behauptete sagte doch, dass er den anderen auf der Höhe seiner Augen sieht. Sprich – er gibt die gewünschte Höhe vor und ist somit Bewertungs-Instanz für den Ingenieur / Wissenschaftler. Vorgeblich wurde die Meinung benutzt, um Gleichheit zwischen den sprechenden Gruppen (Personen) herzustellen. Implizit ist es aber in den meisten Fällen typischer Machtgestus vorgesetzter Polizei-Beamten gewesen. Sie verwendeten den Dialogbegriff, um vorgespielte Gleichheit zu suggerieren. In dieser Form war er Bestandteil einer Konsenskultur, in der es nicht mehr als Aufgabe betrachtet wird – Konsens herzustellen, sondern ihn zu behaupten.

Rechtsethnologische Perspektiven

Transformative Justice

Wir werden diese Szenen nicht vergessen: Müde Kinder, Frauen und Männer mit abgekämpften Gesichtern wurden bei ihrer Ankunft in den Bahnhöfen wie nahe Verwandte und Freunde umarmt, von „Gutmenschen" (das Unwort des Jahres 2015). Was sich derzeit an den Grenzen Europas und Deutschland abspielt, wirft ein besonderes Licht auf moralischethische Verfasstheit. Einheimische Helfer kamen den Neuankömmlingen mit Lächeln entgegen und streckten ihre Hände ihnen entgegen. Wenn Fremde erstmals aufeinander treffen, ist das Lächeln ein zuverlässiges Anzeichen für Vertrauen und Teilen. Wir können aber nicht ausschließen, dass unter Flüchtlingen auch Extremisten und Terroristen der ISIS und anderer islamistischer Organisationen sich in Europa absetzen. Ich kann nur auf die Gefahr hinweisen, dass auch Terroristen, die sich als Neuankömmlinge ausgeben, nach Europa bzw. nach Deutschland kommen können. Ich frage mich nur, wie die Polizei diese Personen identifizieren will, wenn diese ihre Papiere vor den Augen der Polizei zerreißen und den Beamten sagen, „dass sie ihnen gar nichts können“, sie seien schließlich auf Einladung der Frau Merkel da!

Zurzeit kommen zehntausende Menschen nach Europa, oft ohne Pass oder mit gefälschten Dokumenten. Aber diese Risiken werden unseren verantwortlichen Politikern und der Polizei bewusst sein. Nach Ausschreitungen in Flüchtlingsunterkünften warnen Polizei und Kriminologen vor möglichen weiteren Konflikten. Ursächlich dafür sei die gemeinsame Unterbringung von Konfliktgruppen und die Langweile. Auch die Langeweile steigert das Gewaltpotenzial und die Bereitschaft, sich mit Terrorgruppen zu arrangieren.

Deutschland ist 2015 zu Europas größtem Einwanderungsland geworden. Wir werden Veränderungen hinsichtlich sozialer und rechtsethnologischer Auseinandersetzungen durch die Neuankömmlinge aus den Krisengebieten haben. Es ist das Gebot der Stunde – eine Veränderung der Ordnung der Gesellschaft in Zeiten der „Globalisierung“ und „Digitalisierung“ sowie auf eine gerechte „Weltordnung“ angesichts des Zuzuges der Neuankömmlinge hinzuwirken?

Die Zeitenwende im 21. Jahrhundert hat andere Koordinaten und erfordert eine europäische Außenpolitik, die mehr im Blick hat als die Sicherung ökonomischer Interessen. Es wird das Jh. sein, in dem wir unseren Wohlstand mit jenen teilen müssen, auf deren Kosten wir ihn zum Teil erarbeitet haben und weiter erarbeiten. Das Jh. wird dasjenige sein, in die derzeit verunsicherten und orientierungslosen USA im Nahen Osten hinterlassen hat - obwohl sich das zurzeit noch als einzige Überforderung darstellt (es handelt sich um eine Zwischenwelt der Ratlosigkeit).

Die „Neuen“ kommen aus Gebieten mit einem völlig anderen Verständnis von Grundwerten, sie kommen mit einer völlig anderen Vorstellung von Solidarität und öffentlichem Eigentum zu uns. Soweit die Flüchtlinge zur Registrierung verteilt wurden, werden sie nach dem Königsteiner Schlüssel (einer Mischung aus Finanzkraft und Einwohnerzahl) auf die Bundesländer verteilt. In dieser Welt unterschiedlicher kultureller Selbstverständnisse und Traditionen entstehen „transnationale Normen“ und Institutionen, die hinsichtlich ihrer Geltung in die Zukunft einbezogen werden müssen. In unserer Gesellschaft haben wir den Konflikt anzunehmen. Das Recht ist stets Teil kultureller Vorstellungen, welche die sozialen, wirtschaftlichen und politischen Strömungen / Institutionen organisieren und legitimieren. So muss eine Analyse des Rechts dem kulturellen Kontext angepasst werden – mit Werten und

Wandel: Die Rechtsethnologie weist ferner auf Überschneidungen mit Nachbardisziplinen hin, vor allem im Recht, der Soziologie sowie Politik. Das besagt, dass wir in tiefgreifenden und rapiden gesellschaftlichen Veränderungen uns befinden.

Gegenüber den "Neuen" muss somit in unserer Konsensgesellschaft ein Kulturaustausch stattfinden. Nehmen wir erste Erfahrungen ernst, so darf die Verwaltung in Deutschland für die „Neuen" nicht die einzige Antwort sein, welche Rolle sie in unserer Gesellschaft spielen „einem syrischen Arzt oder Ingenieur sollte wirklich die Gelegenheit gegeben werden, auf „Augenhöhe einen Dialog" zu führen.

Kulturpolitik muss heute einiges leisten, um nicht wiederum zu versagen? Wir müssen feststellen, dass die Muslime zu integrieren, nicht bewältigt wurde: Es entstanden Parallelgesellschaften in Frankreich wie in Deutschland und sonst wo in der EU. Desaströse Integrations-, Sozial-und Baupolitik haben schwere Konflikte im sozialen und kulturellen Bereich begründet. Das Jahr des Terrors 2015 hat gezeigt, was geschieht, wenn Integration misslingt und immer wieder falsche Schlüsse gezogen werden. Die Terrorgefahr ist anhaltend groß – weil der Terror einen Rückhalt in den Banlieus der Großstädte besitzt (Saint-Denis, Sarcelles, Drancy). Als die Vorstädte gebaut wurden, waren sie Örtlichkeiten der Hoffnung: Juden, Christen und Muslime lebten hier zusammen. Einwanderer, Alteingesessene, Arbeiter und Studierte. Heute leben nur noch diejenigen dort, die sich keinen Umzug leisten können.

Theoretisch herrscht eine Werteordnung, die zum Teil mit dem Geist des Grundgesetzes vereinbar ist. Unsere Gesellschaft hat aber keine angemessene Antwort darauf gefunden. Sie fährt in Integrationsfragen planlos.

Wenn wir das Entstehen und Wachsen von weiteren ethnischen Ghettos durch die „Neuen“ nicht wollen - und darin muss sich die deutsche Gesellschaft einig sein, müssen wir unsere Dialogangebote, auch methodisch im Rechtsstaat neu justieren (Olaf Schwencke, FU Berlin)!

Es muss sich ein beiderseitiger Lernprozess in dieser Krise - im kreativen Dialog – entwickelt werden mit dem Ziel der Integration (der "Neuen").

Das „epochale Ereignis“, von dem Bundespräsident Gauck sprach, erfordert unsererseits keineswegs eine Abkehr von bewährter Kulturpolitik. Ihre Grundidee, die Vielfalt zu gestalten, bleibt stabil, Kulturpolitik in Europa und Deutschland muss nicht neu erfunden werden.

Was haben wir mit unserer Überlieferung den in unserem Land, den „Neuen“ zu bieten? Kein Land hat stärker als Deutschland EU-kulturpolitisches Denken in sein eigenes Handeln integriert. Toleranzkultur bedingt einen Prozess des „Brückenbauens“ (Bundespräsident Gauck).

Kreative Allianzen müssen mit den „Neuen“ möglich sein. Die ständig wachsende Vielfalt der Kultur hierzulande als Reichtum zu akzeptieren. Das bedarf allerdings eines hohen Maßes an Dialogbereitschaft - beiderseits. Hier spreche ich von Toleranzkultur; sie sollte basieren auf der Achtung des kulturpolitischen Erbes und einer kreativen Akzeptanz der Kulturen auch der "Neuen". Erinnert sei an die verschiedene Toleranzedikte

Europas, die zu Leuchttürmen der Verwirklichung von Menschen-rechten wurden (Olaf Schwencke, FU Berlin).

In einer Welt unterschiedlicher kultureller Selbstverständnisse und Traditionen entstehen „transnationale Normen“ und Institutionen, die hinsichtlich ihrer Geltung in die Zukunft einbezogen werden müssen. In unserer Gesellschaft haben wir den Konflikt anzunehmen. Das Recht ist stets Teil kultureller Vorstellungen, welche die sozialen, wirtschaftlichen und politischen Strömungen/Institutionen organisieren und legitimieren. So sollte eine Analyse des Rechts dem kulturellen Kontext angepasst werden – mit Werden und Wandel: die Rechtsethnologie weist ferner auf Überschneidungen mit den Nachbardisziplinen hin, vor allem im Recht, der Soziologie sowie der Politik. Das besagt, dass wir in tiefgreifenden und rapiden gesellschaftlichen Veränderungen uns befinden.

Die erwähnten Prozesse und Konflikte werden von mir nicht nur als Fakten sowie funktionalistisch zu beschreibende Phänomene dargebracht; ich fragte nach normativen Vorstellungen, die dabei eine Rolle spielen, also einander entgegenstehen und sich dabei auch mir als „rechtsethnologische Perspektiven“ formieren. Dazu gehören jetzige Dimensionen und Dynamik der Umwelt-Umbrüche und die daraus wiederum resultierenden Konflikte, die nicht bearbeitet wurden.

Mir ist bewusst, dass normative Ordnungen noch mehr in Krisengebieten aus dem Gleichgewicht kamen, die auf „Rechtfertigungs-Narrativen“ beruhten. Sie zeichnen bestimmte Legitimationen aus, wobei Normen und Werte verschiedenster Art (Moral, Recht, Religion) ineinandergreifen, wie Spannungen bereits hierzulande in den Aufnahmelagern an die Oberfläche traten.

Umstritten ist das „Nichtstun“ am Beginn der heutigen Situation, bei ethisch-rechtlichen Aspekten – sowie die Beurteilung im Hinblick auf Menschenrechte, vor allem das Recht auf körperliche Unversehrtheit (vor allem bei den traumatisierten Kindern unter ihnen).

Ich antizipierte aus Regelkreisen mein „rechtsethnologisches Verhalten“, politisch und wirtschaftlich, in sozialer, institutioneller und systemischer Innovation zu wirken. Ich ersetzte so bei manchen von uns den hübschen Gartenzwerg durch eine kleine hässliche Buddhafigur …

Für mich war nach meinem Wechsel aus der Boulevardpresse in die Chemie, Geoethnologie bzw. Rechtsethnologie die erfahrene Beteiligung wichtig, deshalb habe ich mich in dieser Richtung organisiert. Im Rahmen der Rechte von Ausländern und im Zusammenhang von Regeln und Sanktionsmechanismen innerhalb von Verbänden oder „semi-autonomen Feldern“. Rechtspluralismus wurde infolgedessen zu einem Schlüsselbegriff. Bis heute bin ich organisiert in verschiedenen „politischen Runden“ mit Treffen im BMI/BMZ „Bundesministerium des Inneren und für Zusammenarbeit“, so auch im „Europäischen Parlament“!

Ich stellte fest, dass es immer eines Sachverhaltes bedarf, also Tatsachen und Abläufe, die hinsichtlich Rechtsfolgen bewertet und geprüft werden sollten. Nicht zuletzt deshalb stellte § 152 Abs. 2 StPO das Legalitätsprinzip neben zureichenden tatsächlichen Anhaltspunkten, die nichts anderes meinen, als Fakten.

Meine Erfahrungen aus dem Kriminalgericht in Berlin- Moabit zeigten, dass das Ermessen bei der Anzeige von Umweltdelikten weniger von der Sozialschädlichkeit als von den vorgegebenen eigenen Zielen der Verwaltung sowie von anderen Faktoren tangiert waren. Das war besonders misslich, da im Kriminalgericht eine unterbliebene Anzeige der Berliner Sen-Stadt-Um-Verwaltung nach wie vor meistens als schuldmindernd und sogar entlastend für den Straftäter bewertet wurde. Der Strafverfolgung nach dem Umweltstrafrecht waren durch geltende Fristen (den Verjährungsfristen von fünf Jahren) zu enge Grenzen gesetzt. Insbesondere bei Verunreinigungen von Böden und Grundwasser war diese Frist dem Zeitmaßstab der beteiligten physikalischen und chemischen Prozesse nicht angemessen. Vor allem bei der Vielzahl der Metabolite aus Herbiziden oder Medikamenten, Hormonen und Röntgenkontrastmitteln, die sich über den Wasserkreislauf negativ auf die Artenvielfalt in der Umwelt auswirken. Die Hauptursache für die Degradierung von Kieslaichplätzen ist nach wie vor die Gewässerregulierung der Teilhabitate. Wehre, Dämme und Wasserkraftwerke verhindern den natürlichen Kiestransport in den Gewässern. Wir wissen noch nicht, wie mit endokrinen Disruptoren umzugehen ist und wie in naher Zukunft eine Lösung gefunden werden kann.

In diesem Zusammenhang eine Anmerkung zum Schichtdienst bei der Polizei, der nach meiner Meinung mit Gesundheitsrisiken verbunden ist (Über eine Million Überstunden haben Berliner Polizisten derzeit auf ihrem Arbeitskonto und niemand weiß in der Behörde wie diese abgebaut werden können). In der Wechsel-Schicht treten Gesundheitsstörungen im Hormonhaushalt auf, vor allem durch "Cortisol", Gewichtsprobleme (hauptsächlich bei jungen Frauen) werden von Polizeiärzten nicht gesehen und ungern angegangen, da eine kostenintensive chemische Analyse vonnöten.

Überhaupt wissen wir noch nicht, wie wir mit endokrinen Disruptoren umgehen müssen (Umwelthormone oder hormonaktive Substanzen, die durch Veränderung des Hormonsystems unsere Gesundheit schädigen) und wie in naher Zukunft eine Lösung gefunden werden kann. Die Hauptursache für die Degradierung von Kieslaichplätzen an den Wasserläufen ist nach wie vor die Gewässerregulierung der Teilhabitate. Wehre, Dämme und Kraftwerke, die den natürlichen Kiestransport verhindern (denn ausgiebiger Kiestransport bewirkt Reinigung – sollte unbedingt Berücksichtigung finden).

Gehen wir von der Zielsetzung aus, die der Gesetzgeber mit dem Gesetz zur Bekämpfung der Kriminalität in der Umwelt (auch der „Organisierten Kriminalität“) verfolgt – ist meine Einschätzung die, dass die Situation nur bedingt gerettet werden soll. Eine „bürokratische Gesetzlosigkeit“ erinnerte an verschlungene surrealistische Behördenstrukturen. Vielleicht sollten wir auch hinterherhinken und uns im Gebäude des bürgerlichen Rechts verheddern. Klar, dass alle Vorschriften gar nicht beachtet oder eingehalten werden konnten. Nicht-beachten wurde als Ordnungswidrigkeiten verwässert – das in der Regel ein Bußgeldverfahren nach sich zog. Die Höhe des Bußgeldes war vom Einzelfall abhängig und richtete sich u.a. danach, ob es sich vorliegend um schwach oder stark gebundenes Asbest handelte, ob und wie viel Arbeitnehmer von den Auswirkungen betroffen waren und vor allem, wie häufig ein Betrieb schon gegen die Vorschriften des Chemikalienrechts verstoßen hatte. Die Praxis zeigte, dass Sanktionen von Behörde zu Behörde unterschiedlich ausfallen können.

Viel gravierender war der unsachgemäße Umgang mit Gefahrstoffen oder Baustoffabfällen aufgrund der krebserzeugenden Eigenschaften, da neben der Ordnungswidrigkeit meistens auch ein Straftatbestand erfüllt war.

Ich denke mit Schaudern an alberne Diskussionen über zurückgelassene Chemie aus DDR-Werksbeständen. Das waren Wertstoffe – die veraltet waren – aber in Ordnung und unseren Wertstoffen in BR-Deutschland entsprachen. Und als alles nichts mehr nützte, versuchte die Behörde es mit der Entledigungsabsicht. O.K., da war auch was dran – doch handelt es sich um Chemie – anorganische oder organische Stoffe – das sind schließlich in aller Regel „Wertstoffe", die natürlich veraltet sein konnten, vor allem wenn sie Verwitterungsprozessen unterlagen, also falsch gelagert sind.

Sicher ging es hier im Aufbau bei der Behörde nicht um ein totalitäres politisches System, sondern um eine Art systemischer Druck, das aus der Direktionsebene bis in unsere Lebensbereiche funktionierte. Es war leider dasselbe, das Totalitäre, das ich auch bereits in der Großchemie festgestellt habe: Und als Ingenieur konnten wir diesem systemischen Druck nichts dagegensetzen. Bei den vorgegebenen Zeitnormen der Moderne handelt es sich nicht um ethische oder politische Normen, über die wir stritten, sie wirkten einfach, auch hinter unserem Rücken. Sie galten ungefragt. Eine Norm aber, die auch alle Bevölkerungsgruppen und alle Lebensbereiche durchdrang, ohne dass sie kritisiert werden kann, da nicht greifbar.

Unser Recht ist Teil kultureller Vorstellungen, welche soziale, wirtschaftliche und politische Institutionen organisieren sowie legitimieren. So sind auch die Bestrebungen der Staatsanwaltschaft Braunschweig zu sehen, die mehrere Strafanzeigen, Ermittlungen gegen den zurückgetretenen VW-Chef Martin Winterkorn aufgenommen hatte. Gegenständlich ist der Vorwurf des Betrugs durch Verkauf von Autos mit manipulierten Abgaswerten. Der Bericht von zeit.de (Zacharias Zacharakis) legte dar, unter welchen Voraussetzungen von einer Strafbarkeit (des ehem. Managers des VW-Konzerns) auszugehen war und welche Konsequenzen ihm möglicherweise drohen. Die SZ München widmet der Abgas-Affäre (Klaus Ott) einen Artikel und befasst sich mit möglichen Auswirkungen der Affäre auf Boni-Ansprüche Winterkorns; Friederike Krieger schreibt, dass die Managerhaftpflichtversicherung eine Schadensregulierung bei Vorsatz der betroffenen Manager verweigern kann, Hans Leyendecker schließlich erinnert daran, dass sich die Braunschweiger Anklagebehörde als niedersächsische Zentralstelle für Wirtschafts-Umwelt-Strafverfahren in der juristischen Aufarbeitung der sog. Lustreisen-Affäre vor gut zehn Jahren nicht durch besonderen Ermittlungseifer hervorgetan habe.

Jakob Augstein (spiegel.de) behauptete mit Recht in seinem Kommentar, dass Winterkorn vor der deutschen Justiz „keine große Angst“ haben müsse. Denn unser Strafgesetzbuch ist

„im Kampf gegen die Kriminalität der Konzerne“ zu schwach. Statt gutbezahlten Managern Verantwortung aufzubürden, sichere es eher deren Zugang zu Pensionen und Boni. Bei einem Unternehmensstrafrecht wie in den USA oder Großbritannien dagegen könnte sich ein Gericht „VW als Firma vorknöpfen“.

Hintergrund – Probleme, ob zu Recht oder zu Unrecht, als unabweisliche Konsequenz der Techné! Telekom, Siemens, Allianz, Google, Apple. Eric Schmidt, der Verwaltungsratsvorsitzende von Google, beschreibt in seinem Buch „How Google works“ die Mentalität des Unternehmens, Dinge um den Faktor zehn verbessern zu wollen und nicht um 10 %. Larry Page spricht gerne von „Moonshots“ und meint damit sehr ehrgeizige Projekte. Da geht es um Sensoren, Schwarm-Vernetzung, Mensch-Maschine-Dialoge, Datenwelten (Google & Co sind zunehmend aggressive Wettbewerber, auf dem „Automarkt“ mit Selbstfahrlafetten); heute bin ich mir gewiss, dass der Außenblick auf die Technologie zu ihrer Aufrechterhaltung fast genauso wichtig ist für den Staat wie die Binnenkommunikation. Angesichts fortschreitender Technik hatte die wachsende Bedeutung für unsere Gesellschaft dazu geführt, dass von weltanschaulichen Orientierungsfunktionen auszugehen ist!

In der Polizei-Behörde und in Berliner Verwaltungen herrscht bürokratischer Irrsinn (Verwaltungskrise). In der Straßenverkehrsordnung taucht die Polizei nur bei Unfällen auf, Falschparker auf Radwegen und in Einfahrten oder in der zweiten Reihe bleiben ungeschoren. Nirgends in Deutschland sind Polizei und Verwaltungen so überfordert wie in Berlin (ich bez. das als Verwaltungskrise) . Da kritisiere ich auch das Qualitätsmanagement, als Gremien-Unwesen, das den Beschäftigten zu abgehoben gilt und selbst an kleinen Problemen scheitert und denen die buchstabengetreue Auslegung von Vorschriften wichtiger ist als der gesunde Menschenverstand. Wenn es wirklich einmal komplizierter wird, oder im Qualitätsmanagement habe ich den Eindruck, dass zudem durch sehr frühe Fehlbesetzung vieler Stellen Blockierungen für durchgängige Ideen und engagierte Kräfte bestehen. Das neue Steuerungsmodell wurde zum Reizwort, denn es ist verbunden mit zu viel unnützer Mehrarbeit. Für budgetierte Mittel (Verbrauchsgüter) müssen Beschäftigte einen zu hohen Aufwand betreiben. In der Material-Beschaffung für das Labor und der Tatortarbeit klappte es wohl ganz gut. In vielen Bereichen größerer Beschaffungen gab es wohl nahezu ins lächerlich gezogene Rückfragen. Strukturen im Beschaffungswesen sind undurchsichtig, vor allem, dass in der vorgegebenen Hierarchie keine klare Verantwortlichkeit erkennbar ist. So trug beispielsweise die an die Stelle des investiven Plans gerückte Finanz-Bedarfs-Analyse einen deutlich stärkeren ressortinternen Charakter als in gestellten Bedarfsanalysen (z.B. an der Freien Universität Berlin – oder in DFG-Projekten Bonn Bad Godesberg, also der Provinz). Das führte manches Mal dazu, das bedarfsgerechte, bereits bewilligte Geldmittel nicht abberufen wurden. Interessant finde ich auch, dass das NSM paradoxerweise die Voraussetzung, planvolle Veränderungen in der Realität überhaupt durchzuführen zu können, in Wirklichkeit im Sinne der angestrebten Realität neu zu interpretieren und neu zu konstruieren, zugleich auch sich selbst torpedierte.

Es ist paradox: Jedes Jahr ziehen Tausende in das weltweit ausstrahlende, attraktive Berlin – um hier immer noch – in den Behörden – eine geteilte Stadt vorzufinden. Auch bei Hauptverwaltungen handelt es sich um zu große Teil-Behörden, in denen der Begriff Gemeinsamkeit nicht terminiert ist. Im Unterschied dazu hatte ich bei Ermittlungen mit Kollegen kleinerer Landeskriminalämter eine gute Unterstützung, die zum Arbeitserfolg führte. Nach einer internen Befragung ergab sich das Auseinanderweisen von Begriff und Sache, von Subjekt und Objekt und schließlich Unversehrtheit. Unter dem Auseinanderweisen von Begriff und Sache verstehen wir, dass die Identifikation einer Sache mit dem Begriff darauf beruht, dass die Gemeinsamkeit verschiedener Sachen als deren Wesen begriffen werden und die Identifikation damit etwas von der Identität abschneidet. Abstrahiert heißt das: Die Behörde übt auf die Dinge sachfremde Zwänge aus, die aus der Nichtidentität resultieren. Gespart wird an der falschen Stelle, dank dem ehem. Senator Thilo Sarrazin. In manchen Hauptverwaltungen läuft es irgendwie, die Bezirksämter (Bürgerämter genannt) brechen zusammen. Berliner Beamte und die Polizei sind in Berlin aber entmündigt. Sie haben, wie ich meine, in Teilen dieser Stadt schwere Aufgaben zu bewältigen, in denen unterschiedliche Bevölkerungsgruppen auftreten, wenn dann erst einmal die Neuen aus Syrien etwas etabliert sein werden und noch keine Arbeit haben, wird es erst richtig lustig. Aber auch bereits bei Demos, Einsätzen in der Berliner Hasenheide oder dem Görlitzer Park oder einem besetzten Haus in der Rigaer bewiesen Berliner Polizisten wieder einmal ihre Hilflosigkeit. Ich weiß gar nicht wo diese Einsatzleiter herkommen? . Ich denke auch an Straßenkämpfe auf dem Heinrichplatz zwischen Adalbert-, Mariannen- und Skalitzerstraße, da räumten die Kollegen wohl erfolgreich das Feld. Im Großkampfauftrag mit Autonomen und Schwaben sahen sie allerdings nicht so gut aus und waren ähnlich zerbeult wie ihre – historischen Gefährten – Mercedes-Benz T2, genannt „Berliner Wanne“, die eigentlich schon längst ausgemustert sein sollten.

Ich folge den Worten der mutigen Polizeibeamtin (aus NRW), Tania Kambouri: Sie sagt für 2016 voraus, dass sich einiges ändern müsste! In manchen Regionen Berlins gehört es zum links-extremen Habitus dazu, Polizei von Hausdächern mit Steinen oder Molotowcocktails zu „beschmeißen“. Und seit sich fremdenfeindliche Demonstrationen aus rechten Pegida-/AfD-nahen Kreisen häufen, prallen immer öfter links- und rechtsextreme Krawallmacher aufeinander – und mittendrin eine Polizei, die genau das verhindern will und muss, um die Demonstrationsfreiheit zu schützen und die deswegen zum Hassbild beider Gruppen wird, „vor allem aber linker Gruppierungen“.

Das muss sich 2016 wirklich ändern. Komme keiner mehr mit dem in extremen Berliner Kreisen so „beliebten Straßenkampfbegriff“, „Polizisten seien Bullen“, die grundsätzlich bekämpft werden müssen, weil sie Exponenten des „Schweinesystems“ seien. Trotz alter Feindbilder der Polizei – ist sie für viele trotzdem „Freund und Helfer“ und eigentlich verlässt sich jeder auf sie - doch ihr Tun ist oft umstritten- weil unprofihaft! Der Tagesspiegel Berlin widmete so auch der

Polizeiarbeit eine Doppelseite: Und versucht für die Polizei wieder mehr Vertrauen und Respekt herzustellen.

Dass es unter 16.000 im Straßendienst aktiven Berliner Polizisten einen gewissen Prozentsatz mieser Charaktere gibt, ist statistisch wahrscheinlich. Aber, wie ein sich auf Gewaltenteilung gründender demokratischer Rechtsstaat, braucht der eine einsatzfähige, respektierte, vernünftig bezahlte und vor allem gut ausgebildete Polizei.

Wenn die Polizei aber in Konfliktsituationen wie den benannten weder auf die Solidarität der großen Zahl treuer Bürger, noch auf Rückendeckung der Politik und auch nicht auf eine Strafverfolgung durch die Justiz rechnen kann, wird sie ihrer Reaktions-/Einsatzfähigkeit beraubt und dann möglicherweise aggressiv. Letzteres wäre eine psychologisch nachvollziehbare Reaktion: Wer mit einem bedrohlichen Umfeld konfrontiert und aus diesem heraus mit brutaler Gewalt attackiert wird, reagiert wahrscheinlich, selbst genauso, um nicht zum Opfer zu werden (Polizei in Formation angetreten, ist unbeweglich und für die Einsatzleiter schwer zu Händeln).

Sage niemand, so würden Exzesse vorab entschuldigt. Aber die Politik muss signalisieren, dass sie Gewalt gegenüber Polizei nicht länger hinzunehmen bereit ist. Es reicht nicht, wenn solche Bekundungen der Solidarität nur aus der CSU/CDU kommen. Die Berliner Sozialdemokraten haben in mehreren Mitglieder-Befragungen zu ganz anderen Themen zu erkennen gegeben, dass ihr Denken und ihre Vorstellung von Führungspersönlichkeiten genauso bürgerlich wie in der CSU/CDU sind.

Vor allem aber geht es um die Reaktionen aus der Justiz. Wenn der feste Wohnsitz auch nach der x-ten Straftat ein Freibrief ist, Täter vor dem Prozess wieder laufen zu lassen, Täter, die dann prompt Zeugen unter Druck setzen oder neue Straftaten begehen, macht sich der Rechtsstaat lächerlich. Wenn die Polizei uns schützen soll, braucht sie selber Schutz. So einfach ist das rechtsethnologisch.

Generell kommt erschwerend zur desolaten Lage in Berlin hinzu, dass im Herbst 2016 gewählt wird, sich politische Akteure gegenseitig die Verantwortung für alles zuschieben, was nicht gut läuft. Meiner Meinung nach sind das keine Probleme mit den „Neuen“, sondern Wachstumsprobleme, denn Berlin wird allmählich eine echte Metropole (vier Millionen). Die Krise der einzelnen Bezirke - die bevölkerungsmäßig ja bereits Großstädte sind, ist eklatant. Ein zerstrittenes Bündnis wird die Misere technokratisch verwalten, mit einer Politik kleiner Schritte und zaghaften Kurskorrekturen, die den großen Problemen nicht adäquat entsprechen.

Zum Abschluss eine Idee zum leidigen Problem BER, der nach der Eröffnung bereits viel zu klein sein wird. Warum springen Verantwortliche nicht über ihren Schatten und verhandeln mit den aufstrebenden Sachsen in Halle-Leipzig, um den benachbarten Airport des hauptstädtischen Flugverkehrs auszubauen? Eine vernünftige und schnelle Verkehrsanbindung von und nach Berlin gibt es bereits.

Ich weiß, ….Ausnahmen des Nachtflugverbotes bestehen auch dort für Rettungsflüge sowie hoheitlicher Flugverkehr für

Politiker, Polizei und Militär. Und es bestehen Ausnahmen für Fracht- und Postflüge....

Wie bei vielen Berliner Behörden, besteht in der Polizei eine Überalterung; sie braucht den Nachwuchs (junge Frauen wie Männer). Daher versuchte es die Behörde mit starker Altersdurchmischung in den Dezernaten und erhöhte auch ihren Migrantenanteil. Beides sollte den interkulturellen Austausch erhöhen, und sollte neuen Schwung in die Arbeit der Kieze tragen – das soll vor allem mit der Verstärkung geschehen (so der Finanz- und Innensenator). Aber dazu müssen mehr Polizeibeamte zu eigenverantwortlichen Tätigkeiten ausgebildet werden.

Der Kopf der PP-Behörde dürfte in Zukunft nicht mehr so abgehoben sein. „Oben" verstehen sie nicht mehr, wo bei ihren Einsatzkräften der Schuh drückt. Dienstleiter erhalten ihre Vorschriften ohne nähere Erläuterungen. Die vorgesetzte Dienststelle hat, überzogene Vorstellungen. Ich hatte den Eindruck, dass Ergebnisse von vornherein feststanden und Eruierung so zur Situation daneben gingen, weil die Leitungsebene aneinander vorbei delegierte und nicht miteinander reden. Sicher, viele Probleme führe ich auf den Einfluss der Verwaltungsakzessorietät und Sparkurs des ehem. Senators Thilo Sarrazin zurück. Diese Einflüsse spiegeln sich bei den Delikten, wie auch im Nebenstrafrecht, sowie Personalstärken. Die Berliner Polizei stellt sich für 2016 neu auf mit der „Direktion Einsatz" für „herausragende polizeiliche Lagen": Mit 5500 PolizistenInnen wird die neue Direktion die größte von insgesamt sieben Direktionen in Berlin sein. In Berlin fehlen darum immer noch zu viele… die Folgen solcher Unterbesetzung werden sich in der Zukunft der Hauptstadt rächen.

Beim Nachdenken über Kriminalität an der Umwelt und die in ihr herrschenden Prinzipien über Ansätze der Gerechtigkeit beinhaltet die Auffassung einer sozialpolitischen Grundordnung und Reaktion auf die Konflikte. Sie gilt im rechtsethnologischen Bereich und verwendet einen Systemansatz, wie Steuerung, Rückkopplung, Homöostase (bez. die Aufrechterhaltung von Gleichgewichtszuständen), zur Lösung von Problemen generell und auch für die Ursachen des Geschehens. Sie versucht, Straftaten als transformative Beziehungschancen für Opfer, Täter und Mitglieder der betroffenen Gemeinschaft auszuloten.

Politisch hatten wir in Deutschland Glück und eine einmalige Chance, als die Mauer zwischen der DDR & der BRD fiel (1989), dabei entwickelte sich eine Situation aus dem Streik in der Danziger „Leninwerft“ (Aug. 1980). Dass so etwas ging, das haben vor über 30 Jahren und auch noch mittendrin – nur die wenigsten erwartet – vor allem friedlich, wenn ich an bereits aufgefahrene Panzer in Außenbezirken von Leipzig denke. Es ist in der Rückschau verblüffend, wie weit weg von der sich entfesselnden Kraft doch diejenigen waren, die sich dem Lauf der Zeit und den Dingen am nächsten wähnten. Vorangetrieben werden nun – neue Gedanken – von der nicht organisierten Zivilgesellschaft, in Pionierhochschulen/-Instituten, von Vorreiterlandesregierungen und von Stiftungen und auch von studentischen Initiativen und Freiwilligen getragen. Der Gewerkschafter aus dem Westen bot den politischen Gegnern einen fairen Umgang an und präsentierte sich als Brückenbauer nach dem Vorbild von Johannes Rau mit „versöhnen statt spalten“. Ein Versprechen ist natürlich noch keine Tat und die Widerstände in „Der Linken“-Partei gegen eine Aufarbeitung der Geschichte der DDR immer noch groß. Doch das Angebot für den Dialog zwischen Opfern und Tätern verdient eine Chance.

Das bedeutete für Berlin: Dass es seit der Wiedervereinigung und dem Internationalitätsschub der späten 2000er Jahre eine andere Stadt geworden ist (und Deutschland ein anderes Land). Es sind aber nicht nur die Veränderungen – nicht nur Bereicherung – es sind auch die Ursachen von Argwohn und Furcht herauszustreichen: Angst vor Armut und sozialem Abstieg im Mittelstand. Wir müssen in Berlin heute nur einmal mit der Ringbahn fahren und in die abgekämpften, müden Gesichter blicken, um zu wissen, wie es einem Teil der Bevölkerung in Armutsverschärfung und Globalisierung geht.

Soziologischer Blick

Bei großen Unglücken fragen die Menschen: Warum trifft es gerade mich? Meine Angehörigen …? Warum gibt es Leid und Böses in der Welt? Fassungslosigkeit äußerte der Bundespräsident beim Staatsakt im Kölner Dom für die Opfer der Germanwings-Katastrophe (April 2015) – war es sein Versuch der Betrachtung von innen?

Ein wesentlicher Schritt war in seiner Diskussion nicht die Differenzierung des Übels aufgrund der Ursachen, die Leid erzeugen: Denn das malum physicum basiert auf den Auswirkungen natürlicher Prozesse oder dem mutwillig herbeigeführten Flugzeugabsturz, wohingegen das malum morale, das auf Verfehlungen des freien Wesens beruht, die eine Freiheit missbrauchte und anderen Lebewesen Leid zufügte. Gottfried Wilhelm Leibniz fügte noch eine dritte Kategorie hinzu, das malum metaphysicum, das auf der ontologischen Unvollkommenheit des Menschen gegenüber Höherem beruht.

Jedes System interessiert sich nur für solche Fakten und Prozesse, die seiner Existenz und seiner Erhaltung dienen. Auch hier stehen im Mittelpunkt – interne systemerhaltene Prozesse, während von der Außenwelt lediglich der Teil wahrgenommen wird, der den Erhaltungskräften dient oder diese gefährdet. Lediglich das Eigeninteresse veranlasst: Ein System, seine Umwelt zu beobachten.

Einer der Postdocs prophezeite in einem meiner Lehrveranstaltungen an der Freien Universität, wie es sein kann, dass wir Menschen in der für uns besten aller möglichen Welten „möglicherweise“ leben – und über das Maß des Alls uns z.T. erheben.
Meine Antwort: Wir gehen davon aus, dass das Universum mit physikalischen und chemischen Gesetzen sowie Naturkonstanten ausgestattet und in seinen Zirkeln abgestimmt ist, im „Anthropozän“ sagen die einen, dass alles stimmig ist und dass ein höherer Wille wohl dahinterstehen muss, der oder das den Menschen hervorbrachte oder gar zerstört. Und wir können mit anthropischem Prinzip sagen, dass es da und dort Universen gibt – in denen intelligentes Leben in Betracht kommt, doch scheint es da und dort in Frage gestellt zu sein. Menschen wie

Luhmann sagen auch, dass beobachtbare Universen deshalb sichtbar sind, weil sie alle Eigenschaften haben, die dem Beobachter Leben ermöglichen. Wäre es nicht für die Entwicklung bewusstseinsfähigen Lebens geeignet, so wäre auch kein Lebewesen da, das es beschreiben könnte. Wir betrachten die Menschen quasi als Umwelt-Ingenieure – in der zweiten Führungsebene.

In der Feinabstimmung der physischen Systeme wird das Anthropozän als eine Abstimmung der Größe von Naturkonstanten in den gegenwärtigen physikalischen Theorien angenommen, die notwendig erscheinen, um den physikalischen Zustand des beobachtbaren Universums zu erklären. Das ist natürlich vom menschlichen Gehirn zu unterscheiden, was ein organisches System ist (es ist allerdings umstritten, ob es diese Feinabstimmung tatsächlich gibt, ob diese notwendig für die Erklärung der Natur ist oder ob diese eine Folge unzureichender, unvollständiger Theorien ist). Techniker setzen das Anthropozän mit der vierten Revolution gleich: Die Verschmelzung der realen mit der virtuellen Welt durch Sensorik und heutiger Robotik; zum anderen die globale Vernetzung von Maschinen und Werkstücken über das Netz (z.B. in den Raumschiffen).

In der englischsprachigen Literatur wird statt Feinabstimmung auch der Begriff Anthropic Coincidence – Anthropische Koinzidenz – verwendet, das ebenso wenig eine fachinterne Angelegenheit der Geohydrologen wie das Ozonloch ein Phänomen ist, welches nur für Chemiker und Stratosphärenforscher von Interesse ist. Ein Universum ist naturgemäß beobachterfreund-

lich. Von einem mit Menschen besiedelten Universum oder All auf einen tieferen Sinn zu schließen, ist natürlich ein fragwürdiges Unterfangen. Denn diese Annahme unterschlägt, dass der Kosmos nur ein Zufallsprodukt ist oder es andere Universen ohne Beobachter geben könnte.
In der Theodizee geht es auch um die Frage, warum Kriminalität vorkommt, wenn doch Allmacht, Willen im Kosmos vorhanden sind, die in Staatsgebilden der Welt auch die Kriminalität verhindern könnte. Der Hinweis auf Leid als religionskritische Frage im Überirdischen ist bereits in alten Kulturen zu finden.

Unter einem Oberregierungsrat des Bundeskriminalamtes (habe ich zusammen im Bundesministerium des Inneren in der Nuklearen Nachbereitung in Bonn gearbeitet), da lernte ich einen bekannten amerikanischen investigativen Journalisten und die Philosophin Butler kennen, in dem ich über gerichtsverwertbare Umweltarbeit sprach. Zusammen mit den beiden bereitete ich Themen – Fragen der Umwelt-Ethik, Gewaltlosigkeit und Gender Role & Identity – für die Arbeit in den Behörden und dem Gericht vor, denn Rassismus, Sexismus und Homophobie sind in unserer Gesellschaft immer noch ein Problem: Aber nach Judith Butler ist das biologische Geschlecht niemals in Reinform zu fassen, sondern nur über Sprache und Normen!

Erfreulich stellte ich dazu fest, dass es in der Dienststelle kaum Unterschiede zwischen Männern und Frauen gab: In der Not an geeigneten Personen war die Ansicht der Biologie sehr weit – warum müssen wir auch immer Frauen mit Männern vergleichen? Das tun wir im Sport auch nicht. Lapidar konnte ich das zu vielen Frauen in meiner Dienstelle sagen, denn sonst wäre die Evolution sinnlos gewesen. Natürlich taucht die Frage auf, wozu auch zwei Mal die gleiche Simulation entwickeln? Beide Geschlechter haben Stärken und Schwächen, die sich ergänzen. Leider zeigte sich im Seminar des BKA auch, dass Männer und Frauen in vielen Bereichen und dem Militär nur z.T. gleich sind, obwohl es bei den Peschmergas Kurdistans heißt: „Die dem Tod ins Auge Sehenden“ – eine Realität der Nichtrealität bei den Erfolgen gegen den IS.

Aber ich bin überzeugt, dass selbst diejenigen, die sich an antiautoritären Thesen reiben, nicht umhin können, sich einzugestehen, dass in Israel etwas passieren müsste (in der Zweistaatentheorie, in der Umweltpolitik, Siedlungs- und Wasserpolitik des Westjordanlandes), obwohl Premier-Minister Benjamin Netanyahu es letztens wieder geschafft hat.
Viele wissen hier nicht, dass seit 1967 die israelische Regierung Häuser von Straftätern und deren Familien zerstört. Die Häuser werden entweder abgerissen oder mit Beton versiegelt und so unbewohnbar gemacht. Für die Behörden ist das keine Straf-, sondern eine Abschreckungsmaßnahme. Hier in Berlin sind wir z.T. weiter. Ja – ich bin trotzdem etwas verblüfft über den Gruß „Schalom Aleikum“: In Cottbus wird eine Kirche in eine Synagoge umgerüstet – in Berlin-Mitte soll ein gemeinsames Haus des Buches entstehen. Im „Runden Raum“ sollen sich die Söhne Abrahams zusammenfinden. Das Berliner Poesiefestival untersuchte lyrische Qualitäten von Thora, Bibel und Koran. Wohl wissend, dass die Offenbarung des Korans in der Schönheit der Sprache liegt und deutsche Muslime der

„Islamischen Gemeinschaft Milli Görus“, IGMG, nicht mehr als Gesetzestreue abverlangen. Die ankommenden Muslime aus Syrien beflügeln anscheinend die Saudis, 200 Moscheen in den nächsten Jahren in Deutschland zu bauen (das sollte nicht zugelassen werden)!
Wir setzen nach außen hin in politischen Gebäuden auf Transparenz, mit offenen Türen. Da ist es beabsichtigt, dass Muslime einmal an einem jüdischen Gottesdienst oder Juden und Christen an einem muslimischen Freitagsgebet teilhaben. Und jede behält ihre eigenen Rituale. Aber Gebete für Frieden, Liebe, gute Nachbarschaft, gegen Gewalt sowie Terror/Grausamkeit – die in allen Religionen gleich sind –, wie einst am Wegesrand der „Silk Road“, in der jedoch nicht die Religion zusammenschmolz. Es war ein friedliches Beisammensein.
Das sollte das Zeichen sein. Ganz so, als sollte wieder einmal deutlich werden, worin das größte Hindernis für Fortschritte besteht: Palästinenser und Juden erkennen das Existenzrecht Palästinas an; täten sie es, jede Regierung in Jerusalem, auch die von Netanyahu, müsste sich bewegen und würde sich bewegen. Dann wäre nicht aufzuhalten, worüber sich alle längst klar und im Grundsatz einig sind: Zwei Staaten mit Grenzen entlang der Grünen Linie von 1967. Einige Siedlungen behielt Israel, im Gegenzug erhielten die Palästinenser andere Gebiete. Mit Jerusalem als Hauptstadt beider Staaten. Nur eine Einschränkung gäbe es: Der Staat Palästina wäre militärisch eingeschränkt souverän.

Und ich bin sicher, dass die Stimme der Philosophin Butler nicht nur gehört, sondern Gewicht haben und wahr-

/ernstgenommen wird und dies unweigerlich nicht immer mit Wohlgefallen. Solche Begegnungen und Auseinandersetzungen im Bundeskriminalamt erhöhten meine Arbeit in Berlin – gleichsam therapeutisch –, auch die Idee für Gerechtigkeit (transparente – justice) zu erringen, trieb mich um.

Natürlich dürfen wir uns keineswegs Personen mit Teufelsmasken oder Ähnlichem vorstellen. Die Geistwesen Luzifer und Ahriman stellen im Umfeld das Wesen des Bösen dar – katastrophale Umtriebe der Nazis oder des sogenannten Islamischen Staats, der sich ja nicht weit von Europa (der EU-Bürokratie) ausbreitet. Der zu Hybris neigende Feuerkopf Luzifer erschien im Fanatismus religiöser und nationalistischer Fundamentalisten. Ahriman war das kalte Herz des Sünders. Natürlich sind das Bilder, wie wir uns das Böse vorstellen. Die Frage nach dem Sinn des Bösen stellt sich nicht nur hier in unserer Umgebung in Deutschland und Europa, sondern auch in den USA, wo das Attentat auf das WTC die Welt veränderte und Diskriminierung von Minderheiten, besonders von Afroamerikanern, allgegenwärtig ist.

Die beiden Amerikaner sprachen über die Hybris – USA und Israel – in der Welt, den Einsatz von Privatarmeen und Drohnen (Predators: Locust scheint das Drohnensystem der Zukunft zu sein, das auf einer Schwarm-Technologie aufbaut) und noch effektiver schmutzige Operationen (z.B. Auftragsmorde) aus Stuttgart, Grafenwöhr, Landkreis Neustadt an der Waldnaab/Oberpfalz in Bayern starten können.

Überhaupt finde ich die Haltung der USA gefährlich. Die Hybris USA bedeutet „Hochmut", „Selbstüberhebung". Inzwischen wird das Wort Hybris als Synonym für die genannten Bedeutungen benutzt, wobei der Begriff das moralisch Verwerfliche betont. Dabei ist die dahinterstehende Strategie mehr als fragwürdig – in Zeiten, in denen islamistische Terroristen (IS) uns in Syrien demonstrieren, wie sie mit einfachen Mitteln verheerende Zerstörungen anrichten.

Mir war schon bekannt, dass die USA und auch Russland in vielen Dingen anders als der Rest der Welt ticken, vom Waffenrecht bis zur Terrorabwehr und der Umwelt ganz zu schweigen. Zu diesem Punkt wurde mir berichtet, dass im Boden der dortigen US-Kaserne in Katterbach per- und polyfluorierte Chemikalien in Löschschaum und im Flugbenzin vorkommen, die 800 Mal höher liegen als im Boden des Nürnberger Flughafens.

Ich finde, dass bei den US-Amerikanern vieles Chuzpe ist: Auch wenn ein Mann wie der US-Friedensnobelpreisträger Obama die Fähigkeiten seiner Militärs und Dienste lobt und daraus Pflichten seines Landes für die Weltsicherheit ableitet, gehört das doch auch für mich wie die Hybris aus dem Bereich Luzifers – der sich gekonnt in der Welt darstellt.

Ich halte es mehr mit Präsidenten wie Clinton (mit oder ohne Lewinsky-Affäre). Bei ihm verspürte ich noch etwas Menschliches.

Trotz allem Hochmut befindet sich die USA seit dem Irakdesaster in einer Krise, sowohl ökonomisch als auch in ihrem Selbstvertrauen. Inzwischen wächst wohl die Wirtschaft wieder – von Fachleuten werden 2015 3,5 % erwartet. Die Menschen sind wieder in Arbeit, in der IT-Branche ist die Wirtschaft unangefochten Spitze. Teure Kriegseinsätze im Vorderen Orient sind größtenteils beendet und haben ein Feld der ausgebluteten Leere hinterlassen, das Außenminister Fischer seinerzeit richtig charakterisiert hatte mit: „Sorry, I am not convinced." Am Vorabend des Dritten Golfkriegs lieferten sich Donald Rumsfeld und Joschka Fischer einen historischen Schlagabtausch – das Rededuell markierte einen Tiefpunkt im transatlantischen Verhältnis und eine Sternstunde der Konferenzgeschichte.

Amerika setzt heute nach gewaltigen Niederschlägen im Vorderen Orient wieder mehr in seinem Inland um und ein.

Innere und äußere Mächte haben sich Europa und der US bemächtigt und zurückgeblieben ist „Mediokrität" – in der EU abgeleitet von „Merkelisierung", die auf Vernetzung aufbaut. Schattenmeister haben die Kontrolle übernommen, listige Irreführungen fesseln vordergründig die Aufmerksamkeit, während die zugrundeliegenden Aktionen die Völker der Erde um ihren Wohlstand bringen. Hier von Krise zu Krise werden wir veranlasst, uns auf eine Seite zu schlagen, die ihre Rolle in diesem – Drama der Geschichte – schlägt. Mediendarstellungen erschufen ein neues Feindbild? – Pegida bis Charlie Hebdo und der Anschlag in Paris sind dessen Folgen?
Die Übergangssituation zeigt schnell auf, wer über das sensible Foresightnäschen verfügt und eine schnelle Lernfähigkeit an den Tag legt – aber das muss die Behörde zulassen. Sei es der Umgang mit Bundes-, Landes- und Kommunalbehörden – zurzeit mit den Neuankömmlingen, die jeweils deutlich Unterschiede in Verhalten und Lernfähigkeit aufzeigen und ver-

schiedene Grade an Zukunftsrobustheit vermuten lassen. Konzepte wie Open Innovation, Ideen- und Innovations-Wettbewerbe, Lead-User-Analysen, Design Thinking und vieles mehr erlauben es schnell und systematisch, zu neuen Lösungen, Produkten, Dienstleistungen oder Prozessen zu kommen.

Spektrum der Handlungen

Natürlich kommt jetzt die Frage – was hat „Autoritätsverlust der Polizei" mit Umweltkriminalität zu tun? Alles und nichts ... Klar können wir sagen. Auch diese richtet sich gegen – gesetzlich geschützte Güter. Das Spektrum der Handlungen, die zur Umweltkriminalität gezählt werden, reicht vom Bagatellbereich, dem Wegwerfen einer Dose oder Schachtel im Naturschutzgebiet, bis zu großflächigen, auch irreparablen Schädigungen/Kontaminationen des Trinkwassers und der Pflanzen der Regionen, Verschmutzung ganzer Landstriche (z.B. in den Weinregionen meiner Heimat) durch das Herbizid Glyphosat sowie Nitrate und, und, und „Machotums" in Gesellschaft und auf den Trecks.

Uns muss aber bewusst sein, dass viele muslimische Machos in „gnadenlosen patriarchalischen" Strukturen sozialisiert wurden und z.B. Frauen, die nachts oder gegen Morgen auf dem Nachhauseweg sind – als Schlampen und Freiwild ansehen. Wie Frauen in Hamburg und auf der Domplatte in Köln durch Gassen junger, lärmender Männer in der Silvesternacht (2015/16) laufen müssen und sexuellen Übergriffen ausgesetzt waren, haben eine heftige Diskussion ausgelöst: Zur Sache, Christlich sozialisierte Machos sind, angepasst – aber ähnlich rabiat, wie ihre muslimischen Artgenossen. Für Männer aus muslimisch geprägten Ländern scheinen die Frauen in Deutschland keine Ehre zu besitzen. Das führt unweigerlich zu Irritationen. Dennoch kann der Großteil muslimischer Männer diese unterschiedlichen Rollenbilder akzeptieren, mit der Differenz leben und sie in ihr eigenes Weltbild integrieren – mit Hilfe.

In Erinnerung: In unserer Gesellschaft wird auch immer noch einiges verklärt, da geht es auch um Macht. Ein Nein ist im Sexualstrafrecht noch immer kein Nein! Verurteilt werden Begrapscher und Vergewaltiger erst, wenn sie Gewalt anwenden und Frauen Widerstand leisten! Das Recht des Mannes auf Sex, nicht aber das der Frau, ihn zu verweigern - wird in unserer Gesellschaft immer noch als selbstverständlich angesehen, obwohl im Strafrecht papiermäßig seit 1997 eine Änderung bereits durchgesetzt. Aber in der Alltags-Praxis des Sexualstrafrechtes hat hierzulande niemand etwas rum „zu rödeln“ (vor allem nicht unter dem Bett). In der Praxis erstrecken sich die Ufer sehr weit. Etwas Auffrischung der Erinnerung, vielleicht etwas mehr Gelassenheit - für Frauen in Deutschland: „Der Bundesgerichtshof hat kürzlich Männer freigesprochen, weil Frauen sich nicht ausreichend gewehrt haben“! Nach geltendem Recht ist eine sexuelle Handlung gegen den ausdrücklichen Willen einer Frau nicht zwangsläufig strafbar. Weint die Frau oder sagt sie "Nein", reicht das nicht aus! Und nur bei konkreten Umständen wird Geschlechtsverkehr als Vergewaltigung anerkannt: Wenn von dem Mann mit Gewalt oder mit Drohungen für Leib und Leben der Frau der Geschlechtsakt erzwungen wird, oder wenn der Täter eine schutzlose Lage der Frau ausnutzt.

Polizeibeamten sind frustriert. Nehmen sie einen jungen Täter fest, reicht das Delikt nicht für eine Haftstrafe. Die gehen aus dem Gericht und lachen über uns, sagte einer der Gewerkschaft der Polizei. Das liegt an administrativen Unzulänglichkeiten und praktischen Hindernissen.

Fazit: Mir ist durchaus bewusst geworden, dass die Strafprozessordnung schließlich vom Streit um das Recht lebt. Mir wurde bewusst, dass dies aber nicht der Wirklichkeit entspricht.

Schlampagnerstündchen

Dienstliche Ereignisse und schwierig verlaufende Situationen verzauberte ich durch aufmunterndes Beisammensein. Dazu tranken wir köstlichen Riesling von „metamorphem Gestein“, Weine gewachsen auf Phyllite, Glimmerschiefer, Gneis und Quarzit.

Wir „lümmelten“ uns am Lagerfeuer unter dem Ahorn im Berlin-Steglitzer Garten und schnupperten den Duft aus dem Spezialbeet, als wir es dem Feuer zugaben. Tetrahydrocannabinol, THC, zählt zu den psychoaktiven Cannabinoiden und ist der rauschbewirkende Bestandteil der Hanfpflanze. THC unterliegt in Deutschland den Bestimmungen des Betäubungsmittelgesetzes. Zu THC möchte ich trotz vieler Unkenrufe Folgendes bemerken: Mein THC-Anteil im Garten ist bei „Beschallung durch klassische Musik“ (z.B. von Mozart-Klaviermusik) deutlich höher in der Ausbeute (!), als wenn ich mit Hardrock beschallt habe. Außerdem war es besser im Geschmack, wie ich mir hab sagen lassen, denn Cannabis-Pflanzen haben sensorische Fähigkeiten, sie „hören“ gerne harmonische Musik, „sehen“ und „fühlen“ wie Weinreben, eine Beobachtung. Ich weiß, dass traditionellen Botanikern an der Freien Universität die Haare zu Berge stehen, wenn sie, wie Dieter Volkmann vom IZMB Bonn und Fachkollegen aus West-Deutschland, sensorische Fähigkeiten beim Grünzeug herausgefunden haben wollen.

Ich hielt es stets mit Luhmann, der beobachtete, dass Kommunikation in sozialen Systemen ähnlich abläuft, wie die Selbstreproduktion grüner Pflanzen. Ähnlich wie diese Stoffe etwas aus der Umwelt aufnehmen, das für ihre Selbstreproduktion relevant ist, nehmen Kommunikationssysteme in ihrer Umwelt das wahr, was zu ihrem „Thema passt“. Der „Sinn“ ist für Luhmann ein Mechanismus zur Reduktion von Komplexität: In der Umwelt wird nach bestimmten Kriterien nur ein kleiner Teil herausgefiltert; die Grenze eines sozialen Systems markiert somit eine Komplexitätsdifferenz von außen nach innen. Statt von einem „autopoietischen System“ mit einer „Grenze“ spricht Luhmann auch von einer „Form“ mit einer „Innen-“ und einer „Außenseite“. Systeme, die sich permanent selbst erzeugen.

Rauchen tat es niemand! Wir nippten hin und wieder etwas „Vin Mariani“. Die betreffenden Kollegen – die das Getränk nicht kannten, vor allem, wenn ich an so einen Abend mit Saumagen/Saubohnen-/Löwenzahnsalat & Parmesan einleitete – konnte ich nach anfänglichem Stirnrunzeln und Zögern begeistern; den Gesang aus dem berühmten Gefangenenchor aus

Verdi oder Juliette Gréco teilte ich alleine mit Dietrich, mit dem ich eine freundschaftliche Verbindung bis zu seinem Tod hatte (Juliette Gréco gab Ende Nov. 2015 in Berlin ihren Bühnenabschied).

Erfreulich erschien mir das Selbstbewusstsein meiner Kollegen/Kolleginnen. Das Bemühen darum, innovative Ansätze unter Heranziehung aktueller Bezüge zu debattieren, gelang stets. Es entstand für mich ein lebendiges Bild einer vielstimmigen Welt. Großartig.

Unsere Betriebsausflüge, die wir einmal im Jahr unternahmen, brachten mir die Berliner Umgebung näher. So besuchten wir Kloster Chorin und das Schiffs-Hebewerk Niederfinow in Eberswalde oder fuhren mit dem Fahrrad an wunderbaren Brandenburger Seen entlang – durch wunderschöne Alleen im farbenprächtigen Gewand der letzten Sonne. Wir fuhren mit der Draisine oder ruderten mit gemieteten Booten um Wolkenkuckucksheim herum oder grillten mit Erlaubnis der „Örtlichen“ auf einer Insel im Spreewald (in der Nähe von Lübbenau). Im alten Teil von Berlin (Ostteil) lernte ich gemütliche Orte zum Tagen kennen, die „Letzte Instanz“, heute nicht mehr aufsuchbar, da von Touristen überlaufen, oder schöne und traute Plätze im Nikolaiviertel, wo wir einen letzten Scheidebecher tranken. Wir konnten noch, als wir die Leipziger Straße „entschleunigt“ ansteuerten, deren DDR-Hässlichkeit und Schönheit zugleich entdecken und meinten gar nicht den Verkehr zu bemerken, sondern Symphonischesder Zukunft …

Zusammen mit Kollegen aus dem LKA Brandenburg ertappten wir in der Flusslandschaft bei Werder einmal „Eierdiebe von Wildvögeln“ und „Reusen-/Fuken“-Kriminelle, beim Ausräumen von Zandern und Aalen (kaum glaublich … das in der Nähe einer Großstadt).

Von einer besonders erwähnenswerten Führung zu einer Weihnachtsfeier in Berlin-Mitte, ins „rotwelsche Milieu“, möchte ich berichten. Mag es uns heute im Internetzeitalter „die Verdrahtung des Gehirns verändert haben“ und seltsam erscheinen, aber früher tarnten Ganoven ihre Unterredung mit eigenem „Code“, das sah vermutlich so aus, so wie heute Fußballtrainer hinter vorgehaltener Hand sich etwas zuflüstern. Die Sprache Rotwelsch ist im Grunde ein Sammelbegriff, in dem neben der klassischen Gaunersprache auch Sprachen von Sinti, Roma, der „Jenischen“ zusammengefasst werden (in der Nähe von Colmar im Elsass gibt es ein Vogesental, wo die Menschen noch Rotwelsch sprechen).

Trotz aller Ablehnung des Feudalismus und Kapitalismus durch die Regierenden in Ostberlin war ein Ereignis für mich mit großem Staunen verbunden und ich sollte daran teilnehmen. Der Magistrat von „Berlin – Hauptstadt der DDR“ sprach im September 1988 dem Polizeipräsidenten in West-Berlin eine Einladung im Zuge kultureller Pflege aus, zu „Der Ausstellung zum Großen Kurfürsten“ in Sanssouci/Potsdam. Das LKA mit einem Inspektionsleiter und einigen anderen Beamten aus dem Stab des Polizeipräsidenten sowie meiner Wenigkeit als Leiter des „Wissenschaftlich Technischen Dienstes“ wurden zu dieser Ausstellung im Neuen Palais Potsdam im

Okt. 1988 delegiert. Die Gespräche, auch wenn sie weit weg vom Kurfürsten waren, die wir nach der Ausstellung im „Chinesischen Teehaus“ führten, habe ich als informativ und köstlich in Erinnerung.

Dem unwissenden Rest der Republik seien zum Abschluss zwei Orte für „Schlampagnerstündchen“ genannt: Görlitz und Heiligen Damm.

Über die Fensterbank im dritten Stock des Hotels Emmerich gebeugt (erstaunlich: Das Fenster ließ sich im Gegensatz zu anderen Hotelfenster öffnen), bin ich überwältigt von der Schönheit jahrhundertealter sanierter Handelshäuser des Görlitzer Untermarktes. Und denke: Kein Wunder, dass hier im östlichen Osten Deutschlands eine Crew nach der anderen Filme dreht – eine Stunde von Dresden und Leipzig, eine dreiviertel von dem Keramikstandort Bunzlau (Boleslawiec) und eine von Meißen-Porzellan, zwei von Breslau (Wroclaw) entfernt und der wiederaufgebauten Altstadtbrücke über die Neiße (Nysa) nach Zgorzelec. Ich denke natürlich auch an die grenzüberschreitende Kriminalität, wo die Polizei machtlos ist. Schlimmer: „Polizei gibt es nicht mehr“. Es soll laut FAZ im Sommer 2015 in Görlitz keinen mehr geben, der noch nicht bestohlen wurde. Der Rückzug der Polizei aus der Fläche wurde mir überdeutlich – ich sah jedenfalls keinen Streifenwagen oder eine Uniform, auch nicht auf polnischer Seite.

Unser größter Luxus ist Zeit zum Entspannen und zum Träumen. Direkt am Strand gelegen und umgeben von dichten Buchenwäldern ist bei Bad Doberan die „Oase für Körper und Geist“ wiedererstanden, nicht aber für unser Auto, das im feuchten Waldboden einsackte. Beim Ausparken gab es Probleme (Steinchen stoben davon, unterdrücktes Fluchen), aber der Blick zum schwarzen Horizont über der See und der aufkommenden Gewitterfront, das gedämpfte Licht der ersten erleuchteten Fenster in den weißen Luxuskästen sorgen für Entschleunigung.

Zeit hat viele Fenster

Umweltmäßig ist während meiner Arbeitszeit viel passiert im Guten wie im Schlechten. Da soll der deutsche Strom auf erneuerbare Energien umgestellt und Berlin Schaufenster für 5G werden, was durchaus mit der heutigen Technik am Markt möglich ist. Interessant finde ich deshalb Solarzellen in Fahrradwegen integriert. Voraussetzung ist, dass das Klima im Rahmen zwei Grad nicht übersteigt – d.h., Strom effizient erzeugt wird (also Ausstieg aus Kohle, Erdöl). Die Gasturbine der Kraft-Wärme-Kopplung (KWK) in Berlin-Marzahn kommt aus Berlin-Moabit und gilt als die effizientesten weltweit. Siemens und Vattenfall unterzeichneten einen entsprechenden Vertrag. Die KWK-Anlage soll 2020 in Betrieb gehen und gleichzeitig Wärme und Strom erzeugen.

Auf das derzeit aktive 4G, das die meisten Smartphonenutzer unter dem im Display eingeblendeten Namen LTE kennen, folgt bis zum Ende des Jahrzehnts 5G. Das schnelle Netz verspricht Geschwindigkeiten von einem Gigabit – also 1000 Megabit.

Je entschlossener in Deutschland das Energiekonzept umgesetzt wird, desto mehr Zeit bleibt uns für notwendige technische & Techné sowie gesellschaftliche Anpassungen – das Zauberwort heißt „change“. Statt wie angekündigt, ging das bayerische AKW Grafenrheinfeld im Juni 2014 vom Netz. Die Betreiber wollten aus den Brennelementen den letzten Rest herausholen, was natürlich verständlich ist. Nichtsdestotrotz wurde gefeiert – dass dieses AKW abgeschaltet wurde. Schließlich hatte die schwarz-gelbe Bundesregierung 2010 für die Laufzeit des Grafenrheinfelder AKWs ganz andere Pläne, die dann aber aufgrund der massiven Proteste nach Fukushima nicht mehr durchsetzbar waren. Trotzdem ist und bleibt der AKW-Ausstieg eine „große Schnecke“: Zwischen Juni 2011 und Okt. 2015 wurde kein AKW abgeschaltet. Und in den nächsten Jahren bis Juni 2019 (2025) sollen weitere Mailer vom Netz.

Die Debatte um Risiko-AKW jenseits der Grenze ist nicht nur in Deutschland aktuell. Andere EU-Staaten setzen weiter auf die Stromversorgung durch Atomkraft. Dazu gehören Ungarn, Slowenien, Polen, Rumänien, Bulgarien Belgien (das AKW Tihange liegt auf der Gemarkung von Huy an der Maas, ca. 25 km südwestlich von Lüttich und 65 km südwestlich von Aachen) oder der Slowakei. Vor allem das AKW Krsko in Slowenien halten Gegner, und auch Wissenschaftler für nicht sicher. Die Anlage befindet sich in einem Erdbebengebiet.

Kritik kommt hier vor allem aus Österreich. Beim Bau des AKW haben Ingenieure und Kernchemiker sich offensichtlich keine Gedanken über Gefahren durch Erdbeben gemacht. Seit 1981 ist Krsko in Betrieb. Immer wieder werden Störungen an die slowenische Atomsicherheitsbehörde in der Slowakei gemeldet. Nach bisheriger Planung soll das AKW bis 2023 am Netz bleiben - eine Verlängerung um weitere 20 Jahre ist nicht ausgeschlossen.

EU-weit sind mehr als 90 AKW am Netz. Einheitliche Sicherheitsstandards gibt es nicht. Nach Angaben der Europäischen Kommission ist die Dichte der AKW in Europa weltweit mit am höchsten. Kommt es zu einem atomaren Unfall, sind je nach Windrichtung, etliche Regionen in der EU und Deutschland betroffen.

Experten zufolge kann ein Zwischenfall in Frankreich oder Belgien schlimmere Auswirkungen etwa auf das Ruhrgebiet haben als ein Störfall in den deutschen AKW Biblis, Neckarwestheim oder Philippsburg.

Ans Netz soll dagegen ITER (International Thermonuclear Experimental Reactor), nach dem „Tokamak“-Prinzip aufgebaut: In JARA (Jülich), dort werden Plasma-Wan-Wechselwirkungen studiert. In einem ringförmigen Gefäß ist Plasma eingeschlossen, dort soll die Fusion stattfinden, siehe in meinem Buch: energyLINE – zurück in eine dystopische Zukunft. Das Sonnenfeuer will allerdings nicht so recht zündeln, im Vergleich zum „Wendelstein 7-X“, Max-Planck-Institut für Plasmaphysik in Greifswald, Mecklenburg-Vorpommern, wo es Mitte Dez. 2015 gelang, ein Heliumplasma (ein Hoffnungsschimmer für die Kernfusion) im Reaktor zu erzeugen.

In gewisser Weise ist es ein Meisterwerk physikalischer und politischer PR der Kanzlerin, den jahrelangen Weiterbetrieb der Reaktoren für „Helikoptereltern“ = „Atomausstieg“ zu nennen und damit einen Teil der kritischen Öffentlichkeit zu beruhigen. Die Energiewende ist in der Politik über Nacht im Juli 2015 eine Subvention für Kohlekraftwerke geworden, die von den „Bürgern Deutschlands und Europas finanziert werden soll".

So wird rund die Hälfte des deutschen Stroms in Kohlekraftwerken (Braunkohlekraftwerken) produziert (Im brandenburgischen Jänschwalde wird mit braunkohlegefeuerten KW Strom für die Grundlast und mit Steinkohle hauptsächlich für die Mittellast erzeugt). Und bei der Diskussion um deren Nachteile geht es normalerweise vor allem um die schlechte Klimabilanz der Anlagen. Doch die Kohlemeiler produzieren auch viel Kohlendioxid (CO_2) und andere problematische Stoffe (radioaktive), Arsen, Blei, Cadmium und große Mengen Quecksilber (5-7Tonnen/Jahr), das über den Wasserkreislauf als organisch gebundenes Metabolit in die Lebensmittelkette gelangt, das vor allem Schwangere, Säuglinge und Kleinkinder belastet.

Politik: Aktuell scheint der von Neonazis propagierte Kampf um die Straße auch im Umweltbereich in Deutschland Fahrt aufzunehmen. Fast täglich gibt es politische Meldungen, dass Menschen gegen Flüchtlinge an den vorhergesehenen Unterkünften auf die Straße gehen und diese anzünden. Die Hooligans gegen Salafisten – seien sie nun von der AFD, Nazis oder rassistische Fußballfans – stoßen mit ihrem gewalttätigen antimuslimischen Rassismus auf noch mehr offene Ohren und mobilisieren Menschenmengen, was kaum jemand für möglich gehalten hätte. Umso wichtiger ist es, dass sich die Zivilgesellschaft diesen Tendenzen entgegenstellt.

Wer hier glaubt, der enorme Flüchtling-Zuwachs würde sich mit höherem Lebensstandard in Afrika von selbst erledigen, unterliegt einem Trugschluss. Gänzlich andere Regeln (meist patriarchalische) veranlassen nämlich junge Menschen, ihre Heimat in Schwarzafrika zu verlassen – denn „es ist einfach nichts los“. Selbst da, wo Bildungsansätze zarte Bande zur Kultur entwickelten – existiert nichts, das Anreize zum „Bleiben“ schafft. Aus Krisengebieten fliehen sie, weil sie müssen – nicht, weil sie wollen. Im Irak existiert ein ethnisches und religiöses instabiles Staatengebilde mit hohem Konfliktpotenzial. Zugesagte Hilfen wurden nicht gezahlt. Mit der sowjetischen Intervention entwickelte sich jetzt der Bürgerkrieg zu einem Stellvertreterkrieg zwischen Soldaten der Sowjetunion und den von den USA unterstützten Mudschaheddin. Geflüchtete Syrer flohen in erster Linie vor Assads Fassbomben und Chemiewaffen, sowie der Brutalität der Sicherheitskräfte, den unmenschlichen Gefängnissen – in einem Kalifat könnten sie ja leben – ich glaube, es ist falsch, dass Frau Merkel den türkischen Autokraten Erdoğan bemüht, damit er Flüchtlinge festhält.

In der Türkei soll demnächst die EU-Grenze unter Frontex-Polizei beginnen, in den Lagern, in denen es nichts mehr gibt, muss für das Überleben der Flüchtlinge gesorgt werden. Der IWF (International Monetary Fund) muss den „Familien“ mehr als 0,50 €/Tag zahlen, denn irgendetwas läuft auf dem Gebiet der transkontinentalen Lebensmittelkonzerne überhaupt nicht mehr.

Immer wieder ist allerdings zu fragen, warum den Menschen vor Ort kein Asyl gegeben wird – warum ihnen vor Ort kein

Ticket zur Verfügung gestellt wird – denn viele Kinder bräuchten nicht zu sterben!

Angesichts der Fluchtwelle aus Syrien wächst die Kritik an den reichen Golfstaaten. Während die Nachbarländer Syriens kaum verhüllt islamische Terrorbanden unterstützen, verweigern sie die Aufnahme von Menschen – die Schutz vor dem Terror suchen. Während Syriens unmittelbare Nachbarn Jordanien und der Libanon Millionen Flüchtlinge aufgenommen haben, ignorieren die „reichen“ arabischen Golfstaaten – Saudi-Arabien, Bahrain, Oman, Katar und die Vereinigten Arabischen Emirate – das Problem. Obwohl sich Riad, Doha und Dubai zu den Gegnern inszenieren, fördern sie Milizen – die zum Sturz von Baschar al-Assad führen sollen: Wie die Al-Nusra-Front (Ableger des Terrornetzwerkes Al-Quaida), die sich kaum von dem IS unterscheidet. In den Gebieten von Al-Nusra kommt es ebenso wie bei der „IS“ gegen andere religiöse und ethnische Gruppen zu ungezielten Terrorakten (darin ist er dem faschistischen, rechten Bombenterror sehr ähnlich). Baschar al-Assad beklagte wiederholt die Doppelmoral der USA. Apropos Doppelmoral der Deutschen mit Waffen nach Saudi-Arabien und Katar … Das Land, dessen inhaftierter Freiheitskämpfer Raif Badawi den Sacharow-Preis der EU erhalten hat (Badawi ist Blogger und hat sich das Internet zu eigen gemacht, um für Meinungsfreiheit und Toleranz zu kämpfen).

Badwi gehörte wohl jetzt nicht zu den 49 hingerichteten Menschen, wie der schiitische Geistliche Nimr al-Nimr. Was baut sich hier zwischen Schia und Sunna auf, zwischen Iran und

Saudi-Arabien? Genau genommen begann der Konflikt bereits 1979 – und hat viel mit dem Verhalten der USA zu tun. Vom Industriekonzern bis zum mittelständischen Anlagenbauer haben Deutsche Unternehmer enge Handelsbeziehungen geknüpft, die im Konfliktfall in Mitleidenschaft gezogen werden.

Die Bedrohung durch den „IS" ist vermutlich nur ein Vorwand für den Kreml, um die Unterstützung für die Regierung in Damaskus zu rechtfertigen. Tatsächlich geht es Russland wohl eher darum, die Hochburgen des Assad-Regimes zu schützen. Die Küstenregion und die angrenzende Hügellandschaft im Nordwesten Syriens sind Kernland der alawitischen Minderheit, der auch der Assad-Clan und wichtige Stützen des Regimes angehören. Das ist das zentrale Problem – nach meiner Einschätzung.

Der Wohlstand in der EU – das sollten wir uns stets klarmachen – beruht auf dem Elend Afrikas. Der Kolonialismus hat unsägliches Leid über den Kontinent gebracht – und das setzt sich bis heute fort, in sublimer, internationaler erweiterter Form. Wir sagen auch, dass es eine für den globalen Kapitalismus „konstitutive Asymmetrie" darstellt. Das ist ein Begriff aus der juristischen Sprache für Handlungen, durch die eine Rechtswirkung eintritt. Dabei kann es sich um rechtsbegründende, rechtsaufhebende oder rechtsgestaltende Wirkungen handeln. In der juristischen und sozialen Kommunikation ist eine Asymmetrie dann gegeben, wenn Gesprächsbeteiligte nicht gleichberechtigt sind. Beispiel: Interessenkonflikt zwischen Vorgesetzten und einer nachgeordneten Mitarbeiterin.

Es muss sich etwas tun in der EU-Bürokratie insgesamt, denn das hat nach meiner Meinung die politische und digitale Revolution verschlafen. Es wird wohl über die Marktmacht von Amazon, Facebook und Google die Nase gerümpft. Gestaunt wird aber, wie durch Ingenieure und von Privatiers Predictive Analytics Big Data perfektioniert werden (z.B. Google im Weltraumunternehmen/SpaceX), die Geschäftswelt effektiver ernährt und Roboter schrittweise in die Lage versetzt, Profi-Schachmeister zu besiegen, vom vertagten Kinderwunsch ganz abgesehen, den ich allerdings so ablehne. Ich finde es gut, dass die PC-Fuzzies der Behörde mittels Procobs (einem Algorithmus, Pre-Crime Observation System/Neuro-Bayes-Algorithmus) berechnen können, wo in Zukunft ein Wohnungseinbruch geplant ist – aber nur bei organisierten Gruppen, nicht bei Einzeltätern. Sie bedienen sich einem ähnlichen Algorithmus, mit dem eine perfekte Personalplanung auch bei der Behörde möglich wäre. Da, wo das Wetter und Umsatzdaten ausgerechnet werden, mit denen Versandhändler ihre Bedarfsplanung verbessern (in dem sie jährlich Milliarden Datensätze erstellen). Die Zukunft, so heißt es, liegt in der Erhebung von noch mehr Daten aus noch unterschiedlichen Quellen. Anbieter wollen erfassen, was Menschen beim Kaufen spezieller Dinge fühlen, um weiter im Vorhinein planen zu können.

Innenpolitik

Ich möchte zwei Situationen gegenüberstellen: „Das Europa des 21. Jahrhunderts ist mehr denn je – neben einer schönen Landschaft – eine Landkarte imaginärer Orte und Städte geworden. Erloschene Städte in Syrien und sonst wo, die Europas

Immigranten hinter sich zurückließen. Immigranten, die jetzt erst kürzlich nach Europa kamen oder Immigranten, die schon seit mehr als drei Generationen in Europa wohnen. Ihre Erinnerungen. Ihre Illusionen – sie versetzen uns in etwas, das nicht mehr besteht.

Unternehmen und Gründer aus der Technologieindustrie sind nicht nur damit beschäftigt, die Digitalisierung der Polizei und Verwaltung voranzutreiben … Viele müssen sich zutrauen, Antworten auf Herausforderungen, als Tragweite des Abgasskandals, weit jenseits des eigentlichen Kerngeschäfts wiederzufinden, z.B. in volkswirtschaftlich interessanten Hybrid- oder Elektroautos. Von Star-Apps herrscht ein Optimismus, die Welt verändern zu können, nicht nur mit neuen Internet-Diensten und Smartphone-Apps, sondern auch in fundamentalen und persönlichen Lebensfragen. So erklären sich Projekte wie Calico, mit denen Google und Apple das Leben von Menschen verlängern und Krankheiten stoppen wollen. Und wenn nun das soziale Netzwerk Facebook und der Elektronikkonzern Apple ihren Mitarbeiterinnen das Einfrieren von Eizellen finanzieren, ist das nicht nur ein weites Beispiel, es unterstreicht den Glauben an Planbar- und Machbarkeit im Leben.

„Es ist ein ungesunder Kampf gegen das Altern – die Industrie ist überzeugt, nicht Deutschland, sondern die Bevölkerungs-Revolution in der Mittelschicht“, sagen Zukunftsforscher, wenn sie die „Jungen Neuankömmlinge“ im Auge haben.

Nun – was soll es, Gesundheitsdaten werden gespeichert. „Entsprechend Art. 8 der Europäischen Datenschutzlinie gilt nach

§3 Abs. 9 des Bundesdatenschutzgesetzes (BDSG) eine bes. Art von Daten“ (Dierks & Bohle, 2015).
Die hierfür einschlägigen Vorschriften des Bundes-Datenschutzgesetzes (z.B. §28 BDSG) bilden sich auch in den Regelungen für die eGK ab. So findet sich ein „Arztvorbehalt ähnlich dem §28 Abs. 7 Satz 2 BDSG in §291a Abs. 4 Satz 1 SGBV wieder“ (Dierks & Bohle, 2015). Eine weitere Besonderheit der eGK ist ihre Ausgestaltung als Prozessor-Chipkarte, die sich aus Sicht des Datenschutzes als „mobiles personenbezogenes Speicher- und Verarbeitungsmedium“ im Sinne des §6 c Abs. 1 BDSG darstellt. Daraus ergeben sich für die Krankenkasse weitreichende Informationspflichten. §291 a Abs. 2 Satz 2 SGB V stellt die Geltung dieser Vorschriften auch für die GKV unmissverständlich fest (Dierke & Bohle, 2015).

Ich finde, bei der energietechnischen Revolution sind die USA und EU-Deutschland in zwei entgegengesetzte Wege hineingelaufen. Dank der Fracking-Technik konnten sich die USA selbst mit Energie versorgen und gelten jetzt bereits als ein weltweit größter Energieproduzent – wurde auch daran gedacht, dass das endlich ist! Die Ölförderung stieg in den vergangenen drei Jahren um 50 %, die Gasförderung inzwischen um ein Viertel – warum das beim Benzin nicht ankam, ist mir nicht klar.
Ich stelle fest, dass das Beharren allein auf technologische Innovationen und lineares Wachstum nicht länger reicht, um die aktuellen fundamentalen Umbrüche zu bewältigen. Ich stellte wiederholt fest, dass soziale, institutionelle und systemische Innovationen von zentraler Bedeutung sind. Die spannende

Frage lautet daher: Wie wird unser System diesen oben angedeuteten Herausforderungen gerecht? Vor diesem Hintergrund zeige ich Net-Lagen auf, die ein Ausdruck arbeitsmüder Gehirne sind. Und da sollen zukunftsfähige Systeme her, für die transformative Zivilgesellschaft. Z.B. den Zuzug von mehr als fünf Millionen Flüchtlingen nach Deutschland und die Identitätskrise vieler Jugendlichen (nicht nur Migranten – in der späten Pubertät) retten.

Junge Frauen brauchen dann wohl nicht mehr nach einem Halt in der Transzendenz zu suchen. Vielleicht einer modernen romantischen Faszination, die etwas mit populärem Hipster-/Dschihadismus zu tun hat – vielleicht – Justin Bieber plus Verbot. Aber eines müssen sie wohl akzeptieren: Der Wunsch nach Eindeutigkeit wird ihnen erfüllt, sie erhofften sich eine Antwort auf Fragen des Lebens, eine klare Orientierung und Aufgabe sowie Perspektive.

Ich bleibe nicht bei der theoretisch konzeptionellen Entwicklung der neuen Rolle stehen, sondern versuche reelles Handwerkszeug zu liefern und Transformationsprozesse sollten gemeinsam an den Visionen orientiert bleiben, im investiven Zusammenspiel von Forschenden, Lehrenden und der Verwaltung!

In Zeiten wie heute, wo wir keine Worte finden für die raschen Veränderungen, die wir hierzulande 2015 durchlebten, wollten wir von eigenen Kindern nicht allzu sehr überrascht werden: Das offizielle Deutschland schlidderte in ein historisches Experiment, das das Land tiefgreifender veränderte, mehr als die Wieder-Vereinigung beider deutscher Teilstaaten.

Deutschland schlitterte quasi in ein historisches Experiment, das das Land tiefgreifender verändert, mehr als die Wiedervereinigung beider deutscher Teilstaaten. Das wirtschaftlich und fiskalisch übermächtige Deutschland wird zur europäischen Vormacht, d.h., dass Deutschland zum einflussreichsten Interpreten „europäischer Werte" mit Hilfe von Flüchtlingen wird. Und das Bild Bayerns wird, was Kanzlerin Merkel „atemberaubend" nannte, nicht von grantelnder CSU-Spitze mehr bestimmt, sondern von den im Wortsinne guten Geistern und Ankommenden, wo Neuankömmlinge, mit deutschen Papieren ausstaffiert, eine mächtige Gruppe darstellen werden.

Der Zusammenschluss von Großkonzernen und deren Infiltrierung in die Gesellschaften schaffen sicher eine Welt dagegen, in der verängstigende Fantasie-Gespinste für normale Menschen zur täglichen Kost werden und für das, was sie kaufen, empfänglich machen. Die Meinung ist noch irgendwie frei – aber Wahrheit bedeutet Macht. Außerdem heißt es, dass Halbwissen gefährlich ist. Aber wir sind wieder wer – wenn wir von der Doppelzüngigkeit der Welt hören und feststellen, dass die Wahrheit uns Enthüllungen liefert, die unser Verständnis übersteigen und uns Verantwortlichkeiten auferlegt, die wir nicht verstehen – aber auch nicht bereit sind, den bequemen Kokon der Realität zu verlassen. Letztens liefen wir davon, haben die Augen vor dem verschlossen, was im Namen der Mächtigen getan wird. Tyrannen und Tyrannei gab es immer. Werden wir uns erheben und tun, was getan werden muss, oder werden wir den Gemeinheiten unseres Zeitalters unterliegen?

Abendland wird mit Deutschland verwechselt

Bosnier und Kosovaren zählen zum Abendland. Und sie schätzen es nicht, wenn ihren zahlreichen islamischen Vorfahren ein prägender Einfluss auf den Balkan bzw. Europa abgesprochen wird. Falls der Balkan auch aus christdemokratischer Sicht zum Abendland gehört, und wenn z.B. die Küche einer ganzen Region als Kulturgut anzusehen ist, dann haben wir auch hier eine islamische Prägung der abendländischen Kultur übersehen. Das müssen selbst Serben und Kroaten zugeben. Ebenso käme ein Spanier niemals auf die Idee, den arabischen, und d.h. immer islamisch-arabischen, Einfluss auf seine Küche abzustreiten.

Warum der Islam in Arbeitspapieren der Christdemokraten neben antiker Philosophie und Judentum, neben Humanismus und Aufklärung nicht als prägend für die abendländische Kultur erwähnt wird, erscheint rätselhaft – denn er zählt auch zu den drei Buchreligionen. Bei genauerem Hinsehen kommt jedoch der Verdacht auf, dass Deutschland mit dem Abendland verwechselt wurde. In Deutschland hat es tatsächlich alles gegeben, nicht zuletzt auch das „Römische Recht“. Im Gegensatz zum Abendland hat es in Deutschland aber niemals ein Kalifat gegeben, und genau dieser Aspekt wird nicht erwähnt. Falls es sich hier um eine Verwechslung handelt, wäre christdemokratischen Suchenden zu empfehlen, das Wort Abendland gegen Deutschland auszutauschen. Falls es sich nicht um eine Verwechslung handelt, dann wären sie gut beraten, auch den Islam in ihre Liste der prägenden Einflüsse auf die Kultur des Abendlandes einzufügen. Bereits der Döner wird als ein islamisch geprägtes Kulturgut angesehen. Erst vor wenigen Jahrzehnten ist er mit den muslimischen Türken nach Berlin gekommen und trat seinen Siegeszug durch deutsche Lande an. Jetzt hat er auch seine offizielle Anerkennung als deutsches Kulturgut erhalten, nämlich als anerkanntes Wort der deutschen Sprache, und die gilt den deutschen Leitkulturwächtern doch sicherlich als das Allerheiligste.

Ahmad Mansour, Bassam Tibi und Stefan Weidner verstehen Leitkultur nicht in einem nationalen deutschen, sondern in einem internationalen Sinn, genauer gesagt als abendländisch-europäischen Wertekanon in Konkurrenz zu morgenländisch-islamischen Vorstellungen. Leitkultur ist bei ihnen ein Kampfbegriff in der Auseinandersetzung mit den Islamisten, das heißt mit muslimischen Fundamentalisten, die unter ihrer in Europa lebenden Gefolgschaft auch typisch orientalische Traditionen erhalten wissen wollen, die einem aufgeklärtem und freiheitlichen europäischen Denken fremd oder sogar entgegengesetzt sind.

Deutschlands wertkonservative Kräfte müssen also feststellen, dass ihr Schlagwort „Leitkultur“ bereits eine nicht unerhebliche Schlagseite hat. Vielleicht haben manche das nicht gewusst, als sie damit an die Öffentlichkeit gingen. Umso mehr müssen sie nun klarstellen, was mit ihrer „deutschen“ Leitkultur in Abgrenzung zur muslimisch inspirierten Leitkultur gemeint ist. Während manche „Leitkultur“ sich an säkularen Normen orientiert wissen will, also gerade nicht an religiösen Aussagen, die von ihren Verkündern als Glaubenswahrheiten bezeichnet werden, war in der Diskussion um die deutsche

Leitkultur – wie bereits gezeigt – gleich die religiöse Ausrichtung zu erkennen. Wir beeilten uns, von „christlich"-abendländischen Grundlagen zu sprechen.

Wenn nun deutsche Leitkultur zugleich auch christliche Leitkultur bedeuten soll, dann läuft das genau aufs Gegenteil von dem hinaus, was Bassam Tibi mit seinem Begriff von Leitkultur erreichen wollte. Bassam Tibi wollte eine einseitig religiöse Definition vermeiden, die Christdemokraten bringen sie ausdrücklich hinein. Damit ist die von den Christdemokraten definierte Leitkultur etwas ganz anderes als das, was Tibi darunter versteht.

Bassam Tibi und Ahmad Mansour suchen eine Kultur, mit der sich Christen und Muslime gleichermaßen identifizieren können, eine europäisch-abendländische Identität. Die moderne Definition von Leitkultur kann integrationsfördernd sein. Die deutschen Christdemokraten plädieren für einen Kulturbegriff, mit dem sich Muslime wahrscheinlich nicht identifizieren können, das sollte sich ändern.

Die eigene und die europäische Geschichte des Verhältnisses von Kirche und Staat, die „neue Rolle" der Religionsgemeinschaften in den säkularen Demokratien wie Deutschland zeigt, wie langwierig dieser Prozess jetzt vermutlich dauert. Es ist die Leitkultur des Humanismus, der individuellen und kollektiven Selbstbestimmung, die der menschenverachtenden Praxis der Vernichtung Andersgläubiger entgegengestellt werden muss. Es darf nicht die christliche und auch nicht jüdische Identität sein, die dem religiösen Fanatismus der zu uns kommenden Muslime entgegengestellt wird.

Angst

Die Credo-Kanzlerin Merkel antwortete mit Blick auf Herrn Seehofer: „Ich muss ganz ehrlich sagen: Wenn wir jetzt anfangen, uns noch entschuldigen zu müssen dafür, dass wir in Notsituationen ein freundliches Gesicht zeigen, dann ist das nicht mein Land."

Bei einer anderen Gelegenheit bemerkte sie zu dem Zustrom der Neuankömmlinge: „Wir schaffen das" – sie tat das Richtige, und es war geboten, weil es Kräfte im Land mobilisiert und Zuversicht verbreitete, ohne die eine Gesellschaft historische Ausnahmesituationen wie diese nicht bewältigen kann. Aus dem ist zu schließen, sie opferte auf dem Altar der Menschlichkeit deutsche Interessen – aber das wäre ein großer Faux pas: Merkel arbeitet mit Peter Altmaier an der Eindämmung des Flüchtlingsstroms. Frau Merkel wird hoffentlich die Forderungen erfüllen können, die sie sich selbst gestellt hat, denn Sorgen gibt's vor allem im Verfassungsschutz, im BKA, beim BND und bei der Bundespolizei über die vielen Neuankömmlinge. Es wird auch von der Kanzlerin gesehen – dass viele ihrer Minister nicht das schaffen, was jetzt in der Situation von ihnen gefordert ist.

Für den Bürger wurde in der Krise deutlich, dass es das „Europäische" nicht politisch gibt. Die EU ist allenfalls eine Wertegemeinschaft, wenn wir die Diskussion mit der Flüchtlings-Quotenregel verfolgen.

Sich auf das Feld von Recht und Ordnung zurückziehen, wie Bayern es tut, ist einfach nur arrogant und menschenverachtend und von großer Kälte bestimmt und widderspricht zudem allem, was im Sept. auf den „Wiesn“ abging. Mich wundert wohl jetzt, dass Bayern ausgerechnet Atommüll akzeptiert. In der Flüchtlingshilfe sorgen sie für Vorsorge-Impfung, was im Chaos von Berlin nicht in die Wege geleitet werden kann.

Mir ist die Frage erlaubt: Wo eigentlich die vielen Ideen diskutierfreudiger Bundesabgeordneter zur Bewältigung der Jahrhundertfrage bleiben?

Nichtgeschwindigkeit ist offensichtlich ihr gegenwärtiger Status. Hier wie auch in mehreren Punkten könnte sich auch der Justizminister verdient machen. Sollte er sich um die Ertüchtigung der Unterkünfte kümmern, um die Ermunterung von Sportvereinen zur Integration, um die Befreiung von Bundespolizei von Aufgaben, wie dem Stempeln von Kassenbelegen an der Grenze? Der Justizminister könnte vielleicht den (Rechts-)Weg frei machen. Er war einer der Vetominister im Bundeskabinett, neben dem Finanzminister, was ihm eine starke Stellung verschaffte. Den Rechtsweg frei machen könnte er sicher, wenn er den speziellen Verwaltungs-Rechtsschutz bei Asylanträgen der aktuellen Herausforderung anpasste (das dringend nötig schnell gebraucht wird, aber unfassbar noch Monate braucht). Das magische Wort hier lautet „change“, Veränderung. Und da ist Flexibilität vorausgesetzt, denn Gesetzgeber, und nachdem Sicherheitspersonal vor dem Berliner „Landesamt für Gesundheit und Soziales“, Lageso, Flüchtlinge verprügelt haben, drängen Politiker auf bessere Schulungen für Security-Mitarbeiter und der Polizei.

In vielen Einrichtungen des Landes ist eine Straffung möglich. Zumal es jetzt um Schnelligkeit geht. Die Verfassung soll den

Menschen und Flüchtlingen dienen – nicht umgekehrt. Aber die Praxis sieht anders aus. Nötig wäre eine Innenpolitik des Bundes wie zu Zeiten der deutschen Vereinigung. Das Recht und die Möglichkeiten im Blick – aber mutig voran, auch in Berufs-Anerkennungsfragen. Und weil die Verfassung allen dienen soll, nicht umgekehrt – soll mal einer klagen, dass den Kommunen in dieser Notlage geholfen wird! Besser: Geholfen worden ist. Bis das Verfassungsgericht womöglich neues Recht schafft, dauert es hierzulande Jahre. Wir wussten bereits seit Jahren, dass für solche Situationen, wie wir sie jetzt vorliegen haben, etwas geschehen muss. Sonst läuft noch mehr wie bisher aus dem Ruder.

Das lähmende Gefühl, als Babyboomer in unglücklicher und ereignisloser Zeit geboren zu sein, ist seitdem weggeblasen. Und viele Deutsche lassen sich auch nicht von brennenden Flüchtlingsunterkünften beirren, sie schämen sich wohl für den Mob, der die historische Aufgabe noch nicht begriffen hat. Sie erkennen in den Newcomern trotz vieler Fremdheit, Verletzbarkeit dieser Menschen aus hochgradigen instabilen Krisengebieten die Notwendigkeit zu helfen.

Wohl wissend, wenn die Neuankömmlinge erst einmal versorgt, werden sie bald zu Mitschülern, Kollegen, Konkurrenten, Nachbarn, Verkehrsteilnehmern, Erziehern oder Delinquenten; etliche bringen neben anderen Lebensgewohnheiten alltägliche Reibereien mit sich – auch allerlei Unerfreuliches: Krankheiten, Antisemitismus, Patriarchat, Schwulenhass, IS-Problematik: Deutschland und Europa sind nicht mehr, was sie waren.

Psychologische Faktoren, wie der Wunsch zu einer Elite zu gehören und Macht zu haben – Sehnsucht nach Halt und nach einer starken Vaterfigur – sind evident. Ein starkes Vorbild – sowohl weiblich wie männlich – hat nichts mit Religion zu tun! „Muslimisches Aber" sind Relativierungs- und Rechtfertigungsversuche, einen Islam gibt es nun einmal nicht, es gibt nach Meinung von Fachleuten „verschiedene Islam-Verständnisse und Strömungen". Und die meisten muslimischen Verbände, die in der Islamkonferenz vertreten sind, sehen das anders, sie sorgen dafür, dass „problematische Geschlechterrollen" fortdauern. Die Integration der Neuankömmlinge muslimischen Verbänden zu überlassen ist ein großer Fehler.

Nach Abschuss des Buches ereignete sich der Anschlag von Paris am 15. Nov. 2015 – der Terror, der viele von uns zutiefst bewegt. Das ist ein Anschlag. Und die Bilder sind grausig – so archaisch blutig, dass es unmöglich erscheint, nicht zu erkennen, was uns aufgezwungen wird: Ein asymmetrischer Konflikt, der eine Dimension annimmt, die über den globalen Charakter normaler Auseinandersetzungen hinausragt.

Schlepperbanden und IS mit der Bundesmarine und Tornados zu bekämpfen sind kein löbliches Ziel, durchschlagende Erfolge davon zu erwarten, sind naiv. Der „Grüne Hofreiter" ist der Meinung, dass Deutschland nicht das Recht hat – da einzugreifen – und ich meine, dass es nichts bringt.

Der Bundestag beschließt aber den Einsatz der Bundeswehr in Syrien. In Amerika passierte gleichzeitig ein Attentat, bei dem 14 Menschen ermordet wurden: Beide Ereignisse fanden fast zeitgleich statt. Was ist das? Im Kampf gegen den islamistischen Terror gibt es zwei fatale Reflexe. Einer ist die Introspektion, die jede Einmischung „delegitimiert“. Die Selbstbeobachtung (Introspektion, bezeichnet die Selbstbetrachtung) beschreibt die Analyse des eigenen Erlebens und Verhaltens durch nach innen gerichtete Beobachtung. Sie kann zu Selbsterkenntnis führen. Sie ist zusammen mit der Selbstwahrnehmung für die eigene Bewusstseinsbildung und das Selbstbewusstsein unentbehrlich. Demnach haben die EU und Amerika durch Kolonialherrschaft, Krieg, Ausbeutung und Diskriminierung das Recht auf jede weitere Einmischung verwirkt; im Aktionismus nach 9/11 und den Anschlägen von Paris zeigt sich wohl eine selektive Moral, die zur Tat aufruft, weil die eigenen Bürger betroffen sind. Folgerungen und Antwort führen in die Irre. Wir haben sicher gravierende Fehler im Umgang mit der muslimischen Welt gemacht. Und ja, der Westen fühlt sich durch Terror auf seinem Boden mehr herausgefordert als durch fernen Terror im Nahen Osten und sonstwo. Daraus folgt nicht, dass dieser Westen sich nun gar nicht mehr wehren darf – er hat seine Bürger zu schützen (wenn er das nicht mehr kann – verliert der Bürger seine Achtung).

Der Westen hat seine Bürger zu schützen – d.h. auch, dass Neuankömmlinge geimpft werden müssen, um unsere Bevölkerung zu schützen. Stellen sie sich unter den Tausenden eine Grippe- oder Masern-Epidemie vor. Ich finde es beschämend, dass ehrenamtliche Ärzte in Berlin die Mittel nicht zur Verfügung gestellt bekamen – Begründung: Unterschiedliche Zuständigkeiten … Die Stellen, die das ablehnten oder die Verantwortung wegschoben, werden sich über ihren Kleinmut noch wundern.

Ein weiterer – fataler – Reflex ist die Haftbarmachung des Islam für Verbrechen, die einige wenige Muslime in seinem Namen verüben. Das ist natürlich zum Haare-Raufen: Schon die Integrationspolitik wird oft mit Debatten hinsichtlich Kopftücher, Schächten, Beschneidung, Minarett- oder Moschee-Gebäuden durch die Saudis überfrachtet. Solche Debatten als Reaktion auf Terroranschläge zu führen, wirken wie eine Kollektivbestrafung. Im GG ist im Westen eine ungestörte Religionsausübung garantiert und zählt zu den Menschenrechten. Wer dieses Recht gegenüber einer Glaubensgemeinschaft einschränkt oder von deren Anhängern besondere Wertebekenntnisse verlangt, die Andersgläubige nicht ablegen brauchen, offenbart eine erschreckende Vorurteilsstruktur. Ein fataler Reflex - ist die Haftbarmachung des Islam für Verbrechen, die einige wenige Muslime oder enttäuschte junge Menschen aus unserer Mitte im Namen Allahs verübten.

Au Revoir! Die Flüchtlingskrise wird mehr und mehr zur Krise der Kanzlerin: In ihrem eigenen Kabinett schlägt ihr Unmut entgegen. Hinzu kommt: je weiter die Zahlen der Neuen steigen, desto mehr sinkt ihr Ansehen in der Bevölkerung. Die Demonstration der Durchsetzungsfähigkeit, und sei sie nur rhetorisch, ist die Rückseite jener Politik, die auf Handeln an anderer Stelle ausdrücklich verzichtet: Eine Grenzschließung, wie sie auch in der Unions-Fraktion mit anschwellender Verve gefordert wird, lehnt die Kanzlerin weiter ab. Selbst wenn Angela Merkel in der Mitte 2016 durch Wolfgang Schäuble ersetzt werden sollte, wird der Zustrom nicht auf Null sinken, und mit arabischen Männer – geht es erst richtig los, auch mit dem Spruch: „Wer du bist, definiert sich dadurch, was du aus deinem Leben machst“ (Joumana Haddad, Frauenaktivistin, Beirut).

Für Kanzlerin Merkel ist die Machtverschiebung eine Gefahr – aber auch ein Vorteil für Europa. Die Idee, Deutschland könne die Rolle des gutmütigen Herrschers spielen, das hatte sich bereits in der Krise mit Griechenland als falsch erwiesen. Die Vorbehalte waren zu stark. In der Flüchtlingskrise - die in meinen Augen zum großen Teil eine Verwaltungskrise darstellt - ist die Schwäche vollends zu Tage getreten. Es geht für die EU-Chefs inzwischen nicht mehr um Merkel, sondern um Vor- und Nachteile, die ihnen aus einer weiteren Schwächung der Kanzlerin erwachsen. Merkel hat ihr politisches Schicksal in fremde Hände gelegt.

Literaturverzeichnis

Archive: Korrespondenz und Interviews mit dem Autor **Bundesarchiv Koblenz**: **Müller, H.,** Liste der Sprengstoffe, Anlage zu einem Brief vom 9.3.1948 (2013), Akte Z 1/413.

Anonymus, Sprengstoff-Erzeugungsmeldung für Jan. 1945, Akte R 3/3053 (Bundesarchiv Koblenz 2013).

Dierke & Bohle – Rechtsanwälte: Walter-Benjamin-Platz 6 – 10629 Berlin/www.db-law.de

Schindler, Lage beim Sonderausschuss Sprengstoff 15.9.1944, Akte R 3/1862 (Bundesarchiv 2013).

Dynamit-Aktiengesellschaft (Abt. Zündhütchenfabrik), Initialsprengstoffe, Sprengstoffe, Zündsätze, Brandsätze und Metalle, die für Sprengkapseln, elektrische Zündmittel, Zündladungen und Zündladungen für Nebelkerzen gebraucht werden 15.5.1944, Akte R 3/3140 (Bundesarchiv 2013).

Oberkommando der Kriegsmarine, Einheitspulver B. an das Oberkommando des Heeres vom 23.3.43, Akte R 100/4 (Bundesarchiv 2013).

http://www.zeithistorische-forschungen.de/16126041Scholl-Lange-2-2004; Walter Ballhause: Licht und Schatten der dreißiger Jahre. Foto-Dokumente aus dem Alltag, München 1985. [1. Ausgabe München Schirmer/Mosel 1981]

Ausgestrahlt, Brief 28. Juni-Aug. 2015/www.ausgestrahlt.de

Artikel in Zeitungen und Zeitschriften:

„Zeitschrift für Internationale Politik“ (Berlin) IP – früher unter dem Namen Europa-Archiv bekannt, ist eine zweimonatlich erscheinende deutschsprachige Fachpublikation für internationale Beziehungen.

LTO – Legal Tribune Online. www.lto.de

erst 2010 (in jeder neuen Ausgabe des „Duden“ wurden neue, … Den Begriff **„Leitkultur“** kannte der Duden 2000 noch nicht, „Deutsche Leitkultur“, … 2010; 2011; 2012; 2013; 2014; „Wort des Jahres“ erfasst).

„Frankfurter Rundschau“ Der Deutsche Herbst, Spezial.

„ZEIT“ N° 11/201311. März 2013, Generation Y Wollen die auch arbeiten?

„Berliner Zeitung“, Ghelli Fabio, 04.11.2013.

„Ärzteblatt“, Grabow D. SC., Kaatsch P., Langzeitüberlebende im Kindesalter. Eine Populationsbezeichnung Kohorte Am Deutschen Kinder-Krebsregister: Rheinland-Pfalz, 6, 2013.

„**taz**“, **Wolf Schmidt**, schrieb in „Die braunen Anfänge von Wiesbaden“, in der „tageszeitung“ taz.de vom 07. Apr. 2011.

„Focus“, Dometeit Gudrun, Göran **Schattauer** und Marco **Wisniewski**: Überlingen-Inferno im Idyll. Focus, H. 28, 2002.

„DER SPIEGEL“ 3/1990 „SAG Schüttler“. Alle Rechte vorbehalten. Ich verlinkte diesen Artikel. Unter http://www. spiegelgruppe-nachdrucke.de GuttenPlag Wiki/Im Netz der Plagiate-Jäger, **SPIEGEL.de**, 19.2.11.

„Nucleonics Week”, Hibbs M., Red Mercury is Lithium-Isotop, Russian Weaponsmiths, NTI, 1993.

„Geoökodynamik“, Kemp Peter H., Schadstoffeinflüsse/Wechselwirkungen in der Landschaft. 2, 1981.
Websites: Wolfgang **Eßbach**, „1968“. Aufstand der Werte? Beitrag zur Tagung Vergesellschaftung der Werte: Wertedebatten in Deutschland seit 1945. Systematische und historische Aspekte, veranstaltet vom Mitteleuropazentrum, TU-Dresden. Online-Publikation 7.5.2006.
Judith **Heidl**, Erinnerungsort „Die Ost-Berliner Umwelt-Bibliothek“, URL: http: //www;
http://www.umweltlexikon-online.de/fp/archiv/RUB Werkstoffmaterial Jugendamtsdirektor Friedrichshain-Kreuzberg Mohn@ba-ts Berlin.
Unsere Stadt. Hamburger Stadtteilzeitung – Ortsbeilage zum Arbeitskampf Nr. 47, Jg. 1, 23. Jul 1974.
Gemeinsame Pressemitteilung NA, Hamburg, Berlin, 4. Mai 2007 (http://www.aurubis.com/de/public-reations/presse-mitteilungen-news/gemeinsame-pressemitteilung/
www.politico.eu

Bücher

Armborster Andreas, Sicherheitsforschung In: Hoch, H.; Zoche, P (Hg.): Sicherheiten und Unsicherheiten. Schriftreihe Zivile Sicherheit. Lit. Verlag, Münster 2014.
Ascherson, Neal, Black Sea. The Birthplace of Civilisation and Barbarism. Vintage 1995.
Auerbach Berthold, Schwarzwälder Dorfgeschichten Bd.7, Barfüßele. Hesse & Becker Leipzig 1913.
Aust Stefan, Der Baader Meinhof Komplex. Hoffmann und Campe, Hamburg 1985.
Aust Stefan, Dirk Laabs, Heimatschutz. Der Staat und die Mordserie des NSU. München 2014.
Barber Benjamin, Jihad vs. McWorld. How Globalism & Tribalism are Reshaping The Word. New York, Fischer 1996.

Bartenstein Kristin, Durner W., Alexander Proelß (Hrsg.), Internationales Umweltrecht (International Environmental Law). De Gruyter, Berlin 2015.

Bauer Fritz, et al., Sexualität und Verbrechen – Beiträge zur Strafrechtsreform. Fischer Bücherei, Frankfurt/M. 1963.

Baumann Manuel, Herbert Reinke, Andrej Stephan, Patrick Wagner: Schatten der Vergangenheit. Das BKA und seine Gründungsgeneration in der frühen Bundesrepublik. Hrsg. vom Bundeskriminalamt, Kriminalistisches Institut (Polizei + Forschung, Sonderband). Luchterhand, Köln 2011.

Benda-Beckmann Franz von, Rechtspluralismus: Analytische Begriffsbildung oder pol.-ideolog. Programm? Zeitschrift für Ethnologie, Bd. 119, H1 D. Reimer Verlag Berlin, 1991.

Beni G., J. Wang, Swarm intelligence in cellular robotics systems. In: Proceeding of NATO Advanced Workshop on Robots and Biological System, 1989.

Bennett Milton J., Developmental Model of Intercultural Sensitivity. In R. M. Paige (Ed.), Education for the Intercultural Experience. Yarmouth, Intercultural Press 1993.

Bennett Milton J., A developmental approach to training intercultural sensitivity. In J. Martin (Guest Ed.), Special Issue on Intercultural Training, International Journal of Intercultural Relations. Vol 10, No. 2. 179–186, 1986.

BGBl., I Nr. 47/, S. 1470; BGBl. I Nr. 59/1987, 2721, 1986.

Blüher Hans, Wandervogel. Geschichte einer Jugendbewegung. Erster Teil: Heimat & Aufgang. 3. Aufl., Berlin-Tempelhof 1913.

Böske Stefan Christian, Denunziationen in der Zeit des NS und die zivilrechtliche Aufarbeitung in der Nachkriegszeit. Dissertation Uni Bielefeld 2008.

Botzat Tatjana, Elisabeth Kiderlen und Frank Wolff, Ein deutscher Herbst. Zustände 1977. Verlag Neue Kritik, Frankfurt/M. 1977.

Brandt Willy, Berliner Ausgabe, Hg. von Helga Grebing, Gregor Schöllgen, Heinrich August Winkler, Bd. 4: Auf dem Weg nach vorn. Willy Brandt und die SPD 1947–72, bearb. von Daniela Münkel, Berlin 200, Bd. 7: mehr Demokratie wagen. Innen-/Gesellschaftspolitik 1966–1974. Berlin 2001.

Bude Heinz, Gesellschaft der Angst. Hamburger Edition 2014.
Butler Judith, Das Unbehagen der Geschlechter. Frankfurt/M. 2003.
Butler Judith, Körper von Gewicht. Suhrkamp Frankfurt/M. 1997.
Busch Stefan, „Und gestern, da hörte uns Deutschland“, NS-Autoren in der BRD. Kontinuität und Diskontinuität bei F. Griese, Werner Beumelburg, Eberhard Wolfgang Möller und Kurt Ziesel. Königshausen & Neumann Würzburg 1998.
Castel Robert, Klaus Dörre (Hrsg.), Prekarität, Abstieg, Ausgrenzung. Die soziale Frage am Beginn des 21. Jahrhunderts. Campus, Frankfurt am Main/New York 2009.
Cohn-Bendit Daniel, R. Damman (Hg.), 1968. Die Revolte. Frankfurt/M. 2007.
Conrath-Scholl Gabriele, Susanne **Lange**, Einen Spiegel der Zeit schaffen. August Sanders „Menschen des 20. Jahrhunderts“, in: Zeithistorische Forschungen/Studies in Contemporary History, Online-Ausgabe, 1 (2004), H. 2.
Crutzen Paul J., Anthropozän. Die Geologie der Menschheit. In: Paul J. Crutzen u.a., Das Raumschiff Erde hat keinen Notausgang. Suhrkamp Frankfurt/M. 2011.
Dahrendorf Ralf, Gesellschaft und Demokratie in Deutschland. Piper München 1965.
Deutsche Forschungsgemeinschaft, Maximale Arbeitsplatzkonzentrationen und biologische Arbeitsstofftoleranzwerte 1989, Weinheim 1989.
Foucault Paul-Michel, Überwachen und Strafen. Die Geburt des modernen Gefängnisses. Suhrkamp-Taschenbuch, Frankfurt/Main. Deutsche Erstausgabe 1994/Neuauflage 2008 (Originaltitel: Surveiller et punir – la naissance de la prison), Paris 1975.
Gefahrstoffverordnung, Verordnung über gefährliche Stoffe vom 26. August 1986.
Gewerkschaft der Polizei (Hg.), 25 Jahre Bundeskriminalamt 1951–1976. Wiesbaden 1976.
Giersberg Hans-Joachim, Claudia Meckel u. Gerd Bartoschek, Der Große Kurfürst. Sammler, Bauherr, Mäzen. Kurfürst Friedrich Wilhelm 1620/1688. Neues Palais Sanssouci, Potsdam 1988.

Gruchmann Lothar, NS Großraumordnung. Die Konstruktion einer „deutschen Monroe-Doktrin“. In: Schriftenreihe der Viertelsjahreshefte für Zeitgeschichte. Stuttgart 1962.
Haller Dieter (Hg.): dtv-Atlas Ethnologie, München 2005.
Hamed Abdel-Samad**,** Mohamed, Abrechnung. Droemer, 2015.
Hansen Stefan, Neue deutsche Sicherheitsarchitektur. Ist eine Reform der Kompetenzverteilung zwischen Polizeibehörden, Nachrichtendiensten/den Streitkräften notwendig? Frankfurt 2009.
Herbert U., Generation der Sachlichkeit. Völkische Studentenbewegung der 20er, in: Ders., Arbeit, Volkssturm Weltanschauung. Über Fremde/Deutsche im 20. Jahrhundert. 1995.
Herbst L., Th. **Weihe**, D. **Krause**, Die Commerzbank und die Juden – 1933/1945; Beck München 2004.
Hertmans Stefan, Ruimte. Prosa. Edition bilingue français-hollandais. Ohne Jahr.
Hesse Hans Albrecht, Einführung in die Rechtssoziologie, VS-Verlag, Wiesbaden 2004.
Heun Werner, Die Verfassungsordnung der Bundesrepublik Deutschland. Tübingen 2012.
Hoeps Thomas, Arbeit am Widerspruch. „Terrorismus“ in dt. Romanen und Erzählungen (1837–1992). Dresden 2001.
Hollburg Andreas, Peter H. **Kemp,** SAG Schüttler Berlin-Spandau. LKA Berlin 1990. Intern/NFD-FAQ
Houellebecq Michel, Unterwerfung. Dumont Köln, 2015.
Kambouri Tania, Deutschland im Blaulicht. Piper München, 2015.
Kant Martina, Das „Referat Umweltdelikte“ beim LKA Berlin. Technisch gut gerüstet, aber nur geringe Aufklärungsquoten, Bürgerrechte & Polizei/CILIP 57, 3/1997.
Karger Angelika, Wissensmanagement und Swarm intelligence – Wissenschaftstheoretische, semiotische und kognitionsphilosophische Analysen und Perspektiven. In: Jürgen Mittelstrass (Hrsg.), Die Zukunft des Wissens. Workshop-Beiträge/XVIII. Deutscher Kongress für Philosophie Konstanz 1999.
Kemp Peter H., Unsinnige Zeiten. In Vorb. Berlin 2017.
Kemp Peter H., Kaddisch für ’n Chuzpe. In Vorb. Berlin 2016.

Kemp Peter H., Kinnerzit & Jeunesse in Saar-Lor-Lux-Elsass/in Moselfraenkischer Mundart. Paris 2012.

Kemp Peter H. et al., Boden- u. Grundwasserverunreinigung: Die Polizei als Teil der Strafverfolgung. In: The problems involved in the investigation of contamination by old waste deposits for criminal proceedings. International Environmental Law. Arendt F. et al. (Ed.), Netherland 1993.

Kemp Peter H., A new drug-trafficking route from Lo to W-China, Kazakhstan, Kyrgyzstan, Tajikistan/Uzbekistan. Contrib. to Himalayan studies. Nepalgumi Med. Col. Kathmandu Nepal 1982.

Kemp Peter H., Auf den Weg nach Europa. München 2009.

Kemp Peter H., Biological Weapons & Defence. Konferenz im LKA Berlin zusammen mit Vertretern aus polizeitechnischer Untersuchung auf Einladung des BKA. Intern/NFD-FAQ 1996.

Kemp Peter H., Calciumcarbonat-Gipsbildungen in Sebkhas. Simulation. Berliner Geow. Abh. A/Band 80. Reimer Berlin 1985.

Kemp Peter H., Chemismus tunesischer Wässer und Landklassifikation der Steppentestzone Oglat Merteba in Süd-Tunesien. Berliner Geow. Abh., A/Band 58, D. Reimer, Berlin 1984.

Kemp Peter H., Ethnomedizine. Nepalguni Medical College/Tribhuvan Uni Kathmandu, Nepal 1982.

Kemp Peter H., Neue Ansätze in der Physischen Geographie: Schadstoffeinflüsse & Wechselwirkungen in der Landschaft. Geoökodynamik, Bd. 2 121 ff. Darmstadt 1981 ISSN 0720-454 X.

Kemp Peter H., Geoökologische Wechselwirkungen vom Standpunkt der Umweltwissenschaften. In Burger H., Jentzsch G., Rauch Theo (Hg.) H. 4, Geow. Inst. Freie Uni Berlin 1980.

Kemp Peter H., Küppers W., Nolting B., Schürgens K. Soils and Landuse in the Western developements Region of Nepal. Peer Review, J. of the Nepal Research Center, Kathmandu 1983.

Kemp Peter H., Spieker R., Botsch F., Geolimnic investigation in Lake Phewa. West Nepal. In: Geoökodynamik, Bd. 4, 67–87, Darmstadt 1983.

Kemp Peter H., Konzeption beim Einsatz von gefährlichen Stoffen. Tragen von luftunabhängigem Atemschutz. LKA Berlin 1996.

Kemp Peter H., Matriarchate Völker. Present. & Publ. In: Central Asiatic Journal XVII, No 12. UNESCO Publishing 1998.

Kemp Peter H., Reise zum hl. Kailash in Tibet. Politische Widerständler, verbotene Zonen. Ed. Lithous, Berlin 2006.

Kemp Peter H., Shitstorm or Nonsens. Katastrophenschutz in Berlin. LV Ethnologie Freie Universität, Berlin 2012.

Kemp Peter H., Singende Sande. African Impressionen. Reisen im Maghreb, Sahara, den Sudanländern. Verlag Niebüll 2003.

Kemp Peter H., Meisenheimer Jugend. BoD, Norderstedt 2000.

Das Buch vermittelt eine Welt ohne blinkende Lichter & unbeschränkter Kommunikation. Es ist ein Tumbir der „Analogen Jugend", sie weckt Erinnerungsfunken, an wunderschöne Landschaften des Nordpfälzer Berglandes und in uns selbst – einer analogen Jugend.

Kemp Peter H., Störfälle und Risikoanalyse. Vortrag Ges. für Dampfdruck-Kessel, Bundesanstalt für Materialprüfung & Forschung. Berlin 1993. NFD-FAQ

Kemp Peter H., The Changing Himalayan Landscape in West-Nepal. Dietrich Reimer, Berlin 1984 (Neuauflage 2014, Tokio).

Kemp Peter H., Tonfrequenzmessungen „Singender Sande" aus dem Sandkasten Allahs. Ishraq für Isabelle Eberhardt. In: Magdalena Tzaneva, Männerherz bewahren. Stimmen zum Werk von Eberhardt. Edition LiDi Berlin 2007.

Kemp Peter H., Trance. Four Categories of Brain Wave Patterns in the human EEG during the perception of illusory visual conjunctions. Inst. Ethnomedicine, Tribhuvan-Uni Kathmandu 1984.

Kemp Peter H., Umgang mit technischen Risiken. Abrupte Klimakatastrophe als Kriegsgefahr. Vortrag in Dampfdruck-Kessel e.V., BAM. Berlin 2004 Intern/NFD-FAQ.

Kemp[1] Peter H., Petermann[1] Th., Rau[1] U., Kopp[1] N. & Stelzer[1] K., Agrarentwicklung in Tunesien (Peer-Review). In: Theo Rauch, Th. Koschatzky (Hg). Räumliche Entwicklungsprozesse in Tunesien. Geow. Freie Universität Berlin 1977.

Kemp Peter H., Einbau von Diolen in S-vernetzte Polyester-Urethane. Abt. Chemie FH Jülich-Aachen 1972.

Kemp[2] Peter H., Hans Nickel[1], Neutroneneinfang in spaltbares Uran-235 & pyrolytische Beschichtung als Brennelement für Hochtemp Reaktoren (Peer-Rev.). Reaktorwerkstoffe, JARA 1968.

Kielmansegg Peter Graf, Nach der Katastrophe – Eine Geschichte des geteilten Deutschland. Berlin 2000.
Kissinger H., Weltordnung. Bertelsmann, München 2014.
Klee Ernst, Persilscheine und falsche Pässe. Wie die Kirchen den Nazis halfen. Frankfurt/Main 1991.
Klingan Katrin (Hrsg.), Textures of the Anthropocene: Grain Vapor Ray. The MIT Press 2015.
Knabe H., Die unterwanderte Republik. Stasi/Westen 1999.
Kochheim D., Verdeckte Ermittlung im Internet, abger. 2004.
Koenen Gerd, Das rote Jahrzehnt. Unsere kleine deutsche Kulturevolution 1967–1977, Köln 2001.
Koenneker Carsten, Auflösung der Natur – Auflösung der Geschichte. Moderner Roman/NS-Weltanschauung im Zeichen der theoretischen Physik. Verlag Metzler 2001.
Kohl Paul, der Krieg der deutschen Wehrmacht und der Polizei 1941–1944., Frankfurt/M. 1995.
Korell Jürgen, Liebel Urban, Polizeiskandal – Skandalpolizei. Demokratiemangel bei der Polizei. Münster 2000.
Kraushaar W., 1968er als Mythos, Chiffre/Zäsur. 2000.
Kraushaar W., Frankfurter Schule/Studentenbewegung. Von der Flaschenpost zum Molotowcocktail 1946–1995. Frankf./M. 1998.
Krippendorff, Wolfgang Lefèvre, Oskar Negt …, Frankf./M. 1968.
Krusche M., Umweltpolitik im Spannungsfeld industrieller Interessen und gesetzgeberischer Notwendigkeiten, in Zeitschrift für Rechtspolitik. Jg. 18, H. 11, 1985.
Koppetsch Cornelia, Die Wiederkehr der Konformität. Streifzug durch die gefährdete Mitte. Campus Verlag, Frankf./M. 2013.
Lange Hans-Jürgen, Schenck Jean-Claude, Polizei im Kooperativen Staat. Springer-Verlag Berlin 2004.
Lange Hans-Jürgen, Staat, Demokratie und Innere Sicherheit in Deutschland. Springer-Verlag Berlin 2000.
Langhorst Wolfgang, Berufsbeamtentum und Art. 131 GG. Die Rückkehr der NS-Beamtenschaft in die obersten Bundesbehörden. In: „Vorgänge“, Heft 3, 1989.

Leicht Imke, Multikulturalismus auf dem Prüfstand. Kultur, Identität und Differenz in modernen Einwanderungsgesellschaften Metropol-Verlag, Berlin 2009.

Levine Joseph, On leaving out what is like. In: Martin Davies, Glyn W. Humphreys (Hrsg.): Consciousness, psychological and philosophical essays. Blackwell, Oxford 1993.

Locard Edmond, Die Kriminaluntersuchung und ihre wissenschaftlichen Methoden, Berlin 1930.

Löwenthal Richard, Gesellschaftswandel & Kulturkrise. Probleme der westl. Demokratien, Frankfurt/M. 1979.

Lowrance Sherry, Identity, Grievances, and Political Action: Recent Evidence from the Palestinian Community in Israel. International Political Science Review, 2006.

Luhmann Niklas, Soziale Systeme. Suhrkamp, Frankf./M. 1984.

Luhmann Niklas, Das Recht der Gesellschaft; Frankf./M. 1993.

Mansour Ahmad, Generation Allah. Warum wir im Kampf gegen religiösen Extremismus umdenken müssen. Fischer, Frankf. 2015.

McLuhan Marshall, Understanding Media: The Extension of Man. – Die magischen Kanäle. Düsseldorf u.a. Econ 1992.

Meinberg Volker, Link Wolfgang, Umweltstrafrecht in der Praxis. Falldokumentation zur Erledigung Umweltstrafverfahren. Kriminologische Forschungsberichte aus dem Max Planck-Inst. Freiburg i. Breisgau 1988.

Melk-Koch Marion, Richard Thurnwald. In: Zeitschrift für Ethnologie, Bd. 79, S. 254–260, D. Reimer Berlin 1954.

Münch Paul, Pälzisch Weltg'schicht. Aus den 30er Jahren, ohne Stadt & Verlag; heute Ed. Tintenfaß, 2004.

Münkler Herfried, Mitte und Maß. Der Kampf um die richtige Ordnung. Rowohlt, Berlin 2010.

Nationalrat der Nationalen Front des Demokratischen Deutschland, Dokumentationszentrum der Staatlichen Archiv-verwaltung der DDR (Hrsg.): Braunbuch-Kriegs-/Nazi-Verbrecher in der BRD & Westberlin. Staatsverlag der DDR, Berlin 1968.

Neumüller, O.-A., Römpps Chemie-Lexikon. 8. Auflage, Bd. 1–6, Stuttgart 1979.

Negt Oskar, Politik als Protest. Reden und Aufsätze zur antiautoritären Bewegung. Frankfurt a. M. 1971.

Negt Oskar, Alexander **Kluge**, Öffentlichkeit und Erfahrung. Zur Organisationsanalyse von bürgerlicher u. proletarischer Öffentlichkeit. Frankfurt a. M. 1972.

Negt Oskar, Keine Demokratie ohne Sozialismus. Über den Zusammenhang von Politik, Geschichte und Moral. Frankf. /M. 1976.

Nida-Rümelin Julian, Economic Rationality and Practical Reason. Kluwer, Dordrecht, 1997.

Nida-Rümelin Julian, Demokratie als Kooperation. Frankfurt/1999.

Nitschke Peter, Europäisierung und Globalisierung der Polizei. BPB, Bundeszentrale für politische Bildung 2008.

Nitschke Peter, Polizei im Nazi-System. In: Staat, Demokratie und Innere Sicherheit. Bonn 1995.

Pachur H.J., Altmann N., Die Ostsahara im Spätquartär. Ökosystemwandel im größten hyperariden Raum der Erde. Springer Heidelberg, Berlin 2006.

Pachur H.-J., Geowissenschaftliche Probleme arider/semiarider Gebiete. Freie Universität Berlin 1985.

Pauling Linus, Chemie eine Einführung. Verlag Chemie Weinheim 1962.

Pfefferli, Die Spur: Ratgeber für die spurenkundliche Praxis, Kriminalistik Verlag, München 2007.

Polizeiliche Kriminalstatistik 1985, 1986, & Umweltbundesamt: Daten zur Umwelt 1986/87,1997/98, 2000/2001, 2003/2004 Berlin.

Rätsch Christian, Enzyklopädie der psychoaktiven Pflanzen: Botanik, Ethnopharmakologie/Anwendung. AT, Stuttgart 1998.

Robinson Arthur H., Early Thematic Mapping in the History of Cartography. Chicago, University Press 1982.

Rosa H., Beschleunigung. Die Veränderung der Zeitstrukturen in der Moderne. Suhrkamp, Frankfurt 2005.

Roth, Wassergefährdende Stoffe, Landsberg/Lech 1982.

Rüther W., Ursachen für den Anstieg polizeilich festgestellter Umweltdelikte. Umweltbundesamt-Berichte 2/86. Berlin 1986.

Sattelberger Robert, Hormonell wirksame Substanzen in der aquatischen Umwelt – Analytische Ergebnisse und Überblick, Österr. Umweltbundesamt, Monogr. Bd. 161, Wien 2002.

Schenk Dieter, Auf dem rechten Auge blind. Die braunen Wurzeln des BKA. Fischer Tb, Frankfurt/M. 2003.

Schirach Ferdinand von, Die Würde ist unantastbar. München, Zürich 2014.

Schneider Gerd, Christiane Toyka-Seid, Das junge Politik-Lexikon. Bundeszentrale für politische Bildung, Bonn 2013.

Schulte Wolfgang, Die Polizei im NS-Staat. Verlag für Polizeiwissenschaft, Frankfurt 2009.

Schulze Günter, Umweltlagebild, In: Schulze G. und Lotz, H. (Hrsg.). Polizei und Umwelt, Teil 1, BKA Schriftenreihe, Bd. 54, Wiesbaden 1986.

Schwarz, Strafgesetzbuch (StGB) & Nebengesetze, Beck'sche Kurz-Kommentare, Auflage 59., München 1995.

Schwind H.-D., Unterlassene Hilfeleistung in versch. öffentlichen Bereichen. In: Kerner, H.-J.; Marks, E. (Hrsg.): Internetdokum. Deutscher Präventionstag. Hannover 2005.

Söderman, H., Auf der Spur des Verbrechens: Lebenserinnerungen eines Kriminalisten. 1957.

Spyra Wolfgang, Kotulla M., Statusbericht zur öffentlich rechtlichen Situation der ehemals militärisch genutzten Liegenschaften Königsbrück und Zeithain, Sachsen 1998.

Stephan Andrej, Nationalrat der Nationalen Front des Demokratischen Deutschland, Staatsverlag der Deutschen Demokratischen Republik, Berlin 1968 (siehe auch Baumann, 2011).

Tagungsbericht: Die Polizei im NS-Staat, 13.05.2009 – 15.05.2009 Münster, in: H-Soz-Kult, 27.06.2009.

Tibi Bassam, Europa ohne Identität? Die Krise der multikulturellen Gesellschaft. BtB, 2000.

Terkessides Mark, Kollaboration. Ed. Suhrkamp, Berlin, 2015.

Tröndle H., Th. Fischer, E. Dreher, Strafgesetzbuch. 48. Auflage, München 1997.

Trojanow Ilia, Macht u. Widerstand. S. Fischer, Frankf./M. 2015.

Thurnwald Richard, Die menschliche Gesellschaft in ihren ethnosoziologischen Grundlagen. D. Reinmer Berlin 1954 (1989).
Vismann Cornelia, Medien der Rechtsprechung. Fischer 2013.
Vordermeier Gottfried, Qualität u. Entwicklung in der Kriminaltechnik aus Sicht des BKA. Die Kriminalpolizei, Zeitschrift der GdP, Verlag Deutsche Polizei, Worms 2006.
Watzlawick Paul, Menschliche Kommunikation. Bern 1969.
Weidner Stefan. Manual für den Kampf der Kulturen – Warum der Islam eine Herausforderung ist. Verlag der Weltreligionen. Frankfurt/Main 2008.
Wesel Uwe, Der Mythos vom Matriarchat über Bachofens Mutterrecht und die Stellung von Frauen in frühen Gesellschaften vor der Entstehung staatl. Herrschaft. Suhrkamp, Frankfurt/M. 1980.
Wenzke Rüdiger (Hrsg.) Damit hatten wir die Initiative verloren. Zur Rolle der bewaffneten Kräfte in der DDR 1989/90. Berlin.
WHO, Ebola Response Roadmap Situation Report – Weltgesundheitsorganisation. 29.4.2015, abgerufen Wikip. Mai 2015.
Zedler Marc Alexander, Rechtsprechung, C-17/05 – dejure.org: NJW 2002, 49 – 50. … Juni 2007 – C-88/08 – [Hütter] Rn. 47, EzA EG-V1999 Richtlinie Nr. 11; 13/78 2000.
Ziegler Jean, Wir lassen sie verhungern: Die Massenvernichtung in der Dritten Welt. C. Bertelsmann Verlag, München 2012.
Zillmann Kurt, „Exekutiv-Report“. Almanach-Verlag Aschaffenburg, ohne Jahr.
Zuboff Shoshana, In the Age of the Smart Maschine. The Future of Work and Power. Basic Books, New York 1988.

Warum und für wen?

… schreibe ich?, fragte ein Freund mich. Und vor allem fragte er wiederholt – warum ich das tue: „Warum tust du dir das an … warum quälst du dich?“

Meine Antwort an ihn war: „Ich frage mich – warum dich das so interessiert – was steckt hinter deiner Frage?“

Hier meine Antwort an den Leser: fast alle Schreiber wie ich und natürlich die Schriftsteller scheinen vor diesem Problem zu stehen. Es handelt sich um eine „Gretchenfrage“ – auf die ich eigentlich keine Antwort geben kann. Aber ich versuche es. Beim Schreiben handelt es sich um die Anlage von Lebensspuren: Gedanken – die im Kopf entstehen, noch nicht fertig formulierte – nehmen mich an der Hand und entführen mich an den PC. Oder ich gebe bekannte Ausflüchte von mir: Aus … Eitelkeit und Geltungssucht … die von ständiger Kluft zwischen Innenwelt und Außenwelt gegeben: Ich schreibe als Selbstentwurf *and so what*. Natürlich hängt da noch sehr viel mehr damit zusammen, denn Bewusstsein ist auch Schreibenergie und die habe ich offenbar. In der Metaebene oder im EFT, Emotional Freedom Techniques-Bereich, lässt sich das möglicherweise mit dem Astralkörper oder Emotionalkörper erklären, denn da liegen unsere stärksten Gefühle. Wenn wir diese Ebene einer intensiven Betrachtung unterziehen – wo unsere Wünsche, Bedürfnisse und Emotionen angesiedelt sind, das schreibe ich, um meinen Gedanken, Gefühlen jene Gestalt zu geben, die sie in Wirklichkeit nicht haben. Meine Außenwelt betrachte ich lediglich als Rohstoff – als Traumstoff, der mit geringem Wirklichkeitsgrad ausstaffiert ist, als alles Geschriebene. Der Glaube an die Veränderung der Welt durch mein Geschriebenes ist gering. Verändern ließ sich die Welt auch nur durch solche Menschen wie Karl Marx und andere Realisten. Einer wie ich kennt ja im Allgemeinen etwas von der Umwelt, zu wenig aber, um sie verändern zu können. Bewegungen sind möglich im Rahmen der seltenen Fiktion, der Frage nach der Identität eines Menschen und seiner sozialen

Rolle. Da treffen wir uns als Leser und Autoren unter einem Dach – auch wiederum in einer Metaebene. Wo wir in verschlüsselten Bildern kommunizieren – im Unbewussten, von Quellen, und auch dem Phantomschmerz.

Schreiben ist ein Ausbruchsversuch in die Fiktion, ein Ringen um Möglichkeiten. Und Lesen ist das Entdecken sowie Mitgestalten des Möglichen – auch auf Sachbuch-Ebene.

Was bewirken die Fiktionen? Sie bringen im Erfolgsfall eine Begegnung mit den Gedanken eines Gegenübers.

Fast jeder Mensch kennt das Bedürfnis – gelesen – das heißt: im tiefsten Innern erkannt zu werden. Der Schreiber ist einer, der dieses Bedürfnis bedienen kann und es auch zu seinem beruflichen Feld macht. Und er nimmt die mühselige und auch nervenaufreibende Arbeit am Schreibblock oder PC auf sich, um vielleicht von einem seiner Leser, den er nicht zu Gesicht bekommt, Fehler genannt zu bekommen (ist dem Autor so gegangen), allerdings auch selten Positives mitgeteilt bekam und vielleicht auch erkannt wurde. Der Leser entdeckt im geschriebenen Text vielleicht seine eigenen Ideen, neue Sichten in seinem Inneren – er liest Dinge, um sein Wesen zu abstrahieren.

Ich schreibe also nicht für den Leser – um seine Probleme zu lösen – ich schreibe vielmehr für solche Leser, die Probleme entdecken möchten und gewillt sind – das Risiko einzugehen, indem sie meine fiktionale Sicht teilen. Der ideale Leser ist der Mitschöpferische – der Eigenständige, der sich nichts vormachen lässt und kritisch abwartet.

Der Einfluss des Lesers – der Imaginäre, den ich vor mir habe, wenn ich schreibe – nimmt großen Einfluss auf mein Schreiben. Und ihm gilt meine Aufmerksamkeit. Sein Urteil ist wichtiger als das Echo in der Kritik (eines Literatur-Gespräches).

Jeder Schreiber wie ich und natürlich die Schriftsteller hoffen, dass ihre Art – die Welt zu sehen, über das Medium Sprache Gültigkeit erhält und für andere Menschen gewinnt. Wir können von Glück reden, denn es kommt das Gefühl auf – nicht nur für Leser geschrieben, sondern für ihn etwas geleistet zu haben.

Danksagung

In meinem Berufsleben verdanke ich sehr viel folgenden Personen: Meinen Großeltern Bernhard/Helene Andres in Meisenheim (†), meinem Vater, dem Fotografen/Gerber Carl Maria Kemp (†), meiner Mutter Liselotte Josephine, geb. Andres (†), meinem Patenonkel Heinz-Eberhardt Andres, Landrat in Alzey (†), meinen Tanten Dr. Gretel Liebler (Medizin), geb. Andres, lebte in Nürnberg (†), und Heller Bernhard (Apothekerin/Bexbach), zuletzt in Meisenheim (†), Klaus Bernhard (sen.) Oberstltd der Bundeswehr in Trier/Meisenheim (†). Tante Carla Engelskirchen, Erzieherin in der Knappschaft Gladbeck (†), dem Retuscheur im „8-Uhr-Blatt Nürnberg", Herrn G. Meier (†), dem Nobelpreisträger für Chemie/Frieden, Linus Pauling (†), dem Chemiker in der BASF, Prof. Dr. Wüsthoff (†), dem Mineralogen Dr. P. Röper, Freie Universität Berlin (†), dem Kfz-Meister Peter Windeler, Meisenheim (†), dem Bilanzbuchhalter im LKA, Ismail Yilmazer Berlin, dem Juristen/Inspektionsleiter im LKA Berlin, Conrad (†), dem Polizeidirektor

*Hans-Jörg Richter PP Berlin (†), dem Kriminaldirektor Geigulat LKA-Berlin (†), dem Kriminalbeamten Dietrich Schubert, LKA Berlin (†), dem Architekten/Schweißer der „Sieben Samurai" Reinhard Schmock und seiner Frau Inge in Marxdorf/Berlin (†).*Crowdfunding der Klimakammer/Lysimeter für meine Dissertation und Exkursion für den Himalaya erhielt ich in dankenswerter Weise über „BASF ist mehr" & „Boehringer Ingelheim" & „Pfizer Deutschland" & „Roche and Foundation" (Schweiz). Dr. O. Heinrich (Berlin) übernahm zusammen mit den Behringwerken in Marburg die medizinische Versorgung im Himalaya. Zur Durchführung von Projekten in Afrika/Asien erhielt ich aus der BASF und DFG, der Deutschen Forschungsgemeinschaft, dem FB Geowissenschaften Unterstützung. Über Monsieur F. Demain, Department Environment, Commissariat Central de Police, 1av. Maréchal Foch, Nice/Frankreich, wie den Juristen Dr. Friedrich Löper IGC, Intergovernmental Consultations on Migration Asylum and Refuges in Genf, habe ich Kenntnis über Internationale Verflechtungen (Polizei-/Strafrecht). Der ehem. Richter August Heim (OLG Dortmund), jetzt St.-Nizier bei Bochoux (Bourg-en-Bresse/Frankreich), steuerte mir Fakten bei. Den „Foren" in der Berlin-Brandenburgischen „Akademie der Wissenschaften"/„Digital Science Match"/„JARA, Research Alliance" (Prof. Dr. H. Nickel)/„Department of History, University of Maryland" (Prof. Jeffrey Herf) / „KFA Karlsruhe, Institut für Nukleare Entsorgungstechnik" (Dr. Manfred Kelm, Bernhard Oser). Karin Kladde, Technische Fotografie, und ihr Mann, de Physiker Manfred (JARA Jülich-Aachen Research Alliance) begleiteten mich seit gemeinsamer Studienzeit. Dem Philosophen Prof. Dr. Hans Poser, TU Berlin, danke ich für den sokratischen Dialog anlässlich des Philosophikums. Ich danke Peter Krömer, Leiter der Abteilung zur Bekämpfung der Nuklearkriminalität, sowie Dr. Gottfried Vordermaier, Abteilungspräsident des Kriminaltechnischen Inst. BKA Wiesbaden, für die Unterstützung. Vor allem danke ich Judith Butler, der US-amerikanischen Philosophin, mit der ich in einem Seminar mit israelischem-palästinensischem Militär zusammenarbeitete. Wir gingen hart zur Sache in Fragen der Macht und Subjekttheorien. Den investigativen Journalisten, dem Amerikaner Jeremy Scahill, für die Infos zu Drohnen/US-Militär. Meinem Doktorvater, dem Chemiker/Geowissenschaftler Prof. Dr. H.J. Pachur, Freie Universität Berlin, danke ich für die Professionalisierung in der Feldforschung und seiner Karriereförderung, sowie für Gerätschaften zur Ersteinrichtung im LKA Berlin. Prof. D.H. Jaalon Uni Jerusalem danke ich für die Unterstützung an der Klimakammer. Prof. Schreck, TU Berlin, danke ich für Einblicke im Buhnen-System. Herrn Pfeifer, BMI, begleitet mich seit dem Einsatz in der Schaltzentrale für Heimatschutz/Nuklearen Nachsorge der Bonner Ermekeil-Kaserne. Der Entwicklungssoziologin Dr. Maria Teküve (BMZ), Prof. Dr. Theo Rauch und Prof. Dr. Fred Scholz (beide FU Berlin) danke ich für aufschlussreiche Gespräche zur Globalisierung. Dem damaligen Vizepräsidenten der Polizei Berlin und Chef des Berliner Landeskriminalamtes Dieter Schenk verdankte ich meine Abordnung zum BMI/BMU „Nuklear spezifische Gefahrenabwehr/nukleare Nachsorge“ in Bonn beim Bundes-Innenminister Manfred Kanther angesiedelt unter der Leitung Dr. Fechner. Mit beiden konnte ich auf Augenhöhe diskutieren. Die beiden Nuklearchemiker im Bundesministerium Umwelt mit Staatssekretär Fritz Rudolf Körper, Mitglieder des Parlamentarischen Kontrollgremiums der Geheimdienste in Deutschland/Nukleare Nachsorge unterstützten mich in Kritikalitätsfragen und Risiken (ich konnte bei ihm Tag und Nacht anrufen bzw. bei ihm persönlich am Wochenende in der Küche in Rehborn/Glan aufschlagen). Ich danke Peter Becker, dem ehemaligen Leiter des LKA, für den Einsatz in Polen – überhaupt für seine Diskussion auf Augenhöhe. Ich danke der GEW, insbes. Peter Krüger (FA-Vors. Kriminalitätsbekämpfung Berlin) für die Unterstützung bei dem gegen mich gerichteten Disziplinarverfahren. Verschiedenen Herren des PP/LKA Berlin danke ich für die Bereitschaft, mit mir zu sprechen/aufzuklären. Ich hoffe, dass ich Infos angemessen für die Öffentlichkeit aufbereitet habe. Anderen danke ich fürs Mutmachen in dem Buchprojekt, in dem Stil – „das hält dich fit", so die Äußerung Christian Steiofs, heute Direktor des LKA Berlin, während der Beisetzung von Dietrich Schubert und bei der Verabschiedung von Ismail Nouri in den Ruhestand. Von den Kriminalbeamten des LKA32, Günter Schulz, lernte ich sehr viel über Probenahme; Dieter Kreuzer, der Mann aus Meckenheim, hatte die Ruhe weg; mit Andreas Jahn besuchte ich einige Umwelt-Seminare, Jörg Wolff, heute Korruptionsbekämpfung im LKA, Jörg Steinbeck, der Rennfahrer, Lutz Heinz, der Kontakter, Peter Theilig, der Überprüfer, nahmen grinsend meine Schreiberei zur Kenntnis. Ich danke Frau Borota, die alles Personelle managte. Unglaublich wie diese Frau „alles" im Griff hatte, denn sie „wusste alles". Ich erinnere mich an interessante und offene Inspektionsleiter, wie Volker Klemstein, heute L-Stab PP.

Ich erinnere mich an die tollen Frauen/Kriminalbeamtinnen Petra Stumpe, Susan Haidinger, Susanne Sindberg, Babara Tomalla, Bärbel Engerer und Katrin Leupold. Bezüglich „gender role" gab es tiefgehende Auseinandersetzungen; mit Ursula Orth hatte ich mehr auf der Ebene der „Pflanzengifte"/„Rauschgifte" sowie „Tilidin" Erstaunliches zu besprechen. Den Kollegen/Kolleginnen hatte ich mich in unterschiedlichen Herausforderungen zu stellen, von denen es noch einiges gibt, das von mir in Zukunft angegangen werden soll (wie „Unsinnige Zeit", Grausamkeit, Kindermisshandlungen, Sex- und Kindersklaven [Coltan und Schokolade], Kinder vom Alex, Armutszuwanderung, Flüchtlinge aus Kriegsgebieten, Flatrates und „Kaddish für 'n Chuzpe"). Von den Umweltingenieuren, den Dipl. Ing. Failing, Krombach und Conrad lernte ich, wie Vermerke zu fertigen sind. Mit Mathias Failing begann ich das Chemische Asservatenlager in der Charlottenburger Dienststelle aufzubauen, das bis heute Bestand hat. Nicht vergessen habe ich Canan Fischer und Stefan Schäffler, deren akribische und respektvolle Aufmerksamkeit gegenüber meinen verworrenen Texten bestand, denen sie ihre sorgfältige Umsicht widmeten. Ihr andauerndes Interesse an meinen Arbeiten gab mir Zuversicht.

Der Dipl.-Biologin Rosi Menzer und Chemikerin Dr. Anja Licha, den Umweltingenieuren Dirk Meyer und Eric Schumann danke für ihre praktischen Hinweise. Den beiden chemisch-technischen-Assistentinnen Marianne Grabs (Asbest-Analytik) und Franziska Pochanke für ernste Betrachtungen nicht nur unter dem Mikroskop, für die Aufklärung in der Sprengstoffanalytik (Bombenblindgänger, organische Analytik, mit Flüssigkeits-Chromatographie-Verfahren). Den Umweltingenieuren, Gerald Hübner[1], Andreas Hollburg[1], Hugo Gundelach[1], dem Wasserbauingenieur und Sonnyboy Ismail Nouri[1], dem Maschinenbauer Gregory Okute[1] sowie Robert Holländer[1] (Professor in Leipzig) sowie dem Wirtschafts-Referenten Thomas Bujak und dem verstorbenem Ismail Yilmazer sowie Staatsanwalt Herrmann Lelle, Kriminalgericht Berlin Moabit, für Frotzeleien; sie forderten mich auf eine Weise heraus, die mich den einen oder anderen Standpunkt in meinen Themen überdenken ließen. Peter Köhler half mir, wie so oft, die moderne Schreibmaschine zu benutzen. Peter gab mir zum wiederholten Male Unterstützung, auch zu dem vorliegenden Buch. Allen ehemaligen Kollegen, die ich vergessen habe, dafür, dass sie mir das nicht nachtragen, auch den Kollegen in den LKAs Brandenburg, Rheinland-Pfalz und Bayern.

Dank meiner Frau Marlene in Berlin-Steglitz – für alles. Sie las das Manuskript und fand es grundsätzlich nicht so … sie meinte, ich solle in meiner Rentenzeit lieber malen, da hätte ich was los!

Berlin, Jan. 2016, Dr. Peter H. Kemp